多元视角下的
经济管理原理与实践探索

王玲芝 刘红侠 ◎ 著

中国财经出版传媒集团
中国财政经济出版社

图书在版编目（CIP）数据

多元视角下的经济管理原理与实践探索／王玲芝，刘红侠著. ——北京：中国财政经济出版社，2020.10

ISBN 978-7-5223-0024-5

Ⅰ.①多… Ⅱ.①王… ②刘… Ⅲ.①经济管理 Ⅳ.①F2

中国版本图书馆 CIP 数据核字（2020）第 170363 号

责任编辑：贾延平　　　　　责任校对：张　凡
封面设计：陈宇琰

中国财政经济出版社 出版

URL：http://www.cfeph.cn

E-mail：cfeph@cfeph.cn

（版权所有　翻印必究）

社址：北京市海淀区阜成路甲28号　邮政编码：100142

营销中心电话：010-88191522

天猫网店：中国财政经济出版社旗舰店

网址：https://zgczjjcbs.tmall.com

北京财经印刷厂印刷　各地新华书店经销

成品尺寸：170mm×240mm　16开　22印张　312 700字

2020年10月第1版　2020年10月北京第1次印刷

定价：88.00元

ISBN 978-7-5223-0024-5

（图书出现印装问题，本社负责调换，电话：010-88190548）

本社质量投诉电话：010-88190744

打击盗版举报热线：010-88191661　QQ：2242791300

前言

随着经济全球化的深入发展,不同国家间的经济交流与合作日益紧密,与此同时,竞争也在不断加剧。为了在激烈的国际经济竞争中占据有利的地位,对国家经济进行必要的管理就显得尤为重要。熟悉经济管理的相关原理,并且能够在具体的经济实践活动中有效运用这些原理,是从事经济工作的基础。

近年来,虽然我国的经济发展迅速,国际地位也有了显著的提升,但由于受国际、国内诸多因素的影响,我国经济在发展的过程中依然存在一些问题,比如经济管理相关法律与制度不完善,使得我国经济发展的活力没有得到最大限度的激发。鉴于此,笔者撰写了《多元视角下的经济管理原理与实践探索》一书。本书在详细阐述经济管理相关原理的基础上,从多角度对经济管理实践进行了有益的探索,以期为我国经济的发展以及经济管理的相关研究提供科学的借鉴。

本书基于多元化的视角,对经济管理的原理与实践进行了具体的探索。全书共分上下两编,上下编各5章,上编为多元视角下的经济管理原理篇,下编为多元视角下的经济管理实践篇。第一章是经济学原理,主要阐述了经济学导论、经济学中的供求理论与消费理论、经济学中的生产理论与市场理论三个方面的内容;第二章是管理学原理,基于管理及管理思想概述,对管理学中的计划与组织、决策与领导以及控制与管理创新进行了重点阐述;第三章是统计学原理,在对统计学进行概述的基础上,着重分析了统计调查与统计整理以及总量指标、相对指标和平均指标;第四章是会计学原理,主要包括会计学概述、固定资产与无形资产、财务会计报告与财务报表分析三部分内容;第五章是经济法原理,重点阐述了经济法的产生及发展、经济法的地位与体系、经济法主体、经济的制定与实施；第六章是投资经济学实践，首先阐述了投资与投资经济学，然后分析了融资方式与融资决策，最后对企业投资战略的制定进行了重点分析；第七章是市场营销学实践，基于市场营销学概述，对市场营销的现实基础与策略制定进行了分析；第八章是电子商务实践，主要包括电子商务概述、电子商务支付与电子商务物流、消费者及企业的电子商务应用三部分内容；第九章是企业管理实践，重点阐述了企业生产与质量管理实践、企业人力资源与财富管理实践、企业战略与文化管理实践；第十章是国际贸易实践，首先阐释了国际贸易的概念与种类，然后分析了国际贸易的理论与政策，最后阐述了国际贸易的合同签订及货物运输。

本书第一章、第三章、第七章、第八章和第十章，共157000字，由王玲芝（南阳师范学院）撰写；第二章、第四章、第五章、第六章、第九章，共155700字，由刘红侠（南阳师范学院）撰写。

本书在编撰过程中参考与借鉴了多位国内外专家、学者关于经济管理原理与实践方面的研究成果，在此向他们表示衷心的感谢。由于个人研究时间与能力水平的限制，书中难免存在不妥与疏漏之处，恳请广大同仁、读者批评指正。

作者

2020年7月

目录

上编　多元视角下的经济管理原理篇

第一章　经济学原理 ……………………………………………… 3
- 第一节　经济学导论 …………………………………………… 3
- 第二节　经济学中的供求理论与消费理论 …………………… 17
- 第三节　经济学中的生产理论与市场理论 …………………… 29

第二章　管理学原理 ……………………………………………… 39
- 第一节　管理及管理思想概述 ………………………………… 39
- 第二节　管理学中的计划与组织 ……………………………… 50
- 第三节　管理学中的决策与领导 ……………………………… 63
- 第四节　管理学中的控制与管理创新 ………………………… 70

第三章　统计学原理 ……………………………………………… 82
- 第一节　统计学概述 …………………………………………… 82
- 第二节　统计调查与统计整理 ………………………………… 89
- 第三节　总量指标、相对指标以及平均指标 ………………… 93

第四章　会计学原理 ……………………………………………… 105
- 第一节　会计学概述 …………………………………………… 105
- 第二节　固定资产与无形资产 ………………………………… 115
- 第三节　财务会计报告与财务报表分析 ……………………… 126

第五章　经济法原理 …………………………………………… 132
　　第一节　经济法的产生及发展 ……………………………… 132
　　第二节　经济法的地位与体系 ……………………………… 136
　　第三节　经济法主体 ………………………………………… 142
　　第四节　经济法的制定与实施 ……………………………… 148

下编　多元视角下的经济管理实践篇

第六章　投资经济学实践 ………………………………………… 155
　　第一节　投资与投资经济学 ………………………………… 155
　　第二节　融资方式与融资决策 ……………………………… 160
　　第三节　企业投资战略的制定 ……………………………… 170

第七章　市场营销实践 …………………………………………… 187
　　第一节　市场营销学概述 …………………………………… 187
　　第二节　市场营销的现实基础分析 ………………………… 194
　　第三节　市场营销策略的制定 ……………………………… 215

第八章　电子商务实践 …………………………………………… 234
　　第一节　电子商务概述 ……………………………………… 234
　　第二节　电子商务支付与电子商务物流 …………………… 245
　　第三节　消费者及企业的电子商务应用 …………………… 256

第九章　企业管理实践 …………………………………………… 269
　　第一节　企业生产与质量管理实践 ………………………… 269
　　第二节　企业人力资源与财务管理实践 …………………… 283
　　第三节　企业战略与文化管理实践 ………………………… 294

第十章　国际贸易实践 310
第一节　国际贸易的概念与种类 310
第二节　国际贸易的理论与政策 315
第三节　国际贸易的合同签订及货物运输 326

参考文献 337

| 上编 |

多元视角下的经济管理原理篇

第一章 经济学原理

21世纪以来,中国的经济发展十分迅速,取得了很大的成就。在经济飞速发展的背后,必然有强有力的理论支撑,其中就包括经济学原理。本章主要讲述经济学相关的理论知识,首先对经济学的形成与发展、微观经济学与宏观经济学的基本概念,以及经济学的基本方法进行介绍;其次分析了经济学中的供求理论和消费理论;最后探究了经济学中的生产理论与市场理论。

第一节 经济学导论

经济学是社会科学的重要组成部分,也是一门十分重要的独立学科,要想深入学习经济学,首先要了解经济学的一些基本概念。本节先介绍了稀缺性与经济学的联系;又介绍了经济学的形成与发展;再介绍了微观经济学与宏观经济学的基本概念;最后还介绍了经济学的基本方法。

一、稀缺性与经济学

(一)资源的稀缺性与欲望的无限性

有关经济学的定义,至今都没有一个能让所有经济学家都认可的定义,但诺贝尔经济学奖获得者美国经济学家保罗·萨缪尔森的理解得到了大部分人的认可。保罗·萨缪尔森对经济学的研究内容进行了如下描述:"经济学研究的是社会如何利用稀缺的资源以生产有价值的商品,并将它们分配给不同的个人。"这里提到了资源的稀缺性。

人类生存离不开各类资源,这些资源一般可分为两大类(见图1-1)。经济学的主要研究对象是需要付出代价的经济资源。与资源相对应的是人类的欲望,此处的欲望从经济学的角度解释就是人对生活材料和服务不间断的需求。人类生存需要各种基本资源,例如空气、水、食物等,在基本资源得到满足后又开始出现其他更高级别的欲望,例如舒适的生活环境、良好的工作等,因此,人的欲望具有无限性。

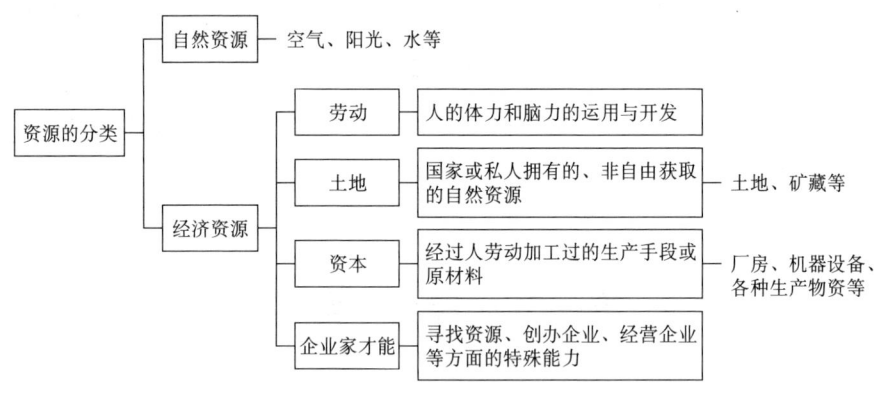

图1-1 资源的分类

资源的稀缺性是相对于人的欲望无限性而言的,即满足人欲望的资源是有限的,例如时间有限、收入有限、居住条件有限等。下面用一个具体的例子进一步说明。假设一个社会用其所有的资源生产军用品和民用品,若只生产民用品,则可生产15单位;若减少民用品生产量,则可增加军用品的生产量;若只生产军用品,则可生产12单位,具体的生产组合情况如图1-2所示。若现在要求生产12单位民用品,9单位军用品,即G点所处位置,从图中看出,以此社会当前的资源情况是无法做到的;而若要求生产6单位民用品,6单位军用品,即H点所处位置,从图中可以看出,以此社会当前的资源情况可以做到,并且还有资源的剩余,由此可见,资源的稀缺性和人的欲望无限性之间的辩证关系。

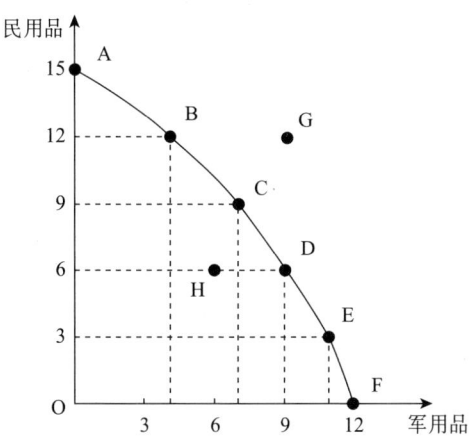

图1-2 民用品和军用品的生产可能组合

以上所说的内容就是当前所有社会普遍存在的现象,也是社会的基本经济问题。经济学研究就是基于此开展的,即如何将稀缺的资源在商品和劳务的生产以及商品和劳务的消费中进行最有效的分配。

(二) 稀缺性引发的经济问题

1. 经济学研究的主要问题

正是由于人类欲望的无限性以及社会资源的稀缺性导致了人们需要思考如何利用和配置现有的社会资源,从而产生了生产、交换、分配、消费等经济问题。可以说,我们现在所研究的经济问题均是由资源的稀缺性引发的。

但值得注意的是,经济学问题虽然是由稀缺性引发的,但其研究对象并不是稀缺,而是由稀缺引发的选择。人类的欲望虽然变化多端,具有无限性,但其有轻重缓急之分,因而在用有限的资源来满足欲望时,我们需要做选择。此处所说的做选择即对有限的资源进行合理的配置和有效的利用来更好地满足人类的欲望。基于此，我们可以总结出由资源的稀缺性和选择性引发的三大基本经济学研究对象：生产什么？如何生产？为谁生产？下面进行具体介绍。

（1）生产什么。研究生产什么主要是研究生产什么样的产品和劳务及其数量。资源是有限的，因此若在一种产品的生产上投入大量资源，那么用于其他产品生产的资源就会相对减少，人们需要对此进行考量并做出抉择。

（2）如何生产。研究如何生产主要是研究用什么样的方法来生产产品和输出劳务。生产同一种产品，可以使用不同的生产方法，也可以有不同的资源组合。因此采用何种生产方法或使用哪种资源组合也是需要选择的，即决定资源配置的有效性。

（3）为谁生产。研究为谁生产主要是研究生产出来的产品和劳务如何分配给各个集团和个人，经济活动的成果应该先分配给谁，社会是否应该给穷人提供最低消费等这些都是需要考虑和抉择的。

2. 生产可能性曲线与机会成本

生产可能性曲线表示的是由资源的稀缺性引发的经济问题，如图1－3所示。横轴表示的是社会生产消费品的数量，纵轴表示的是社会生产资本品的数量；A点和F点分别为只生产资本品和只生产消费品的极端情况，其他点为社会同时生产资本品和消费品的不同组合，将这些点进行连接就得到了生产可能性曲线。

机会成本是指由于对具有多种用途的资源进行选择而牺牲的其他用途的机会所放弃的最大利益或代价。以图1－3为例，就B、C两点来说，多生产1个单位的资本品，就要以牺牲3个单位的消费品生产为代价，因此选择多生产1个单位的资本品的机会成本就是少生产3个单位的消费品。

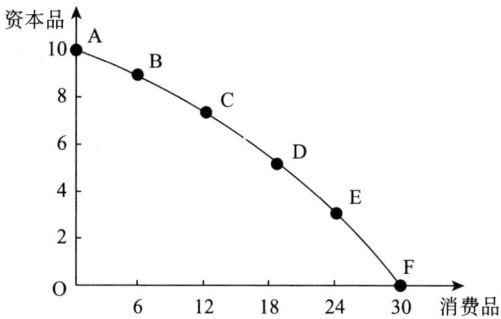

图1-3 消费品和资本品生产的生产可能性曲线

只要人们对稀缺资源的使用进行选择,必然会产生机会成本,利用机会成本可以对一定资源的不同使用情况所产生的经济收益进行对比,从而计算出在使用稀缺资源时可达到的最大可能收益。

二、经济学的形成与发展

(一)经济学的理论渊源

经济学的产生与工业革命的产生和发展是息息相关、密不可分的,但在工业革命出现以前,人们对经济活动的探讨就已经开始了。虽然当时生产力水平低下,人们并没有把经济关系作为专门的研究对象,对于经济活动的见解往往夹杂在哲学、政治学等其他学科的专著中,但正是这些见解给经济学发展提供了动力。

经济学的理论渊源是从公元前4世纪开始的,古希腊哲学家、历史学家色诺芬在《经济论》一书中,最早使用了"经济"一词。此后,经院哲学的代表人物、意大利神学家托马斯·阿奎那在吸收了亚里士多德的公平交换思想后,在所著的《神学大全》中讨论了公平价格、商业和利息等问题。

(二)经济学的不同时期介绍

经济学的发展主要经历了四个时期,具体可见表1-1。

表 1-1　　　　　　　　经济学不同时期的介绍

时期	时间	代表人物	代表理论著作	主要内容
经济学的萌芽时期	15世纪~17世纪中期	约翰·海尔斯、马林斯、博丹、托马斯·孟、让·巴蒂斯特·柯尔培尔	《英国得自对外贸易的财富》	重商主义理论产生，该理论认为货币是财富的唯一形态，一国的财富来自对外贸易，主张通过扩大出口、限制进口来增加财富
经济学的形成时期	17世纪中期~19世纪70年代	威廉·配第、不阿吉尔贝尔、弗朗斯瓦·魁奈、亚当·斯密、大卫·李嘉图等	《国民财富的性质和原因的研究》（简称《国富论》）	古典经济学形成，中心思想是研究国民财富如何增长，核心是自由放任，强调财富是物质产品，增加财富的方法就是通过资本积累来发展生产
微观经济学的形成时期	19世纪70年代~20世纪30年代	边际效用价值论代表人物：卡尔·门格尔、威廉·斯坦利·杰文斯、莱昂·瓦尔拉斯 马克思主义政治经济学代表人物：托马斯·莫尔、托马斯·莫帕内拉、卡尔·马克思、弗里德里希·恩格斯	边际效用价值论代表著作：《经济学原理》《不完全竞争经济学》《垄断竞争理论》 马克思主义政治经济学代表著作：《乌托邦》《太阳城》《资本论》等	边际效用价值论产生，该理论反对劳动价值论，认为商品的价值不是取决于商品中所包含的客观劳动量，而是人们对商品效用的主观评价 马克思主义政治经济学形成
宏观经济学的形成与发展时期	20世纪30年代至今	约翰·凯恩斯、保罗·萨缪尔森	《就业、利息和货币通论》	现代经济学形成时期，主要经历了三个阶段：第一阶段为凯恩斯革命时期、第二阶段为凯恩斯主义发展时期、第三阶段为自由放任思潮复兴时期

三、微观经济学与宏观经济学

根据资源配置与利用的方式对经济学进行划分，可将其分为微观经济学和宏观经济学，这是最基本的经济学分类，下面具体介绍。

（一）微观经济学

1. 微观经济学的研究对象

微观经济学的研究对象为单个经济主体的经济行为，及其相应的经济变量的单项数值如何决定。下面从不同的角度来对微观经济学的研究对象进行解释。

（1）单个经济主体的认识。经济主体是指资源配置者和利用者，也是社会经济活动的当事人或决策者。一般社会经济活动的经济主体主要有三大类，分别为家庭、企业和政府。其中家庭和企业就属于单个经济主体，是微观经济学的研究对象，而政府则属于宏观经济学的研究对象。

（2）单个经济主体的经济行为和经济变量。就微观经济学的研究对象而言，经济行为包括家庭如何支配有限的收入以达到最大的效用和满足；单个企业如何将有限的资源分配在不同产品的生产上以取得最大利润。单个经济变量包括单个商品的产量、成本、利润和要素数量，单个商品的效用、供给量、价格等。微观经济学就是研究单个经济主体的行为和单个经济变量之间的内在联系，从而确定和实现最优的经济目标。这其中主要使用的研究方法为个量分析法，即分析经济变量的单项数值是如何决定的。

（3）微观经济学的中心理论是价格理论。个体经济单位的选择主要受价格的影响，因此微观经济学的中心理论是价格理论，即研究如何调节价格以使资源配置最优化。

（4）微观经济学主要解决的问题是资源配置，即研究一个经济社会既定的经济资源主要被用来生产何种产品、生产量是多少以及采用什么样的生产方式，最终产品在社会成员之间如何分配。

2. 微观经济学研究的基本内容

微观经济学研究的基本内容主要有以下几点。

（1）价格理论：包括商品的价格是如何决定的，价格对消费者需求和生产者供给的影响，以及如何利用价格来影响微观经济的运行。

（2）消费者行为理论：主要研究消费者如何对有限的收入进行分配，以使物品的消费实现效用最大化。

（3）生产理论：研究生产要素投入与产量之间的关系，以达到投入与产出的最优组合，除此之外还对规模报酬进行分析。

（4）成本理论：研究在生产条件既定的情况下，生产成本与产量之间的关系。成本是单个经济个体决策的基础，当总收益与总成本之差达到最大时，利润就会最大。

（5）市场理论：包括市场、市场结构和市场理论等基础概念，主要研究不同市场类型条件下的生产者的供给和短期均衡与长期均衡问题。

（6）分配理论：研究经济资源的价格和使用量与经济资源拥有者收入之间的关系。

（7）微观经济政策：研究政府颁布的与微观经济相关的，如价格管理、消费与生产调节等政策。

需要注意的是，在研究微观经济时，有两个基本假设，分别为理性人假设和完全信息假设。理性人假设是指，在一切经济活动中的行为都是以利益为主要目的，追求以最低的价格赢得最大的经济利益。完全信息假设是指，市场上每一个进行经济活动的个体，都了解全部的情况，并知晓商品的性能。

（二）宏观经济学

1. 宏观经济学的研究对象

宏观经济学的研究对象为整个国民经济活动、社会总体经济问题以及相应的经济变量的总量如何决定及其相互关系。下面对宏观经济学的研究对象和内容进行解释。

(1) 整个国民经济：宏观经济学的主要研究对象是整个国民经济，其中包含了国民收入、物价水平、总就业、经济增长和经济周期等问题，主要是对整个国民经济的运行方式和规律进行总体分析与研究。

(2) 经济总量：包含了国民收入、消费、投资、就业量、物价水平、利息率、汇率以及这些变量的变动率等。

(3) 国民收入决定理论：宏观经济学把国民收入决定理论当作研究中心，认为国民收入是最基本的总量。宏观经济学通过研究一个国家的经济资源利用是怎样影响国民经济总体的，来找出促进潜在的国民收入和经济稳定增长的有效手段。

(4) 宏观经济学主要解决的问题是资源利用：包括找寻现有资源没有得到充分利用的原因、将现有资源进行充分利用的途径等。主要运用的方法为总量分析法，通过对经济总量的决定、变动及其相互关系进行研究，来说明整个经济的状况。

2. 宏观经济学研究的基本内容

宏观经济学研究的基本内容主要有以下几点。

(1) 国民收入决定理论：用来衡量国家经济资源利用情况和整个国民经济状况的基本指标就是国民收入，因此国民收入决定理论就是宏观经济学的中心课题。

(2) 通货膨胀和失业理论：各国经济面临的主要问题就是通货膨胀和失业。为了解决这两个问题，宏观经济学将国民收入与通货膨胀和失业联系起来，寻找它们之间的关系和相互影响的因素。

(3) 经济周期与经济增长理论：经济周期理论主要是研究国民收入短期波动的原因；经济增长理论主要是研究国民收入长期增长的因素，并找寻实现经济长期稳定发展的路径。

(4) 开放经济理论：开放经济理论主要研究的是一国的经济，即国民收入是如何影响其他国家经济的，以及本国经济是如何受他国经济影响的。

（5）宏观经济政策：主要包含三个方面的内容，分别为政策目标，即宏观经济政策想达到怎样的调节目的；政策工具，即用什么具体方法来达到政策目标；政策效应，即宏观经济政策对经济的作用。

（三）微观经济学和宏观经济学的关系

1. 微观经济学与宏观经济学的区别

微观经济学与宏观经济学在经济范畴、概念、研究的经济问题等方面均存在一定的差别，具体可见表1-2。

表1-2　　　　　　　微观经济学与宏观经济学的差别对比

比较项目	微观经济学	宏观经济学
主要理论	价格理论	收入理论
研究对象	以单个经济单位为研究对象	以整个国民经济总体的运行规律为研究对象
分析方法	个量分析法	总量分析法
假定条件	以充分就业为条件	以资源是稀缺的、失业是常态的为条件
研究目的	（单个经济）资源配置最优	社会福利最大化

2. 微观经济学与宏观经济学的联系

虽然宏观经济学与微观经济学存在一定的差别，但总的来看，两者均属于经济学的范畴，只是两个不同的部分，因此二者也存在一定的联系，是相互补充、互为前提的关系。微观经济学与宏观经济学之间的联系主要有以下三点。

（1）微观经济学和宏观经济学把对方所研究的对象当作自己的理论前提；互相把对方的理论前提作为自己的研究对象。只有把微观经济学和宏观经济学研究的问题都解决了，才能解决整个社会的经济问题。

（2）微观经济学的主要分析方法是个量分析法，宏观经济学的主要分析方法是总量分析法，这就决定了二者的界限并不是十分明确的，因为总量分析往往建立在个量分析的基础上。

（3）经济发展中的微观问题和宏观问题并不是此消彼长的关系，而是同时存在的关系，两种问题相互交叉。因此，在实际的经济研究中，通常是将微观经济与宏观经济放在一起研究，让两者同时发挥作用，实现混合经济运行机制的良性循环。

四、经济学的基本方法

（一）实证经济学与规范经济学

就方法论而言，经济学家又把经济学分为实证经济学和规范经济学。其中，实证经济学是指只用实证分析的方法来研究经济本身的内在规律，并利用这些规律对社会经济活动或经济现象的相关内容，例如成因、效果、发展趋势等进行解释、证实或预测。采用实证分析法来分析经济问题基本不会涉及价值判断，即不会对经济事物的社会价值、一种社会经济制度的好坏等进行判断。而规范经济学则是以一定的价值判断为出发点，提出经济行为的标准，探讨出符合这些标准的理论和政策。规范经济学中的价值判断有强烈的主观性、阶级性和伦理道德意识。目前，实证经济学是经济学发展的主流。

（二）经济学中的基本分析方法

1. 假设分析

假设分析是实证经济学的基本分析方法，其在理论形成中是不可或缺的。通常，在形成一种理论之前，要对所研究的变量下明确的定义，并在一定的假设条件下提出假说，从而根据这一假说来对未来进行预测，最后，通过经验、事实对预测加以验证，确定其真实性，这就是假设分析的具体运用。

2. 边际分析

边际分析法是指利用边际数量分析经济变量的相互关系及其变化规律。以函数 $Y = f(x)$ 为例，当自变量 x 变为 $x + \Delta x$，Y 就变成了 $Y +$

ΔY，这里的 Δx 和 ΔY 就是边际数量。边际分析可用 ΔY/Δx，即两个增量的比值表示，其具体有三种情况：

（1）大于零：当自变量 x 增加一个单位时，变量 Y 增加；

（2）等于零：当自变量 x 增加一个单位时，变量 Y 不变；

（3）小于零：当自变量 x 增加一个单位时，变量 Y 递减。

3. 均衡分析

均衡在经济学中有两层含义，第一层含义是指一种平衡状态，第二层含义是指本身具有一种能够促进平衡的内在机制。均衡分析法是经济学分析中一种非常重要的分析方法。根据分析角度的不同，均衡又可被细分为不同的类型，具体可见图 1-4。

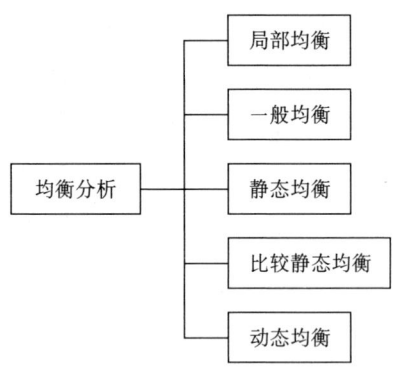

图 1-4 均衡分析的细分

4. 期间分析

期间分析还可被称作"过程分析""序列分析"，主要是指将经济运行过程划分为连续的分析期间，以便考察有关经济变量在各个期间的变化情况。期间分析基于的理论是马歇尔的市场时间理论，其将市场时间划分为瞬时、短期、长期和超长期四种，这里的四种时间不是根据日期表示的，而是一种用于分析思维的概念。

5. 弹性分析

弹性分析中的弹性是指一个变量对另一个变量微小变化的反应,用数学公式可解释为变量 B 对变量 A 的弹性,是用变量 A 的变化带来的变量 B 的变化与变量 A 的变化的比值来表示的,即 $E_{BA} = \dfrac{\Delta B/B}{\Delta A/A}$。

6. 流量分析与存量分析

流量分析是指对一定时期内有关经济变量产出与投入的变动及其他有关经济总量的影响进行分析;存量分析是指对一定时间点上已有的经济总量的数值及其他有关的经济总量的影响进行分析。

(三)经济学中的图形表述方法

利用图形来说明数据或变量变化的趋势及两者之间是如何相互联系的,是经济学分析中常用的方法。下面主要介绍三种图形表述方法。

1. 相关关系图形

(1)正相关效应。正相关效应是指两种变量之间同方向变动,并且斜率为正,例如随着居民可支配收入的增加,其消费支出也会随之增加,如图 1-5 所示。

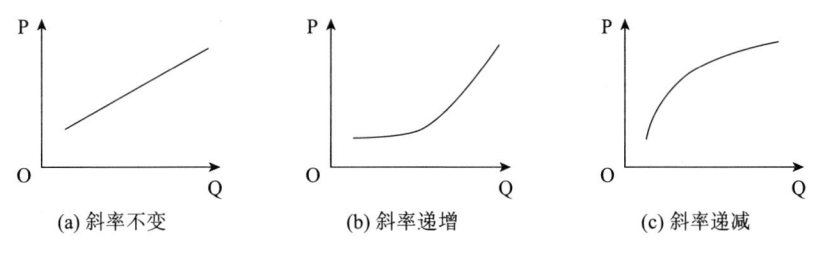

(a) 斜率不变　　(b) 斜率递增　　(c) 斜率递减

图 1-5　正相关效应

(2)负相关效应。负相关效应是指两种变量之间反方向变动,并且斜率为负,例如随着居民储蓄的增加,其消费支出就会下降,如图 1-6 所示。

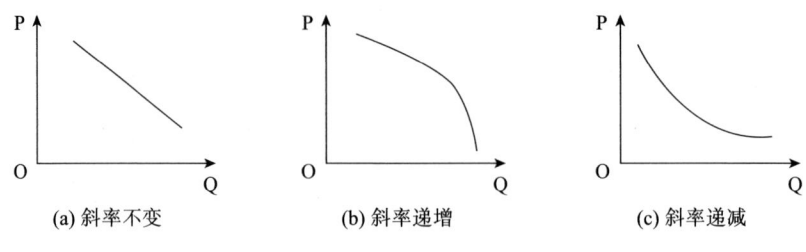

图 1-6 负相关效应

（3）变量无关。变量无关是指两种变量之间没有任何关系，通常以一条垂直或水平直线呈现，如图 1-7 所示。

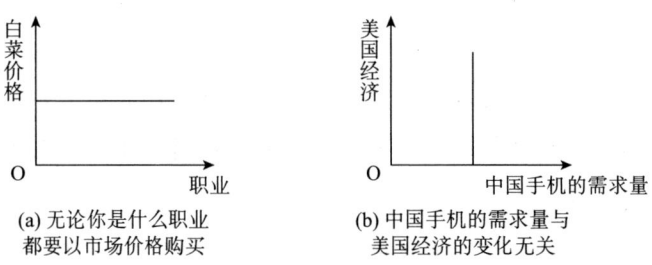

图 1-7 变量无关

2. 最大值与最小值

变量的最大值、最小值通常是一种极端的情况，即斜率为零，如图 1-8 所示，A 点为变量最大值，B 点为变量最小值。

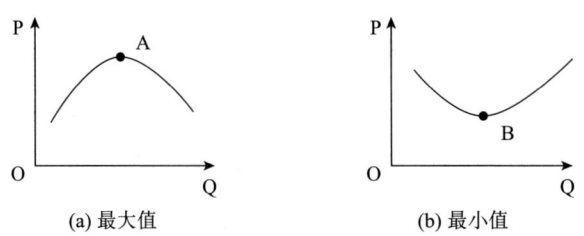

图 1-8 最大值和最小值

3. 曲线的移动与点在曲线上的移动

曲线移动是指曲线的位置发生变动，点在曲线上移动是曲线上的不同点沿着曲线移动,如图 1-9 所示。其中,L_1 到 L_2 即为曲线的移动,A 到 B 为点在曲线上的移动。

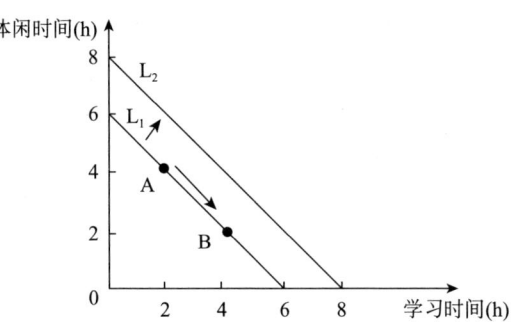

图 1-9　曲线的移动与点在曲线上的移动

第二节　经济学中的供求理论与消费理论

本节主要介绍经济学中的供求理论和消费理论。在供求理论中,先介绍价格和市场的基本概念,再介绍需求和供给的基本原理;在消费理论中,重点介绍了基数效用论的边际效用和序数效用论的无差异曲线,最后还介绍了消费者行为理论的应用。

一、经济学中的供求理论

在对供求理论进行介绍时,首先要搞清楚价格与市场的基本概念,因为价格理论是微观经济学的核心内容。下面先介绍市场和价格的基本概念,再对供求基本原理进行简单阐述。

(一) 价格和市场的基本概念

1. 价格的基本概念

在经济学中,价格并不是一个简单的概念,而是指一个价格体系。

价格是衡量商品或劳务价值的标尺，而商品或劳务的价值是由四种生产要素共同创造的，即土地、企业家、资本、劳动。根据不同的分类方式，价格可被细分为不同的种类，具体如图1-10所示。

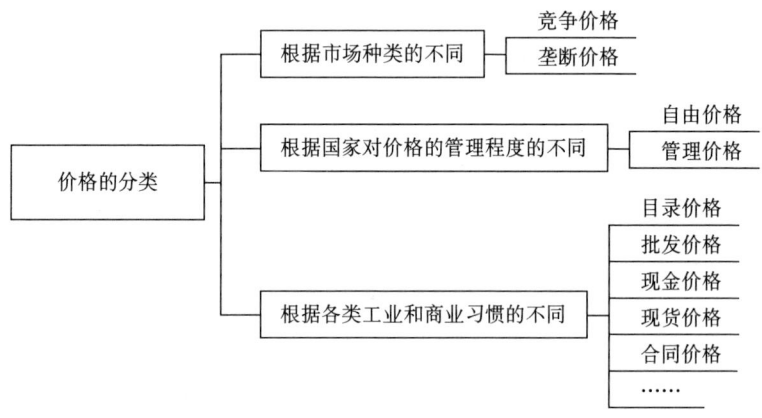

图1-10　价格的分类

2. 市场的基本概念

市场是商品或劳务交换的场所，是商品经济运行的载体。在微观经济学中，市场是买者和卖者用以进行交易或交换的有组织的相互作用体，对两者来说，市场就是能够购买和售卖的中介。基于此，市场具有如下特征：

（1）买卖双方对真实行情有充分的认识；

（2）买卖双方在进行买卖活动时具有完全的主动权；

（3）当市场中有较多的买者或卖者时，这些买者和卖者之间存在激烈的竞争。

市场是商品经济存在的必要条件，其有利益协调、实现交换等功能。根据不同的分类标准，市场也可被分成不同的类型，具体见图1-11。

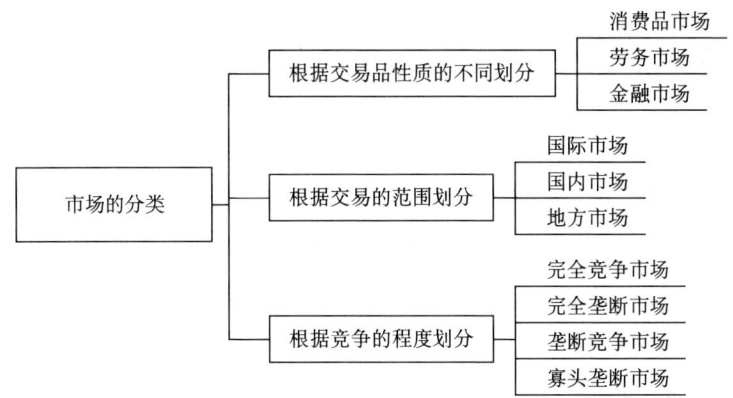

图 1-11 市场的分类

(二) 需求的基本原理

1. 需求的含义

需求是指不同价格与相应的需求量之间的关系。具体来讲，消费者在一定时期内，在不同的价格下，愿意并能够购买的商品或劳务的数量。基于此，某种商品或劳务的需求需要具备两个条件：一是消费者有购买欲望；二是消费者有购买能力。上述第二个条件是区分需求与需要的关键点，需要是无条件的，而需求是有条件的。

需求可被分为个人需求和市场需求，个人需求是指某个个体对某一商品的需求；市场需求是指全部个体对某一商品的需求，是个人需求的集合。

2. 需求表与需求曲线

需求表和需求曲线是用来表示某种商品需求情况的不同形式，其中，需求表是用来表示某个或所有消费者在一系列价格水平上愿意且能够购买某商品的数量序列，如表 1-3 所示。该表表现了香蕉在不同价格水平下对应的需求量。

表 1-3　　　　　　　　香蕉的需求表

价格（元/千克）	3.5	3.2	2.8	2.5	2	1.6	1.2	1	1.6	1.2
需求量（吨）	4	5	6	7	8	9	10	11	9	10

根据香蕉的需求表可绘制出香蕉的需求曲线，即将香蕉的价格与需求量之间的对应关系在一张坐标图中表现出来，如图 1-12 所示。在该供给曲线中，横轴表示香蕉的供给量，纵轴表示香蕉的价格。该需求曲线的斜率是负值。

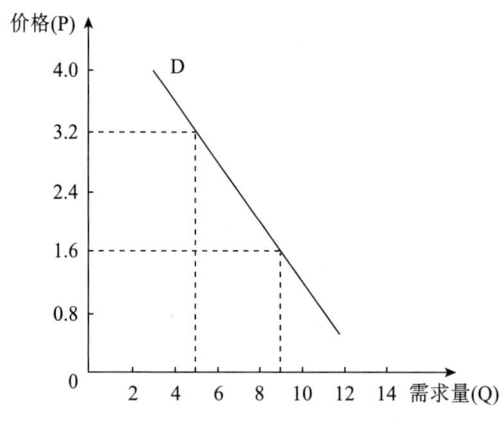

图 1-12　香蕉的供给曲线

3. 影响需求的因素

影响商品供给的因素有许多，下面对几个最主要的因素进行介绍。

（1）商品的价格。商品的价格通常与其需求量成反比，即商品的价格越高，消费者对商品的需求量就越小。

（2）消费者的收入。消费者的收入水平决定了其购买力，而购买力是影响商品需求的重要因素。消费者的收入通常与商品的需求量成正比，即消费者的收入水平越高，其对商品的需求量就越大。

（3）相关商品的价格。当某种商品本身的价格不变，而与其相关的商品价格出现变动时，也会影响其需求量。相关商品主要有两种情况：一是该商品的替代品，其价格上升一般会带动该商品需求量的增加；二是该商品的互补品，其价格上升一般会使该商品的需求量减少。

（4）消费者的喜好。消费者的喜好与商品的需求量成正比，即当消费者对某种商品的偏爱程度加深时，其需求量会同步增加。

（5）政府的消费政策。当政府颁布一些刺激消费的政策时，消费者对商品的需求量会增加；当政府采取某些紧缩的经济政策时，消费者对商品的需求量会减少。

4. 需求函数与需求原理

需求函数是指用来表示某种商品需求数量和影响该商品需求数量的各因素之间的关系的函数，即：

$$D = f(a, b, c, \cdots, n)$$

其中，D 代表需求，a，b，c，…，n 代表影响需求量的各个因素。

通常情况下，价格是影响商品需求量的最基本因素，因此需求函数通常表示为：

$$D = f(P)$$

其中，D 代表需求，P 为商品的价格。基于此，该函数又被称为需求价格函数。如前文所述，商品价格与需求量之间是反比关系，这就是我们所说的需求原理。

5. 需求规律的例外情况

需求原理反映的是一般商品价格与需求量之间的反比关系，但对一些特殊品来说，这条原理则不再适用。这些特殊品包括具有炫耀性特质的物品，如珠宝首饰、古董名画等，其价格与需求量之间是成正比的，这是因为，若其价格下降，相应的炫耀性就会降低，需求量就会随之降低。证券、黄金等物品的价格与需求量之间的关系是不规则变化的，当这些物品的价格走高或走低时，人们都会先采取观望态度，不会急于购买。另外，一些劣质品的价格与需求量之间的关系正好与需求原理相悖，这种现象被经济学家称为"吉芬之谜"，即劣质品价格升高，需求增加；价格下降，需求减少。上述情况均为需求规律的例外情况。

（三）供给的基本原理

1. 供给的含义

供给是指生产者与其提供的商品或服务数量之间的关系，具体来讲就是，生产者在一定时期内，在不同的价格下，愿意并能够提供的商品或劳务的数量。基于此，某种商品或服务的供给需要具备两个条件：一是生产者有售卖的欲望；二是生产者有供应商品或服务的能力。上述第二个条件是区分供给是否有效的必要条件，若生产者只有售卖欲望，没有供应商品的能力，则不能算作有效供给。

2. 供给表与供给曲线

供给表和供给曲线是用来表示某种商品供给情况的不同形式，其中，供给表是用来表示某个商品在不同价格水平下对应的供给量的数量序列，如表1-4所示，该表表现了香蕉在不同价格水平下对应的供给量。

表1-4　　　　　　　　香蕉的供给表

价格（元/千克）	3.6	3.2	2.8	2.4	2	1.6	1.2	0.8	1.6	1.2
需求量（吨）	15	13	11	9	7	5	3	1	9	10

根据香蕉的供给表可绘制出香蕉的供给曲线，即将香蕉的价格与供给量之间的对应关系在一张坐标图中表现出来，如图1-13所示。在该供给曲线中，横轴表示香蕉的供给量，纵轴表示香蕉的价格。该供给曲线的斜率是正值。

3. 影响供给的因素

影响商品供给的因素有许多，下面对几个最主要的因素进行介绍。

（1）商品的价格。商品的价格通常与其供给量成正比，即商品的价格越高，其供给量通常也越高。

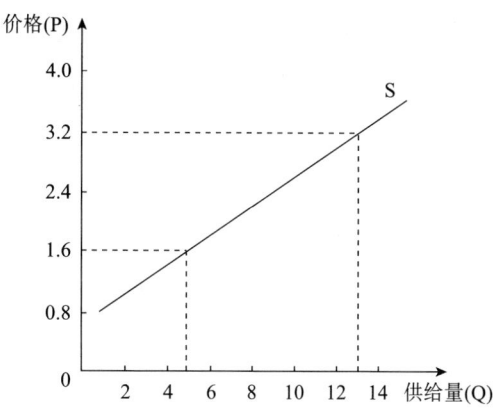

图 1-13 香蕉的供给曲线

（2）生产要素的价格。当商品价格不变，生产要素的价格上升时，商品的成本会随之增加，从而导致其供给量减少；而当生产要素的价格下降时，商品的成本降低，利润增加，使得其供给量增加。

（3）相关商品的价格。当某种商品本身的价格不变，而与其相关的商品价格出现变动时，也会影响其供给量。例如，对于同时生产玉米和稻米的农户来说，如果市场上玉米的价格上涨，而稻米的价格不变，其就会增加玉米的产量，降低稻米的产量，以谋求更多的利润。

（4）生产技术水平。生产技术水平与商品的成本息息相关，生产技术水平提高能够有效降低商品的成本，从而使生产者加大该商品的产量，提升其供给量。

（5）政府的消费政策。当政府颁布一些刺激生产和供给的政策时，商品的供给会随之增加；当政府出台一些限制生产或投资的政策时，商品的供给会减少。

4. 供给函数与供给原理

供给函数是指用来表示某种商品供给量和影响该商品供给量的各因素之间的关系的函数，即：

$$S = f(a, b, c, \cdots, n)$$

其中，S 代表供给，a，b，c，…，n 代表影响供给量的各个因素。

通常情况下，价格是影响商品供给量的最基本因素，因此供给函数通常表示为如下：

$$S = f(P)$$

其中，S 代表供给，P 为商品的价格。基于此，该函数又被称为供给价格函数。如前文所述，商品价格与供给量之间是正比关系，这就是我们所说的供给原理。

5. 供给规律的例外情况

供给原理反映的是一般商品价格与供给量之间的正比关系，但对一些特殊品来说，这条原理则不再适用。例如，劳动商品供给，当工资水平提高时，供给会随之增加，但当工资水平上升到一定限度后，由于劳动者对货币的需求不再像以前那样强烈，劳动力供给就会停滞，甚至下降。珠宝首饰、古董名画等同样如此，当其价格上升到一定限度后，持有者会待价而沽，从而使其供给量不变或减少。证券、黄金等物品的价格与供给量之间的关系变化则是不规则的，上述情况均为供给规律的例外情况。

二、经济学中的消费理论

消费者的行为决定了商品的供给。对消费者行为进行深入研究和分析，能够帮助我们更好地理解需求曲线背后的含义，掌握消费最大化原则，从而对生活中的消费行为有更深的理解。

（一）基数效用论的边际效用分析

1. 效用与基数效用论

效用是指消费者在购买或使用某种商品时的满意程度。消费者的满意程度高说明该商品效用大，满意程度低则说明该商品效用小；如果无满足感则效用为零，感到痛苦则效用为负。从效用的基本定义可以发现，效用其实就是个体对某商品的主观心理状态，同一种商品对不同的人会有不同的效用，同一种商品对于同一个人在不同的情境下也可能有不同的效用。

基数效用论是指研究消费者行为的理论，该理论认为效用是可以量化并加总求和的，效用的大小可用基数1、2、3……来表示。基于此，该理论可用来研究消费者效用最大化的相关问题。

2. 总效用与边际效用

总效用是指消费者从消费一定量的某种商品中所获得的总满意程度；边际效用是指消费者对某种商品的消费量每增加一单位所增加的满意程度。边际即为增量，用来指代自变量增加引起的因变量的增加量。如表1-5反映了牛奶消费中的边际效用和总效用的关系。

表1-5　　　　　　　牛奶消费中的边际效用和总效用

牛奶的消费量	边际效用	总效用
0	0	0
1	40	40
2	30	70
3	20	90
4	10	100
5	0	100
6	-10	90

从表1-5中可以看出，当消费1单位牛奶时，边际效用增加了40个效用单位，总效用为40个效用单位；当消费2单位牛奶时，边际效用增加了30个效用单位，总效用为40+30=70个效用单位，依次类推。综上我们可总结出一个结论：当边际效用为正数时，总效用是增加的；当边际效用为零时，总效用最大；当边际效用为负时，总效用开始减少。

3. 边际效用递减规律

从表1-5中我们还可以看出，边际效用是递减的，这一规律在大部分商品的消费中普遍存在，这就是边际效用递减规律。之所以会出现边际效用递减，可能有以下两方面原因。

第一，消费者生理或心理原因。当消费者持续增加某种商品的消费量时，该商品对其产生反复的刺激，降低了其生理上或心理上的反应，从而使其对该商品的满足程度降低。

第二，商品本身用途的多样性。一种商品通常都会有多种不同的用途，并且这些用途的重要性是有差别的。消费者通常会将商品用于最重要的用途，有剩余的商品时，才会再用到商品的次要用途。当某种商品数量很少时，消费者只将其用于重要用途，这时该商品的边际效用较大；而当该商品数量增多时，消费者会依次将其用到越来越不重要的用途上，如果拥有了较多的数量能使消费者获得最大的满足时，消费者就不会再改变这种消费组合状态了，此时为消费者均衡。

4. 消费者均衡分析

消费者均衡分析有三个假设条件：第一，消费者的爱好不变，即消费者对各商品的效用与边际效用的评价是不变的；第二，消费者的收入是一定的；第三，商品的价格是一定的。消费者均衡就是在以上三个假设的基础上，研究消费者如何把有限的收入分配于各种商品的消费上，从而获得最大总效用。

消费者均衡可以用两个公式来表示，只有同时满足这两个公式才能实现效用最大化。

$$\frac{MUX}{PX} = \frac{MUY}{PY} = MUM, \text{且} P_X Q_X + P_Y Q_Y = M$$

其中，M指消费者的收入，MU表示商品的边际效用，P表示商品的价格，X、Y分别为购买的两种商品。

(二) 序数效用论的无差异曲线分析

1. 序数效用论

基数效用论的支持者认为效用是可以量化和计算的,但有一部分经济学家对该理论持反对意见,他们认为效用是一种心理感觉,不能量化和计算,只能通过序数,例如第一、第二……来表示,这就是序数效用论。

2. 无差异曲线

基于序数效用论来研究消费者的行为,通常采用无差异曲线分析法。无差异曲线是指用来表示两种商品的不同数量的组合给消费者带来相同效用的一条曲线。假设有一位消费者按照既定的价格购买 X、Y 两种商品,有 6 种可能的商品购买组合方式,每一种组合方式给消费者带来的效用(用 I 表示)是相同的,如表 1-6 所示。根据表 1-6 可绘出无差异曲线图,如图 1-14 所示。

表 1-6　　　　　　　　效用相同时的 X 和 Y 商品组合情况

组合方式	X 商品（个）	Y 商品（个）
A	5	30
B	10	20
C	15	12
D	20	10
E	25	9
F	30	6

从图 1-14 中可以看出,无差异曲线是一条斜率为负,且斜率逐渐增加的曲线。这代表了在价格既定条件下,消费者要想获得相同的效用,增加一种商品的消费就要减少另一种商品的消费。

在同一平面内可以有无数条无差异曲线,每一条无差异曲线的效用都不相同。无差异曲线离原点越远,其代表的效用越大,离原点越近,

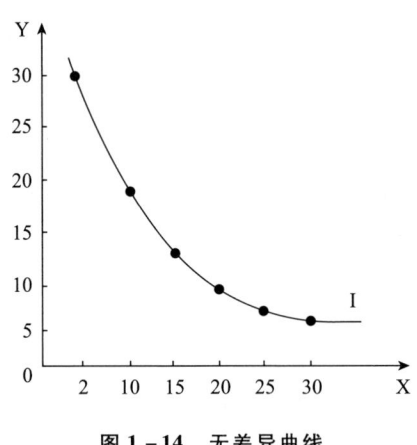

图 1-14 无差异曲线

其代表的效用越小,如图 1-15 所示,$I_1 < I_2 < I_3$。

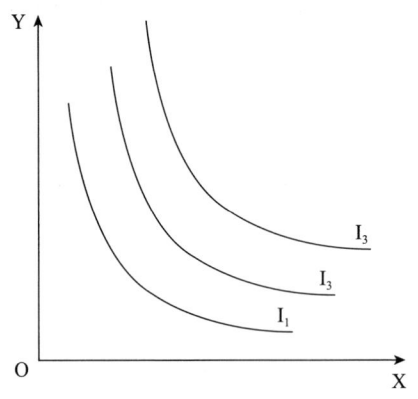

图 1-15 无差异曲线及其移动

(三) 消费者行为理论的应用

1. 消费者剩余

消费者剩余是指消费者愿意为某种商品支付的价格与其市场价格之间的差额。消费者会根据其自身对商品的效用来决定其愿意为该商品支付的价格,但这个价格往往与该商品的市场价格存在一定的差距,如果该商品的市场价低于消费者愿意为其支付的价格,那么消费者在购买该商品时不仅欲望得到了满足,还得到了额外的福利,这个额外的福利就是消费者剩余。消费者剩余不是收入的增加，而是指心理感觉的提升。

如表 1-7 所示，随着商品购买量的上涨，消费者愿意付的价格从 5 元降到了 1 元，但市场价格是不变的，这就说明消费者从所购买的商品中获得的消费者剩余逐步减少。通常，生活必需品的消费者剩余较大，因为消费者对这类商品的效用评价高，愿意付的价格也较高，但这类商品的市场价并不高。

表 1-7　　　　　　　　　　消费者剩余

商品数量	消费者愿意支付的价格（元）	市场价格（元）	消费者剩余
1	5	1	4
2	4	1	3
3	3	1	2
4	2	1	1
5	1	1	0

2. 消费者行为理论在企业经营中的应用

企业生产的目的就是获得最大利润，而想要获得最大利润就只能降低成本或者提高售价。消费者遵循效用最大原则进行消费，对于效用高的商品，他们愿意付更高的价格购买。基于此，企业应思考如何生产效用更高的商品，以使消费者愿意付出更多的金钱购买商品。具体讲，企业可从以下两方面入手：

第一，用广告来引导消费者的消费行为；

第二，进行市场细分，针对不同的消费者，投其所好生产不同的产品。

第三节　经济学中的生产理论与市场理论

生产理论是研究生产者行为的理论，市场理论又被称为厂商均衡理论,本节以这两个理论为重点进行讲述,以帮助读者加深对生产和市场的了解。

一、经济学中的生产理论

经济学中的生产理论主要包含三方面的内容:第一,生产者如何选择生产的合理投入区和最优生产要素投入组合,以实现利润的最大化;第二,成本与生产规模和产量之间的关系;第三,收益与利润最大化原则。下面具体介绍与这三方面内容相关的经济学理论。

(一) 生产函数与边际收益递减规律

1. 生产函数

生产是指对各种生产要素进行组合以制成产品的行为,生产要素是生产中必不可少的。生产函数是用来表达,在一定技术水平下商品产量与生产要素之间的关系函数。生产函数的一般形式如下:

$$Q = f(L, K, N, E, \cdots)$$

其中,Q代表总产量,L代表劳动,K代表资本,N代表土地,E代表企业家才能,后面还有其他影响生产的生产要素。通常来讲,土地和企业家才能难以计量,因此,生产函数可简化为:

$$Q = f(L, K)$$

该公式表明,在一定技术水平下,当劳动与资本的数量与组合方式为已知时,就可以知道商品的最大产量。

2. 边际收益递减规律

边际收益递减规律是指,在技术水平一定的情况下,当把一种可变的生产要素投入到一种或几种不变的生产要素中时,在最开始时,该生产要素投入的增加会带来产量增加,但当该生产要素投入超过一定限度时,产量的增加速度将放缓,最终还会出现产量绝对减少的情况。下面将从三方面来深入介绍边际收益递减规律。

第一，边际收益递减规律的前提条件是生产技术水平不变，这主要是指生产中所使用的技术没有发生重大变革。

第二，边际收益递减规律研究的是短期中的生产行为，即只有一种生产要素不断增加，其他生产要素不变，以此研究收益的变化。

第三，在边际收益递减规律中，产量或收益随着一种生产要素变化要经过三个阶段：产量递增、边际产量递减、产量绝对减少。

（二）生产要素的最适组合

生产要素的最适组合主要是用来研究在生产成本一定的情况下，如何通过购买不同生产要素来实现最大产出，即用最小成本获得最大利润的生产要素组合进行生产。生产要素的最适组合主要有两种情况：第一是当成本一定时，产量最大；第二是产量一定时，成本最小。

通常我们会采用等量产线和等成本线来分析寻找最适组合。其中，等量产线表示了要素组合同产量的关系，等成本线表示了要素组合与要素价格和成本的关系。就等量产线而言，可根据图 1-16 来分析。在图 1-16 中，Q 为产量既定时的等量产线位置，L_1、L_2、L_3 为三条不同的等成本线，并且分别与等量产线相交、相切、相离；C、D、E 三点均代表了相同的产量，但 C、D 点的成本要高于 E 点，由此得出，E 点是在产量既定条件下的最适组合。

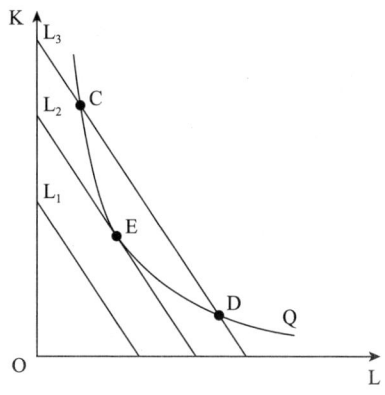

图 1-16　等量产线生产要素最适组合

就等成本线而言，可根据图1-17来分析。在图1-17中，L为成本既定时的等成本线位置，Q_1、Q_2、Q_3为三条不同的等量产线，并且分别与等成本线相交、相切、相离；C、D、E三点均代表了相同的成本，但E点的量产要高于C、D点，由此得出，E是在成本既定条件下的最适组合。

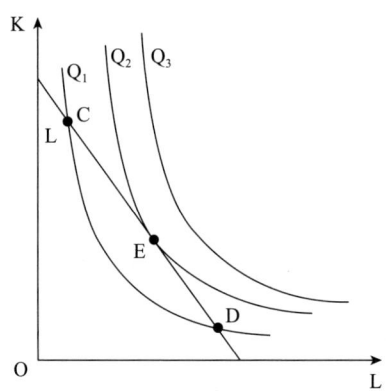

图1-17　等成本线生产要素最适组合

(三) 规模收益

1. 生产规模与收益的关系

规模收益主要研究的是，当所有投入生产中的要素的使用量都按同样的比例增加时，产量与收益是如何变化的。我们假设L单位的劳力和K单位的资本结合可以生产Q单位产品，即L+K→Q，当L和K都增加a倍时，产量Q增加的倍数为b，则规模收益可分为以下三种情况。

第一，b>a，即产量增加的倍数大于投入要素增加的倍数，这种情况被称为规模收益递增。

第二，b=a，即产量增加的倍数等于投入要素增加的倍数，这种情况被称为规模收益不变。

第三，b<a，即产量增加的倍数小于投入要素增加的倍数，这种情况被称为规模收益递减。

2. 适度规模

利用规模收益分析我们可以发现,生产者的生产规模不能过大也不能过小,应选择适度的生产规模,即生产规模的扩大正好使收益递增达到最大,并使这一生产规模维持下去。不同生产者的适度规模大小是不同的,其在选择适度规模的大小时还应考虑以下几点因素。

第一,生产的商品所处行业的技术特点。一般来讲,生产设备先进、生产投资大的行业,适度规模偏大;生产设备简单、生产投资小的行业,适度规模较小。

第二,市场条件。通常来说,产品市场需求量大、标准化程度高的生产者,适度规模较大;产品市场需求量小、标准化程度低的生产者,适度规模较小。

第三,其他与适度规模有关的因素还有政府政策、产业政策、所在国的经济发展水平等。生产者在选择适度规模时均需考虑这些因素。

(四) 成本分析

1. 短期成本分析

短期成本是指短期内生产一定量产品所需要的成本总和。根据生产要素能否调整,短期成本又可被分为固定成本和可变成本。固定成本是指生产者在短期内必须支付的不能调整的生产要素的费用;可变成本是指生产者在短期内必须支付的可以调整的生产要素的费用。基于此,可得出短期成本公式:

$$STC = FC + VC$$

式中,STC 为短期总成本,FC 为短期固定成本,VC 为短期可变成本。

因为固定成本在短期内是客观存在的,不随产量的变动而变动,所以总成本的变动规律与可变成本保持一致。可变成本的一般变动规律表现为三个阶段:初始阶段,可变成本的增加率大于产量的增加率;中间阶段，可变成本的增加率小于产量的增加率；最后阶段，可变成本的增加率大于产量的增加率。

2. 长期成本分析

从长期来看，一切生产要素都是可以调整的，因此没有固定成本和可变成本之分。下面通过介绍长期成本中的总成本、平均成本、边际成本及其之间的关系来对长期成本进行分析。

长期总成本是指长期生产一定量产品所需要的成本总和，其会随产量的变动而变动。具体变动规律为没有产量就没有总成本，总成本随产量的增加而增加。长期平均成本是指长期生产中，每单位产品的平均成本，其变动规律为平均成本随着产量的增加先减少后增加。长期边际成本是指在长期生产中，增加每一单位产品所增加的成本，其变动规律与长期平均成本类似。

（五）收益分析

1. 收益的分类

收益是指生产者将生产的产品全部售出后得到的收入，即销量与售价的乘积。收益有总收益、平均收益和边际收益之分。总收益是指生产者将生产的产品全部售出后得到的全部收入；平均收益是指生产者销售每一单位产品所得到的平均收入；边际收益是指生产者增加销售每一单位产品所增加的收入。

总收益、平均收益和边际收益之间的变动关系主要有以下两种情况。

第一，在售价不变的情况下，一定产量的商品售价即为平均收益和边际收益的值，这是因为无论生产者出售多少商品，都是以相同的价格出售的，因此平均收益和边际收益不变。

第二，在价格递减条件下，随着商品销量的增加，边际效益和平均收益都是递减的。

2. 利润最大化原则

利润是指用一定量产品的总收益减去生产这些产品花费的总成本。利润公式如下：

$$\pi = TR - TC$$

其中，π 代表利润，TR 代表总收益，TC 代表总成本。

根据这一公式，我们可以计算出当边际收益等于边际成本时，利润最大，这就是利润最大化原则，这条原则适用于任何市场结构中。

二、经济学中的市场理论

市场理论又被称为厂商均衡理论，主要探讨了在四种市场中，即完全竞争市场、完全垄断市场、垄断竞争市场以及寡头垄断市场，在消费者和生产者的经济行为相互作用下，生产者根据利润最大化原则如何决定均衡价格和均衡产量。下面对不同市场类型的均衡分别阐述。

（一）完全竞争市场中的厂商均衡

1. 完全竞争市场的条件

完全竞争市场是指不受任何阻碍和干扰、完全自由化的市场。具体来讲，一种商品的市场具有完全竞争性质，需要同时具备以下四个条件：

第一，生产者和消费者基数大；

第二，所有生产该类型商品的生产者生产出来的商品没有任何差别，具有完全替代性；

第三，各生产要素在各行业之间具有完全自由的流动性；

第四，消费者和生产者对市场情况均有充分的了解，市场信息是畅通的。

从上述四个条件可以看出，完全竞争市场在实际生活中存在的可能性是极低的。

2. 完全竞争市场中厂商的短期均衡

在完全竞争市场中，短期内生产者不能根据市场需求的改变来调整全部生产要素或改变生产规模，只能通过改变固定投入要素已形成的生产能力条件组织生产。在这种情况下，从整个行业来看，供给和需求之间主要存在五种状态：生产者存在超额利润的状态、生产者处于盈亏平衡的状态、生产者处于亏损但尚能收回全部可变成本和部分固定成本的状态、生产者处于亏损只能收回全部可变成本的状态、生产者处于彻底亏损状态。研究证明，在短期中，生产者的均衡条件是边际效益等于边际成本。

3. 完全竞争市场中厂商的长期均衡

从长期来看，生产者所有的生产要素投入量都是可变的，因此，只涉及可变成本的概念。除此之外，在完全竞争市场中，生产者随时可以进入或退出市场，也可对生产规模进行调整，因此，超额利润或彻底亏损将不会存在。通常来讲，从长期来看，生产者一般会处于盈亏平衡状态，这就是完全竞争市场中厂商的长期均衡。

（二）完全垄断市场中的厂商均衡

1. 完全垄断市场的条件

完全垄断市场是指不存在竞争的市场状态，换言之，即市场完全由一个生产者所控制。具体来讲，一种商品的市场具有完全垄断性质，需要同时具备以下四个条件：

第一，市场中只有一家生产者；

第二，该生产者生产的商品不可替代；

第三，该商品所处的行业存在进入或退出障碍；

第四，市场信息是完全封闭、不流通的。

2. 完全垄断市场中厂商的短期均衡

在完全垄断市场中，一般只有一家生产者，因此，其就是商品价格的制定者，可以在高价低销和低价多销之间进行选择。基于此，生产者短期均衡存在三种状态：生产者可获得超额利润、生产者只获得正常利润以及垄断生产者亏损最小。

3. 完全垄断市场中厂商的长期均衡

从长期来看，完全垄断生产者能够及时根据市场的需求调整生产规模，因此短期均衡中的亏损将不会再存在，但生产者也不会满足于正常利润，而是尽可能地获得超额利润。因此长期来看，完全垄断生产者的长期均衡条件为边际收益等长期边际成本，平均收益大于长期平均成本。但在实际生活中，完全垄断市场存在的可能性也较低。

（三）垄断竞争市场中的厂商均衡

1. 垄断竞争市场的条件

垄断竞争市场是指一种既存在垄断又存在竞争的市场状态。具体来讲，一种商品的市场具有垄断竞争性质，需要同时具备以下三个条件：

第一，该类型商品的生产者数量多，且彼此之间竞争激烈；

第二，生产者和消费者均可以自由地进入或退出市场；

第三，不同生产者生产的商品存在一定的差别。

2. 垄断竞争市场中厂商的短期均衡

从短期来看，在垄断竞争市场中，生产者主要通过三种途径来促使自身销量上升，以达到利润最大化：

第一，价格决策；

第二，产品差异化决策；

第三，促销决策。

垄断竞争生产者在短期内的均衡状态与完全垄断市场基本相同，但需求曲线的变化更缓慢。

3. 垄断竞争市场中厂商的长期均衡

从长期来看，在垄断竞争市场中，生产者在短期内出现的超额利润和亏损均不会再存在，这是因为各生产者之间竞争激烈，相互制约和抗衡，最终达到长期均衡状态，即边际收益等于长期边际成本。

（四）寡头垄断市场中的厂商均衡

1. 寡头垄断市场的条件

寡头垄断市场是指少数生产者完全控制一个行业的市场状态。具体来讲，一个市场具有寡头垄断性质，需要同时具备以下四个条件：

第一，该行业的生产者数量非常少；

第二，该行业中的各个生产者之间相互依存；

第三，该行业中各个生产者生产的商品同质或异质；

第四，该行业不能随意进入或退出。

2. 寡头垄断市场上产量的决定

寡头垄断市场上产量的决定主要有以下两种情况。

第一，各寡头之间存在勾结，产量由各寡头之间协商决定，协定内容既可能是对产量的直接限定，也可能是对市场的瓜分。

第二，各寡头之间不存在勾结，每个寡头会根据其他寡头的产量决策来调整自己的产量，这种形式又被称为古诺模型。

3. 寡头垄断市场上价格的决定

寡头垄断市场上价格的决定主要有以下三种情况。

第一，价格领先制，即在行业中，由某一个寡头率先制定价格，其他寡头一致遵守该价格的方法。

第二，卡特尔制，即各寡头之间按照公正且正式的协议进行协商，共同制定价格。

第三，成本加成法，即各寡头以单位产品平均成本为基础，加上一定百分比的利润来确定价格。

第二章 管理学原理

管理作为一种社会经济资源,是人类社会实践的产物,存在于社会组织的各个层面。本章将重点对管理学原理展开探究,首先对管理及管理思想进行概述,然后对管理学中的计划、组织、决策、领导、控制、管理创新等内容进行解读。

第一节 管理及管理思想概述

管理起源于人类的共同活动,当人类作为一个整体开展活动,需要为共同目标所努力时,就必须有管理的存在,管理的目的是协调各个成员的活动,实现组织的发展。下面将管理进行概述,并对管理者与管理对象、管理思想的形成与发展展开详细分析。

一、管理概述

(一)管理的定义

管理作为社会中的一种普遍现象,范围十分广泛,对其进行研究的学派也较多,因此管理的定义也多种多样。从字面上看,管理有"管辖""处理""控制"等含义,具体来说,比较有代表性的管理的定义包括以下几种。

现代管理理论的提出者亨利·法约尔认为，管理是由计划、组织、指挥、协调及控制等职能要素构成的活动过程。同时，法约尔将管理活动划分为五个部分，这也成为后来管理学教材中通用的一种划分管理活动的方式。

美国学者哈罗德·孔茨表示，管理是设计与维持一种外在环境，从而使处于集体工作中的成员能够更高效地完成预定目标的过程。

美国高级管理人员詹姆斯·穆尼则提出，管理即协调，强调管理者个人产生的作用。

诺贝尔经济学奖获得者希尔伯特·西蒙指出，管理的过程是做决策的过程，并表示"管理即决策"。

我国学者则普遍认为，管理是通过协调和利用组织中的人力资源、物力资源、财力资源、时间资源、信息资源、社会关系资源，进行计划、组织、控制、激励、领导等活动，以完成组织预期目标的过程。

根据上述众多学者对管理的阐述，在此我们将管理的定义概括为以下四点。

第一，管理是在一定的环境条件下开展的活动，环境既能够为管理提供计划，也会对管理构成威胁。因此，管理者要将所服务的组织当作一个开放的系统，并与外界环境进行相互作用。

第二，管理是一个过程。管理工作的过程是由多个相互联系的活动构成的，这些活动包括计划、组织、控制、领导，它们组成了管理的基本职能部分。

第三，管理的目的是实现组织目标，这是一个有意识、有目的的过程。实践中不存在没有目标的管理，也不存在没有管理的目标。

第四，管理的对象是组织中存在的人、物、财、信息、技术等各类资源，管理能够实现对这些资源的合理配置，从而完成组织目标。

(二) 管理的特征

管理作为一项实践活动,在发展的过程中具有显著的特征,这主要体现在以下四点。

1. 管理的主体是管理者

管理是通过管理者的具体行为展现出来的,管理者需要对管理工作所产生的效果承担责任。具体来说,管理者需要在管理的过程中明确组织目标与方法,并对所需管理的下属进行日常培训,保证管理能够向生产力进行转化。

2. 管理具有基本的任务、职能及层次

管理的基本任务是设计构建一种环境,保证组织中的各项资源能够最大限度地得以利用。不同的组织形态具有较大的差别,管理工作环境也有较大的差异,但是从管理工作角度来看,各个组织的基本任务都是相同的,管理工作的职能也是相同的。此外,在一个组织中,管理层次可分为高层管理人员、中层管理人员、基层管理人员,每个层次管理人员的权限、职务、职责等各有不同,但他们在管理工作中具有的基本职能则是统一的。

3. 管理是效率与效益的统一

效率即以较少的付出完成活动,是一种低浪费的资源利用;效益表示目标的达成度,关系到活动的结果,是一种具有高成就的目标实现。一个具有较高效率的管理者会利用较少的投入,获得更多的产出。若管理者能够将实现目标所需的资源成本最小化,其工作就是高效率的。相比之下,效益则包括了对正确目标的选择,没有选择正确目标的管理者就是一位无效益的管理者。

4. 管理是变革与创新的统一

当前市场需求日新月异,形势不断变化,管理者每时每刻都会遇到新的问题、新的情况,若管理者的管理理念、管理内容、管理方法总是一成不变,则其无法满足不断变化的客观环境对管理活动的需要。因此,管理要做到变革与创新的统一,在变革中进行创新,在创新中谋求发展。

(三) 管理的意义

在社会经济生活中,组织是普遍存在的一种现象,社会中的每个人都是组织的成员,各个成员需要在不同的岗位上完成不同的工作,共同为实现一个目标而进行协作活动。组织目标的实现离不开组织中的管理,特别是对于规模较大的组织来说,管理的意义更是显而易见,下面分别阐述。

1. 管理能够实现资源的整合配置

在组织当中,各类资源的总数是固定的,如何将各类资源实现最有效的配置,是一个组织获得发展首先要考虑的问题。而管理的目的就是将组织中各类资源实现优化配置,使资源最大限度地被使用,从而变成有效的社会生产力。

2. 管理能够协调高度复杂的分工协作关系

管理对人力资源的作用主要体现在两方面:一方面,高度专业化的社会分工与协作是企业开办的基础,只有协调好不同专业、不同分工、不同背景的组织成员之间的关系,调动他们的积极性,才能实现有效的管理;另一方面,组织目标与社会发展目标的实现离不开全体成员的努力,将性格各异的成员的个人目标与组织的整体目标有效结合起来是管理作用的重要体现。

二、管理者与管理对象

管理者与管理对象是管理活动中最主要的两个主体,管理者负责实施管理,管理对象则接受管理,下面将对管理者和管理对象进行简要分析。

(一) 管理者

1. 管理者的定义

从本质上来说，管理者指的是在组织中从事管理活动的人员，即在组织中负责计划、组织、领导、控制及协调工作，帮助组织完成目标的人，如工厂的厂长、学校的校长、医院的院长等。管理者虽然在组织中也进行一些具体的工作，但他们的主要职责还是指挥下属进行工作。

有些人将组织的管理者直接等同于组织的操作者，在此需要明确的是，管理者与操作者是两个不同的概念，操作者指的是在组织中直接从事具体业务，且不对他人的工作进行监督的人，如工厂的工人、饭店的服务员、商店的收银员等。而管理者不仅拥有直接的下属，同时对下属及其下属所开展的工作具有监督的职责。

2. 管理者的分类

一般情况下，根据管理者在组织中所处地位的不同，可将一个组织的管理者划分为高层管理者、中层管理者、基层管理者三个层次，如图2-1所示。不同层次的管理者有不同的工作重点，下面进行详细分析。

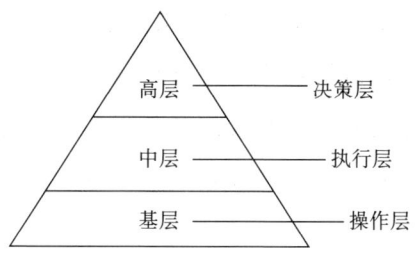

图2-1 管理者的层次

（1）高层管理者。高层管理者是一个组织中的最高级别领导者，对整个管理负责，其主要职责分为三点：制定战略目标；把握前进方向；掌握资源分配权。高层管理者通常会作为一个组织的"官方代表"，同外界其他人或组织进行正面沟通，他们的行为及话语具有重要的代表性。

（2）中层管理者。中层管理者处于高层管理者之下、基层管理者之上，其主要职责也包括三点：执行重大决策；监督与协调基层管理者的活动；进行具体工作的规划。中层管理者是决策的主要执行人，又可被分为行政管理者、技术性管理者、支持性管理者三类。

（3）基层管理者。基层管理者是一个组织的一线管理者，是直接监督与考察实际作业人员的管理者，其主要职责包括三点：直接给下属分配任务；指挥和监督现场工作；保证上级下达的计划与指令的完成。

上述三种不同层次的管理者，他们的工作内容与工作性质之间存在较大的区别。从本质上说，基层一线管理者所关心的是具体层面的战术性工作，而高层管理者则更关心抽象层面的战略性工作。

3. 管理者的技能

作为一名管理者，只有具备相关的技能，才能在日常的管理工作中赢得下属的尊重，才能更好地处理各方面的问题。一般来说，管理者需要具备以下三种技能。

（1）概念技能。概念技能指的是能够总览全局、认清现实问题的能力，也可理解为能够理清组织与环境相互影响的复杂性的能力。具体而言，概念技能就是管理者能够理解各项事务之间的关系，并从中找出关键性因素，同时对各个方面的关系进行协调，筛选出最佳方案并能够预测潜在风险。

（2）人际技能。人际技能指的是与处理人事有关的技能，也是理解、激励他人，并能够与他人共事的能力。人际技能对高层管理者、中层管理者、基层管理者开展管理工作有十分重要的作用，因为各层次的管理者都需要进行上下沟通，相互合作，共同完成组织的目标。

（3）技术技能。技术技能指的是管理者在从事自己管理范围内工作时所需要的技术和方法。技术技能覆盖面广泛，既包括各类专业知识，也包括经验、技巧、方法以及操作工具的熟练程度。技术技能是基层管理者所必备的技能，因为他们直接面向一线员工，需要直接处理员工遇到的各种问题。

(二) 管理对象

管理对象即指管理的客体，是管理者实施管理活动的主要对象。在一个组织中，管理对象的范围很大，包括人、财、物、信息、技术、社会信用等一切有形的或无形的资源。具体来说，管理者能够实施管理的对象及主要管理内容如图 2-2 所示。

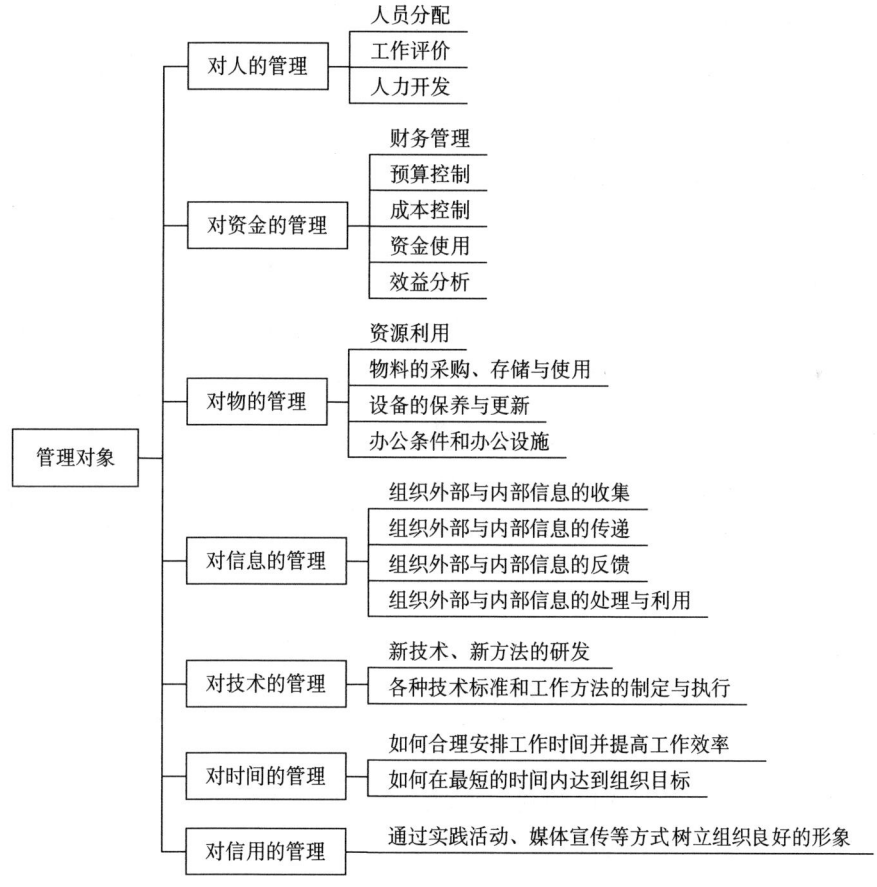

图 2-2　管理对象及主要管理内容

三、管理思想概述

(一) 中国古代管理思想

中国作为世界上拥有几千年文明的古国之一，其管理思想对后世管理原理、原则和观念产生了重要的影响。下面对中国古代管理思想的内容以及中国传统管理思想内容进行分析。

1. 中国古代管理思想的内容

中国古代管理思想的内容可分为四类，具体如下所述。

(1) 政治管理。政治管理包括两个特点：第一是宗法思想涵盖一切，等级观念根深蒂固；第二是实行"仁""德"之治，表现为重德轻刑、重义轻利。

(2) 军事管理。军事管理中最具代表性的著作是《孙子兵法》。该书对战争管理与军事管理进行了哲学层面的概括，它不仅对军事管理有典型的指导意义，而且对研究管理决策论也有十分重要的作用。

(3) 经济管理。经济管理中较具代表性的人物是战国时期的商业祖师白圭，他的经济管理思想是"乐观时变"，即根据市场行情，进行提前的动态决策，他强调经商不能盲从，要看准时机，进行果断、及时的决策。

(4) 工程管理。万里长城与都江堰水利工程是工程管理方面最具代表性的产物，两者充分体现了中国古代工程组织中所蕴含的系统管理思想。

2. 中国传统管理思想的内容

(1) 以"仁"为核心的儒家管理思想。儒家的特点表现为关心人生与社会问题。儒家学者在伦理道德方面构建了比较完整的思想体系，其中也包含了十分丰富的政治管理及人事管理思想。从管理的角度来说，儒家思想更看重人的问题，强调人是最根本的资源，管理者与被管理者之间要做到互相尊敬。管理者对待下属要宽容，这样下属才能更好地完成领导所布置的任务。

（2）以"无为"为最高原则的道家管理思想。道家的创始人是老子，其代表作《道德经》蕴含了丰富的管理思想。道家学者认为，世间万物中都蕴含"道"，这个"道"是天生的，并非后天可改变的，因此管理者在管理过程中首先要明辨"道"，明确正确的道路，并对企业的内部环境和外部环境进行分析，客观地制定目标。"无为而治"并不意味着管理者要消极等待，而是顺应事物发展的规律，不能主观妄想以人力改变"道"的方向。

（3）以"法治"为基础的法家管理思想。"法治"管理思想的代表人物是韩非子，他认为，实行法治，平庸之人也可进行治国，但要实行人治，则必须依靠贤人、能人，但这类人才很难找到。法家思想提出者认为，管理者要重视"法"的存在，建立明确的规章制度和条例，并保证实施者能够按照章法办事，这样才能在企业内部营造公平、公正的竞争环境，才能实现企业的良性发展。

（二）西方管理思想

1. 西方古代管理思想

在西方古代管理思想中，罗马、古巴比伦、埃及、希腊等国的统治者在国家管理、生产建设、军事、法律方面都有独特的贡献，具体分析如下。

（1）罗马。罗马作为世界历史上最大的奴隶制国家之一，其奴隶制度的建立在很大程度上与其有效的组织有关。公元284年，罗马建立了层次分明的中央集权帝国，并设立了相应的管理机构。此外，罗马政权机构的完善、各项法律的颁布、宗教对思想的控制等也为后世多个国家的管理提供了经验。

（2）古巴比伦。公元前18世纪，古巴比伦国王汉谟拉比建立了中央集权帝国，并颁布了《汉谟拉比法典》，通过法律的形式规范了古巴比伦的社会行为，并形成了一定的管理制度。

（3）埃及。埃及作为四大文明古国之一，建立了以国王法老为首的专制管理机构。埃及金字塔的建立在无形中证明了埃及人早已有分工和协作的思想，他们将科学技术用于劳动过程，这背后有严密的组织制度支持，也蕴含了丰富的管理知识与管理思想。

（4）希腊。希腊作为欧洲古代文明的发源地，涌现了多位具有突出代表性的思想家，如苏格拉底、色诺芬、亚里士多德等，这些学者都对管理思想有深入的研究。

苏格拉底认为，管理具有普遍性，有才能的人才能获得权力。同时，他还表示，公众事业的管理和私人事业的管理技术之间具有互通性，若一个人不能管好自己的私人业务，也就难以管好公共事务。

色诺芬作为苏格拉底的学生，其在《家庭管理》一书中，对奴隶主如何加强对奴隶的管理，进而增加自己财富的经济思想进行了详细论述，并提出了劳动管理的思想，对分工的重要性进行了重点分析。

亚里士多德则对色诺芬提出的家庭管理的研究对象和任务进行了更明确的规定，他指出，家庭管理和国家管理之间有一定的相同点，两者不同之处在于经营管理范围的大小。

2. 西方20世纪以前的管理思想及其发展

在工业革命时期，人们已经开始对管理活动展开了研究，但是此时管理科学并未正式作为一个独立的认识对象和研究对象而被人广泛讨论。欧洲产业革命的出现，对20世纪之前的管理思潮具有较大的影响，工厂体制的确立为管理思想的发展产生了内推力。工厂为增加经济效益，开始采取分工制度及流水作业式生产，并开始招聘大量的工人。工厂规模的不断扩大，使管理者需要进行大量的管理工作，如分配员工任务、指挥日常工作、协调不同工序、制定财务预算等。由此，研究管理人员如何解决这些管理问题，开始成为西方管理学的重点。

3. 西方管理理论的形成

20世纪之前，西方的管理思想并未得到系统、整体的研究。当时，多数企业的生产规模较小,在管理活动中占据主导地位的是传统的管理方式和手段。直到 19 世纪末,社会经济、技术、法律等的发展,为西方管理学者系统研究管理问题提供了契机。1911 年,美国学者泰勒发表著作《科学管理原理》,标志着西方管理理论的正式形成。

4. 西方管理理论的代表人物及其思想

(1) 亚当·斯密。西方管理理论的代表人物是亚当·斯密,他出版的《国富论》中对许多管理思想都进行了阐述,下面简要介绍其中的几点。

第一,劳动分工能够提高劳动生产率。亚当·斯密强调,劳动分工能够节省工人培训的时间,同时还能够提升工人的劳动熟练程度,从而促进劳动生产率的提升。

第二,亚当·斯密提出"经济人"假设,认为每个人在企业中追求的都是最大限度的经济报酬,如资本家追求的是最大利润,工人追求的是最高工资。

(2) 查尔斯·巴贝奇。查尔斯·巴贝奇是英国著名的数学家、机械学家,他在出版的《机器与制造业经济学》中,详细介绍了他的管理思想。查尔斯·巴贝奇在对亚当·斯密管理思想分析的基础上,提出了劳动分工能够提升生产效率的原因,主要包括以下六点。

第一,劳动分工能够节省为了完成工作所花费的学习时间。

第二,劳动分工能够节省学习期间所消耗的材料。

第三,劳动分工能够节省从一道工序转移到下一道工序的时间。

第四,劳动分工节省了改变工具、调整工具所需的时间。

第五,劳动分工使人们不断从事同一操作,技术愈加熟练,工作速度愈快。

第六,劳动分工能够使人们的注意力全集中在单项作业中,这有助于改进工具与机器。

此外，巴贝奇为了能够提升劳动者的生产积极性，还提出了"工资利润分享制"。该制度规定，工人除了基本工资外，还可得到工厂发放的额外奖金报酬，这一部分报酬数额是根据工厂所创造利润的百分比确定的。

第二节　管理学中的计划与组织

一、计划及计划工作

在管理职能中，计划职能是最重要且最关键的职能。任何组织的任何活动，都要在科学、严谨的计划下进行，这样才能对人、财、物等各类资源进行有效配置，从而高效实现组织目标。

（一）计划概述

1. 计划的概念

计划既可作为名词使用，也可作为动词使用。在作为名词使用时，计划指的是一个组织或个人对未来活动进行的提前安排、预测，这不仅是计划工作的结果，也是计划工作监督检查的对象。在作为动词使用时，计划代表着计划工作，或通过计划工作，将本来还未完成的事情变成现实，也可使原本糟糕的事情朝着好的方向转换。计划并非万能，即使再周密的计划，也会受到各类环境因素的影响。

2. 计划的类型

计划的种类多种多样，按照不同的标准，计划可被划分为不同的类型。下面选取几种比较有代表性的计划分类进行简要分析。

（1）按照性质划分。美国学者哈罗德·孔茨根据计划不同的表现形式，按照从抽象到具体的结构，将计划分为一个层次体系，如图 2-3 所示。

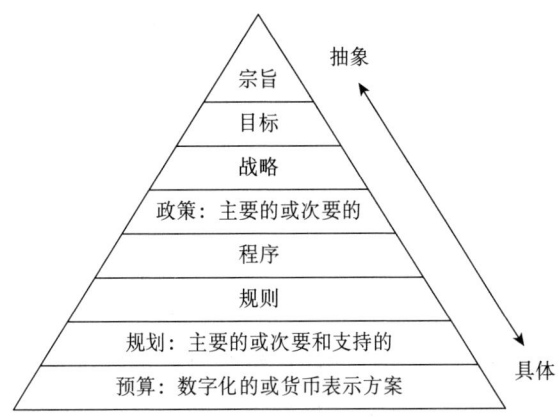

图 2-3 计划的层次体系

(2) 按照时间划分。按照时间划分，计划可分为长期计划、中期计划、短期计划。其中，长期计划指的是 5 年以上的计划，是组织的长远目标和远景规划；中期计划指的是 1 年以上、5 年之内的计划，它是长期计划的具体化，也是短期计划的制定依据；短期计划指的是 1 年之内的计划，是对长期计划、中期计划的具体分解。

(3) 按照广度划分。按照广度划分，计划可分为战略计划、战术计划、作业计划三类。其中，战略计划是由高层管理者制订的，是长远性、全局性、指导性的计划；战术计划是局部的、短期的，是保证战略计划实现的计划；作业计划是战略计划的具体化，具有局部性、指令性等特点。

(4) 按照对象划分。按照对象划分，计划可分为综合计划、部门计划、项目计划三种。其中，综合计划指的是具有多个目标和多个层次内容的计划；部门计划是综合计划中的子计划，是为了实现组织的分目标而制订的计划；项目计划是针对组织中特定的某类活动而制订的计划，具有短期性。

(二) 计划工作概述

1. 计划工作的概念

从广义的层面来说,计划工作指的是管理者制订计划、执行计划、检查与监督计划执行情况的全过程。从狭义的层面来说,计划工作主要体现为管理者预先对未来活动中所要采取的行动从而进行的安排与筹划。

2. 计划工作的内容

为了更好地完成计划工作,保证组织目标的实现,管理者需要按照计划工作的内容具体实施计划。计划工作的内容包括六个方面:做什么(What)、为什么要做(Why)、什么时候做(When)、在什么地方做(Where)、谁去做(Who)、怎么做(How)。这六个方面也就是公认的"5W1H"原则,具体内涵如图2-4所示。

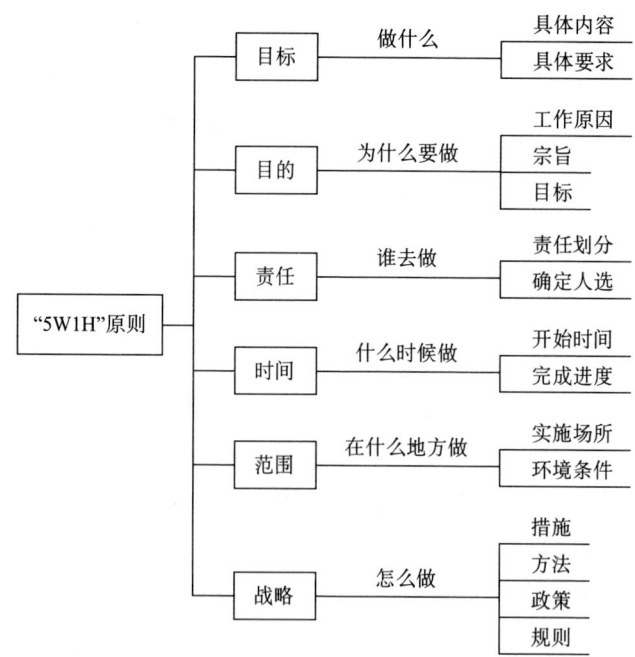

图2-4 "5W1H"原则

3. 计划工作的作用

计划工作的作用主要体现在以下三个方面。

（1）计划工作能够为组织成员指明方向。科学的计划工作能够为组织成员指明工作方向，同时也能协调组织活动。计划工作有明确的组织目标和开发组织各个层次的计划体系，能够将组内成员的力量集中，降低内在管理成本，提升效率。

（2）计划工作能够预测未来，降低环境负面影响。对组织和组织生存的环境来说，未来具有高度的不确定性和变化性。计划工作能够帮助组织进行周密预测，对可能发生的事项进行提前分析，找到应对策略，避免因草率判断而耽误组织的发展，从而使组织在未来工作中化被动为主动，缓解因不确定和变化对组织工作带来的冲击。

（3）计划工作能够减少重复和浪费性的活动。组织在实现目标的过程中，会出现各种活动前后协调不一致或信息沟通不畅的情况，这会导致部分重复性现象和浪费性现象的出现。科学的计划工作则能够对工作流程进行梳理，有效避免上述问题的出现，实现组织的高效率运行。

4. 计划工作的特点

计划工作的主要目的是实现管理目标，要想正确进行计划工作，需要深刻把握计划工作的特点。计划工作的特点主要表现为以下几点。

（1）目的性。每个计划及派生计划都是为了实现组织的总目标或阶段目标。计划工作最突出的特点即为具有强烈的目的性，它能够直接展现出管理的基本特征及管理的主要内容。

（2）普遍性。计划工作的普遍性主要体现在两个方面：一方面，计划工作是社会中各个部门、各个单位、各个岗位都应制订的；另一方面，计划工作是所有管理者，即从最高管理人员到基层管理人员都要从事的工作。

（3）效率性。计划工作需要保证组织目标的实现，同时要从多种方案中选择最符合现实情况、操作性最强的计划。计划工作的效率性主要体现在计划对组织目标的贡献方面，计划工作若能够花费最少的人力、物力、财力完成任务，则该计划就具有高效率性。每份计划工作的制订都要以效率性为制订依据。

（4）创造性。计划工作需要对可能出现的新问题、新变化、新矛盾进行提前预测，在这个过程中，计划工作表现出强烈的创造性特点。计划工作与一项产品或工程的设计有相似之处，在某种意义上说，计划工作就是对管理活动的设计，因此，在这个过程中只有充满创造性，才能获得更好的效果。

5. 计划工作的程序

虽然计划的种类很多，但是各个计划工作的程序基本是相同的。计划工作的制订是一个过程，需要符合客观规律与实际情况。计划工作的具体程序可被分解为以下八个步骤，如图 2-5 所示。

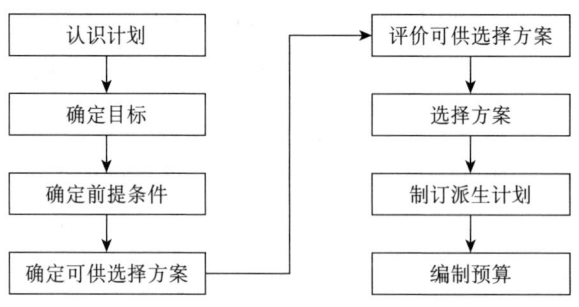

图 2-5 计划工作的程序

（三）计划编制的方法

计划工作要讲究效率，而提升计划工作效率的方法就必须采取科学的方法。但是因计划具有预测性，不可能完全按照未来的预测情况设计。因此，管理者需要按照组织外部环境和内部条件的变化进行适当调整。下面对计划编制的方法进行简要介绍。

1. 滚动计划法

滚动计划法是一种具有灵活性的、能够适应环境变化的长期计划动态编制的方法。滚动计划法便于管理者根据外界环境条件的变化与实际计划完成情况，对计划进行定期修改，保证组织中一直都有一个与实际情况相符合的长期计划作为管理指导。滚动计划法的编制方法是管理者根据已经编制出的计划，在一定时期后，根据环境条件和计划的实际执行情况，以实现计划目标为中心，对原计划进行合理调整。具体步骤是，在进行调整时，保持原有计划的期限不变化，仅将计划期限顺序向前推进一个滚动期，例如，一个企业在 2015 年底制订了 2016—2020 年的五年计划，若采用滚动计划法，则到 2016 年底，管理者可根据实际完成情况与客观条件的变化，对原本的五年计划进行调整，并在此基础上编制 2017—2021 年的五年计划。

2. 调用备用计划法

调用备用计划法是一种因正在执行的计划方案出现变化而不能继续实施，管理者需要启用已经完善且适合目前情况的备用计划方案的方法。调用备用计划法适用于品牌发展计划、企业改造计划以及资金筹措计划等的调整。在使用这一计划时，管理者要把握好停止原计划、启用新计划的时机，不能犹豫，要果断，否则就会造成更大的损失。

二、组织概述

（一）组织的内涵

组织是管理的载体，同时也是管理的职能之一。在日常管理活动中，为了更好地实现组织职能，管理者需要把握好组织的内涵。下面将从静态意义和动态意义两个方面对组织的内涵进行分析。

1. 静态意义方面的组织

从静态意义方面来说，组织是为了实现特定的目标，将分工与合作以及不同层次的权利、责任制度组合起来的人的集合。这一概念包括三层含义。

第一，组织需要有目标。目标是一个组织存在的基础与前提，任何一个组织的存在都是为了实现某种目标。

第二，组织中要有分工与协作。一个组织目标的实现，需要各个部门的支持，同时各个部门之间也要进行相互配合。

第三，组织要有不同层次的权利与责任制度，这是构成组织结构的要素。组织内部需要对各个成员进行分工，并赋予成员相应的权利，明确各个成员的责任。

2. 动态意义方面的组织

从动态意义方面来说，组织是为了更好地实现活动或系统目标，建立组织结构，配备相关人员，从而使组织实现协调运转的一系列活动。因此，动态意义上的组织即为职能组织。具体来说，动态意义方面的组织包括以下三点内容。

第一，组织结构的设计。在明确组织目标后，管理者需要对实现组织目标的各类活动内容进行区分与归类，成立相应的职能部门并进行专业管理，确定组织的管理层次。

第二，适度分权与正确授权。这有助于组织内各层次部门为实现组织目标而进行的合作，也能够使各级管理人员产生满足感。

第三，人力资源管理。人是组织中的主体，管理者需要对人及各类人际关系进行管理，具体来说，主要包括人员的选择和配备、训练与考核、奖励和惩罚等。

（二）组织的类型

从不同的角度可以将组织分为多种类型，常见的分类方式包括以下几种。

1. 按照组织的性质分类

按照组织的性质，可将组织分为经济组织、政治组织、文化组织、群众组织和宗教组织。其中，经济组织是人类社会中最普遍的社会组织，对社会发展具有重要的作用；政治组织是在人类社会出现阶级后产生的，一般代表了统治阶级的利益和意志；文化组织是以满足人们各类文化需要的目标、以文化活动为基本内容的社会团体；群众组织是社会中各个阶层、各个领域的人民群众为开展各类有益活动而形成的社会团体；宗教组织则是以某种信仰为宗旨而形成的组织。

2. 按照组织的形成方式分类

按照组织的形成方式分类，组织分为正式组织和非正式组织两类。

正式组织是为了更好地实现组织目标而明确组织成员之间职责范围和相互关系的一种结构，它的组织制度和规范会对成员有一定的约束力。

非正式组织指的是人们在日常工作或活动中，因有共同的爱好和兴趣，以共同的利益和需要为基础而形成的团体。

3. 按照组织的社会功能分类

根据组织的社会功能，组织可分为以下四种类型。

第一，以经济生产为导向的组织，主要包括公司、银行等。

第二，以政治为导向的组织，主要包括政府的各个部门。

第三，整合组织。这类组织的成立目的是协调各类冲突，引导社会群体向某种固定的目标发展，主要包括法院等。

第四，模型维持组织。这类组织成立的目的是维持固定的社会形式，确保社会的平衡发展，主要包括学校、教会等。

三、组织结构与组织结构设计

组织结构是组织内部实现顺利运转的轨道，良好的组织及组织管理中一定存在科学、系统的组织结构。下面对组织结构的内涵、类型以及组织结构设计等内容进行重点分析。

(一) 组织结构概述

1. 组织结构的内涵

组织结构是组织的整体框架,是组织对完成组织目标的成员、工作、技术以及信息进行的制度性安排。组织结构的合理性与完善性程度会直接影响组织目标实现的可能性和管理绩效的高低。现代社会中,若一个组织中没有明确合理的组织结构,其内在机制也就无法正常运转,组织目标的实现也就更加困难。此外,如果一个组织不能精准感知外界环境的变化,及时对组织结构进行调整、优化,就会导致组织管理效能和效率的降低。

2. 组织结构的类型

各个组织的内部环境与外部环境都存在较大差异,组织结构的类型也会不同。一般来说,组织结构的类型包括以下几种。

(1) 直线型结构。直线型结构是一种常见的企业管理组织形式,其优势是管理结构简单,权责明确,组织中领导隶属关系清晰,组织管理费用成本低。使用这种结构的组织能够在日常管理中做到命令统一,决策迅速,对成员的管理也比较容易。但是,直线型结构的缺点也很明显,例如工作简单粗放,缺少专业分工,对领导个人的技能要求高,领导的注意力容易被分散。一般情况下,组织规模较小、组织成员数量不多、生产管理层级较简单的企业比较适合使用直线型结构。

(2) 直线职能型结构。直线职能型结构是以直线型结构为基础发展出来的,它是在各级行政领导下,又设置了相应的职能部门,是对直线型结构的细化。直线职能型结构的优势在于能够实现组织的集中统一领导,又能发挥各类专家业务管理的作用;缺陷是组织内的各职能机构自成体系,缺少横向信息沟通,极易出现对接问题。一般情况下,组织形式复杂、组织内部关系较稳定且规模较大的企业比较适合使用直线职能型结构。

（3）事业部型结构。事业部型结构是由美国通用汽车公司负责人斯隆创立，也称为"斯隆模型"，是欧美及日本企业较常使用的组织形式。事业部型结构的优点是高层管理者能够减少对日常行政事务的管理，将思考重点放在发展集团的战略问题方面，同时能够根据外界环境变化做出正确的反应，充分发挥主观能动性。各个事业部实现相对独立，这有利于组织内部培养综合型高级人才。总的来说，事业部型组织结构有助于企业实现扩张，但不利于企业整体力量的调配，不适合在外界环境变化快且不稳定的背景下使用。

（4）矩阵型结构。矩阵型结构是由纵向的职能结构系统与横向的产品系统交叉形成的组织结构，其优点在于能够使各职能部门的横向关系得到拓展，具有较强适应性，有助于组织的横向沟通，同时能够充分发挥专业人员的潜力。矩阵型结构的缺点是因采取纵向和横向双重方向领导，项目小组与职能主管之间极易出现责任推脱问题，组织内部需要选择综合能力较强的负责人，这对组织来说比较困难。

（二）组织结构设计

1. 组织结构设计的内容

组织结构设计就是按照组织目标和实际工作需要，明确各个部门及其成员的工作内容与职责范围。结构组织设计能够保障组织工作的顺利进行。一般来说，组织结构设计的基本内容包括五点，分别是工作设计、部门设计、层次设计、责权分配、整体协调。

2. 组织结构设计的程序

组织结构设计是一个相当复杂的过程，应考虑两种情况：一种是新组建的组织需要进行初期组织机构设计；另一种是已经成立很久的组织需要对原组织结构进行调整。这两种情况虽不同，但是其组织机构设计的基本程序大致相同，都包括七个方面，如图2-6所示。

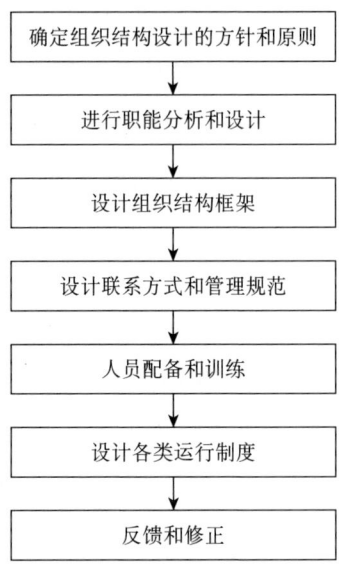

图 2-6　组织机构设计的程序

3. 组织结构设计的原则

组织结构设计需要按照一定的原则进行，具体来说包括以下四种。

（1）目标任务原则。进行组织结构设计的根本目的是完成组织的战略任务和实现经营目标。因此，组织结构的设计需要以目标和任务作为起点与重点，按照目标任务原则，因事设职，配备相应的管理人员，做到"有人负责事，事有人负责"。

（2）统一指挥的原则。统一指挥原则是组织结构设计中最基本的原则，指的是一个下属人员只接受一个领导人的命令。按照该原则，组织成员就不会面临接受两个或两个以上相互之间存在冲突的命令的困窘境地。

（3）"责权利"相结合的原则。责任、权力、利益三者之间的关系是不可分割的，它们之间要做到协调、平衡与统一。权力是责任的基础，有了权力才能担负责任；责任是对权力的约束，要求管理者在使用权力时要考虑后果；利益大小则决定了管理者是否愿意承担责任及接受权力程度的高低。坚持"责权利"相结合原则，有利于组织结构实现有效运行，以及组织目标的实现。

（4）专业分工协作原则。现代企业的管理工作内容多且专业性强，组织内部要设立不同的部门，这样才能提升管理效率。按照专业分工协作原则进行组织活动，能够使各个专业的管理工作实现有序推进，有助于组织整体目标的实现。

四、组织人员配备

在设计了科学、系统的组织机构基础上，组织需要为每个岗位选配合适的人才。人员配备的目的是保证专业对口的人员能够高效完成组织机构的任务，确保组织活动顺利进行，从而实现组织目标。下面将重点对组织人员配备的任务、原则以及工作程序进行阐述。

（一）组织人员配备的任务

人员配备是组织管理者按照组织目标和组织任务，合理选择人员去完成组织中规定的各项任务，进而保证组织目标实现与任务完成的职能活动。要想实现人员的合理配备，组织管理者需要按照人员特点分配合适的岗位，实现各方面的协调统一。组织人员配备的任务主要包括以下三点。

第一，选择合适的人选。人员配备的主要任务就是按照实际岗位需要，通过严格审查与论证，找到适合岗位需要的人员。

第二，实现组织结构功能的有效发挥。人员配备过程中，只有保证人员能够满足各类职务的要求，组织设计的目标才能更好地实现，组织结构的功能也才能得以发挥。

第三，充分开发组织人力资源。各个组织或企业之间的竞争归根到底是人才的竞争，而人才竞争在一定程度上受到人力资源开发程度的影响。在实践活动中，管理者要通过选拔、配备和使用、培训等过程，实现人员与工作任务的协调统一，进而高度开发人力资源。

（二）组织人员配备的原则

管理者在进行组织人员配备时，需要按照以下五点原则进行。

第一，因事择人原则。该原则指的是管理者要根据工作的特点、内容，选择与其相应的人员。

第二，责、权、利一致原则。该原则指的是管理者要保证责任、权力、利益的有效统一，确保三者的和谐共存。

第三，公开竞争原则。该原则主要体现为管理者在进行组织人员配备时，坚持公开竞争的原则，应组织选择最优秀、最适合的人才。

第四，用人之长原则。该原则指的是管理者要重点关注人才的长处，保证人才能各得其所，实现人尽其才、才尽其用。

第五，不断培养原则。该原则主要体现为外界环境是处于不断变化的，岗位要求也在不断提升，组织要对人员进行定期培养，保证人员能够满足岗位要求。

（三）组织人员配备的工作程序

组织人员配备的工作程序包括确定人员需要量、选派合适人员、考核及评价、制订和实施人员培养计划四个方面，下面进行具体分析。

1. 确定人员需要量

人员配备需要是在组织设计的基础上进行的，组织中每个职位的人员需要量需要以职务数量和类型为依据。其中，职务数量表明了每种类型职务需要的人员数量，职务类型则指出了该岗位需要什么样的人员。一个岗位的人员需要量，需要根据组织的计划、组织结构的规模和复杂程度、组织扩充发展计划以及人员的流动率进行确定。组织会随着外界环境的变化而不断调整，组织目标和任务也会随之变化，相应的，组织岗位需要人员的数量也会上下浮动。

2. 选派合适人员

在明确岗位人员需要量后，组织要对备选人员进行筛选，保证人员质量。为了保证未来岗位人员能够满足岗位所需的知识储备和技能要求，组织既可通过外部的招聘、选拔、安置等方式进行选择，也可从组织内部进行提拔和调任，以找到最适合岗位的人员。

3. 考核与评价

在完成选派合适人员后，岗位人员即可上岗实习。在这个过程中，组织管理者需要对各个职位人员的职务履行情况与目标完成情况进行定期考核，并给出评价，根据结果进行岗位的精确调整。

4. 制订和实施人员培养计划

在最终确定每个岗位的人员后，组织要根据成员特点、岗位技术要求、组织内部环境变化等要素，有计划、有组织地对人员进行岗位培训学习。对于极具发展潜力的组织成员，管理者要重点培养。

第三节 管理学中的决策与领导

一、决策概述

决策是管理职能之一，其存在于管理的全过程。在日常管理中，管理者需要进行各类决策，而且管理者管理效果的好坏在很大程度上取决于管理者决策的正确与否。作为一名合格的管理者，需要对决策的有关知识进行了解，下面重点对决策的定义、决策的类型、决策的特点以及决策的程序进行分析。

（一）决策的定义

对于决策的定义，不同学者有不同的看法。例如，美国管理学大师亨利·艾伯斯认为，决策可以从狭义层面与广义层面理解。其中，狭义层面的决策即管理者在几种方案中做出选择；广义层面的决策则是管理者在进行几种方案选择前进行的一系列活动，如制订备选方案、明确组织目标等。

在此，我们将决策定义为以实现组织目标为要求，在多种条件的影响下，管理者对多个方案进行分析与评估，最终选择有效方案，并执行选择结果的管理活动。

（二）决策的类型

根据不同的划分标准，决策可分为不同的类型，具体包括以下几种。

1. 按照经营管理活动的特点划分

按照经营管理活动的特点，决策可分为程序化决策和非程序化决策两种。

程序化决策指的是管理者对那些经常发生的，且对组织业务工作和管理工作影响不大的情况做出的决策，也称为例行事务决策。非程序化决策指的是管理者对不经常发生的业务工作和管理工作做出的决策，也称为例外事务决策。与程序化决策相比，非程序化决策更有创新性，但在实际经营决策中出现的概率较低。

2. 按照决策问题的性质和主要程度划分

按照决策问题的性质和主要程度划分，决策可分为战略决策、战术决策以及业务决策三种。

战略决策指组织内部高层管理者对组织的整体发展做出的决策，包括战略定位决策、战略指标决策以及业务战略决策三个方面。战术决策是组织内部中层管理者对本部门、本单位的目标和方案做出的决策，也称为管理决策。业务决策是组织中基层管理者为了实现某一个具体目标而做出的决策，也称为执行性决策。

3. 按照决策过程信息的完备程度划分

按照决策过程信息的完备程度划分，决策可分为确定型决策、风险型决策以及不确定型决策。

确定型决策指的是管理者在各项信息齐全，组织内部各变量不会根据时间的变化而变化所做出的决策。风险型决策指的是管理者虽不能明确预知未来发生的事情，但基本了解各类事情可能发生的概率，根据概率进行的决策。不确定型决策指的是管理者不仅不能预测事情未来的状态，同时也无法确定事情发生的概率，最终根据决策者自身情况进行的决策。

(三) 决策的特点

1. 具有明确的目标

管理者在进行方案选择的过程中，若决策的目标是模糊的，那么管理者就无法以目标为重点对方案进行全面评价。决策目标作为评价与反馈整个决策行动的准则，会对整个决策过程造成影响，可以说，目标是保证决策成功的前提。

2. 以了解和掌握信息为基础

管理者在进行决策前需要了解和掌握有关信息，通过调查组织外部环境和组织内部条件，按照实际需要选择可行的方案。如果所掌握的信息是不完整、不正确的，管理者就难以做出决策。

3. 有多个备选方案

决策从本质上来说就是选择，选择的前提是有可供选择的多个对象。管理者在进行决策前，需要准备多个备选方案，从各方面进行评估，选择出最符合现实要求的方案，做出正确的决策。

(四) 决策的程序

通过对多位管理者日常决策行为进行分析，我们将决策的程序总结为以下六方面。

1. 提出问题与分析问题

决策并不是随便制定的，是管理者为了解决现实问题而进行的管理活动。一个组织在发展过程中会遭遇很多问题,此时就需要管理者想出解决方案。在寻找解决方案的过程中,管理者需要先提出问题,并对各类问题进行分析,明确问题的性质。对组织中高层管理者来说,只有意识到了组织中现存的问题,再进行合理的调查研究,才能为后续正确决策的制定奠定良好基础。

2. 明确目标

在提出问题并分析问题后,管理者就需要明确具体的决策目标。决策目标不仅是制定最终决策方案的依据,同时也是最终评价决策效果的标准。在制定决策目标时,管理者要把握两个原则:一是正确性原则,即决策目标要正确,这是保证决策正确的前提;二是合理性与可行性原则,即决策目标要在现实情况条件下具有合理性和可操作性。

3. 制订备选方案

一个决策目标实现的方式多种多样,但不同方式实现目标的效率存在差异。通常来说,为了实现组织资源的最大化利用,组织会选择费用最低、效率最高且收益最大的方式。在这个过程中,组织内部需要在可操作的范围内将所有的备选方案制订完成。备选方案的制订要在指标数量化的基础上,通过科学、合理的方法进行定量分析,减少制定者的主观性。

4. 确定最终方案

管理者在备选方案中进行抉择后,会选择出最合适的方案,这是决策最重要的环节。为了保证该环节的正确性,组织要严格按照以下两个要点进行准备:第一,成立方案评选小组(小组成员包括各个领域的专家),并对方案的合理性和科学性进行全方位评判;第二,确定方案选择标准,只有符合标准的方案才能够成为最终的决策方案。

5. 组织决策实施

组织决策实施是决策中的关键步骤之一,其需要组织成员的共同参与。同时，为了保证决策的顺利实施，决策者还要利用多种渠道，将决策方案下发给各个成员，获得成员的认同。通常来说，组织决策实施的最理想状态，就是组织内部全体成员能够参与一个从提出到实施的整个决策过程，这能够有效提升决策的效率。

6. 信息反馈与修订

实践是检验真理的唯一标准。在决策时，即使考虑得极尽周密，在具体的实施过程中，也可能会遇到问题。同时，外界环境处于不断变化中，实施决策的条件不可能一成不变，此时管理者就要对决策方案进行适时调整。具体来说，管理者要及时掌握与决策有关的各项信息，努力发现问题、解决问题，对原本的决策进行合理调整，从而使决策更好地符合现实情况。

二、领导概述

(一) 领导的定义

对领导定义的解释包括以下三种。

第一，将领导理解为一种行为，即领导是影响他人自动为实现群体目标而努力的一种行为。

第二，将领导理解为一种能力，即领导是影响他人追求目标的能力。

第三，将领导理解为一个过程，即领导是明确组织目标，并带领他人完成组织目标的整个过程。

根据上述对领导的定义，我们认为，领导就是在一定的条件下，一个人能够激励、引导和影响个人或组织，并实现组织目标的过程。

需要明确的是，领导与领导者是不同的概念。领导包括领导者、被领导者、领导行为、组织目标、行为结果等内容；领导者则单指领导行为主体，是领导的基本要素之一。

（二）领导的方式

领导方式是领导者在实际领导过程中展现出来的固定的行为方式与方法的总和，也称为领导者的工作作风。按照不同的划分标准，领导方式被分为多种类型，主要包括以下几种。

1. 以领导活动的侧重点为标准划分

以领导活动的侧重点为标准划分，领导方式可以分为任务取向的领导方式和人员取向的领导方式。

选择任务取向领导方式的领导者更关心组织工作效率，重视组织设计，对组织内部职责关系划分明确。这种领导方式的缺点是，领导者不注重人的因素，忽视人的情绪和现实需要。

选择人员取向领导方式的领导者更尊重下属意见，能够考虑到下属的感情和现实需要，能够在组织内部营造相互信任的气氛。具体来说，这种领导方式能够让组织成员得到智力与情感上的支持，能够使员工更有信心地进行工作。

2. 以领导活动的方式为标准划分

以领导活动的方式为标准，领导的方式可分为命令式、说服式以及示范式三种。

命令式的领导方式，是以强制性为基础，领导者对下属具有明显的约束力。命令式领导的特点是领导者习惯采用单向沟通的方式，以命令的形式向下属传达工作任务。对下属来说，下属无法了解组织的整体目标和最终目的，领导者和下属联系不够密切，领导者会根据个人的经验对下属工作的完成情况进行评价。

与命令式的领导方式相比，说服式的领导方式更贴合领导学原理，这是一种以领导者自身产生的影响力为基础的领导方式。说服式领导方式发挥效用的关键在于领导者具备健全的人格、良好的工作能力以及广泛的群众威信。这种领导方式的特点是领导者在进行决策后，会向下属人员发出有关指令，同时也会进行适当的说明。换言之，领导者会利用双向沟通的形式对下属进行宣传和教育，尽量使下属了解全部的工作要求和组织目标，这能够有效增强下属的工作积极性，提升工作热情。

示范式领导方式与上述两种领导方式相比，特点是比较保守，其建立在下属对领导者的主动归依和主动模仿基础上。这种领导方式需要领导者和下属长期的共事关系，双方对彼此都高度信任，因此在日常组织管理中并不常见，但是示范式领导方式会在特殊情况下取得意想不到的效果。

（三）领导的作用

在组织实现预期目标的过程中，领导的作用主要体现为领导者的指挥、协调、激励作用，具体分析如下。

1. 指挥作用

指挥作用是领导者最主要的作用，因为组织目标的确定、组织的未来发展方向，都需要领导者发挥指挥作用。一般来说，领导者发挥指挥作用的途径有两个：一是使用领导权力对下属行为进行引导；二是利用个人魅力对下属行为进行影响，使下属能够自觉服从领导指挥。

2. 协调作用

领导的协调作用体现在领导者能够协调好组织内部各个成员的关系，保证组织的正常运转。在组织中，经常出现需要多人协作完成的任务，此时领导者需要在中间发挥协调作用，对各个关系进行协调，提升组织的工作效率。此外，领导者的协调作用还体现在领导者能够代表组织进行对外交涉，维护组织形象与组织利益，实现组织与外部环境的协调共生。

3. 激励作用

在组织中，领导者需要对组织成员进行激励，努力激发成员的工作热情和信心。通常，领导者会利用物质或精神手段来激励员工为组织目标的实现而努力。

第四节　管理学中的控制与管理创新

管理学中的控制是领导者为了保证企业计划与实际作业动态相适应的管理职能。控制工作的主要内容有确立标准、衡量绩效与纠正偏差。合理、科学的控制要求领导者选择关键的经营环节，明确合适的控制频度。

管理创新指的是一定的社会组织，以管理的基本职能为出发点，在迎合经济和社会发展需要的过程中，利用科学的理论指导和恰当的方式，对各类管理资源进行创造性变革，从而使组织管理工作实现动态协调和良性发展的活动。

下面对控制的过程、类型、方法以及管理创新的过程、主体、内容进行详细分析。

一、控制的过程与类型

（一）控制的过程

管理中控制的过程包括三个步骤：第一，确定控制目标，明确控制标准；第二，衡量实际工作，获得偏差信息；第三，分析偏差原因，提出解决措施。下面对这三个步骤展开分析。

1. 确定控制目标，明确控制标准

确定控制目标和控制标准，是控制工作能够顺利开展的前提，同时也是后续检查与判断实际工作效果的依据。一个组织中若没有控制目标和控制标准，组织管理者就难以对实际工作进行把握，控制工作也就丧失了灵魂。

一般来说，有效的控制目标和控制标准需要满足以下六个特点。

第一，简明性。简明性要求组织对控制目标和标准的量值、单位、可允许的偏差范围进行准确说明，同时，在阐述标准时，语言要通俗易懂。

第二，适用性。适用性要求组织建立的控制目标和标准有助于组织整体目标的实现，同时能够适应组织的日常工作要求，能够准确反映组织活动的状态。

第三，一致性。一致性要求组织建立的标准体现协调一致、公平合理的原则。

第四，可操作性。可操作性要求组织的控制标准和目标能够使组织成员进行可行性操作，且操作的标准不能过高，也不能过低。

第五，相对稳定性。相对稳定性即组织建立的标准要在一定时间内保持相对稳定，同时也要有一定的弹性，能够针对外界环境变化进行相应的改变。

第六，前瞻性。前瞻性指的是组织建立的标准不仅要符合现实的需要，同时也要与组织未来的发展情况相结合。

2. 衡量实际工作，获得偏差信息

衡量实际工作，获得偏差信息，就是通过衡量实际工作，用标准判断活动的效果，获得偏差信息，从而为纠正偏差提出要求。在实际的衡量工作中，组织管理者要重点解决两方面的问题：一是衡量什么；二是怎么衡量。一般情况下，衡量实际工作的方法包括个人观察法、书面报告和口头报告法、统计报告法、抽样调查法。

3. 分析偏差原因，提出解决措施

控制过程的最后一步是分析偏差原因，提出解决措施。在衡量完实际工作的效果后，组织者需要将获得的结果与标准进行对照，并分析结果，为下一步采取有关措施做准备。一般常见的纠正偏差方法包括以下三种：第一，调整原计划；第二，改进组织工作；第三，改进生产技术。

（二）控制的类型

1. 反馈控制

反馈控制是指用过去的情况指导现在和未来的工作。一般组织中常见的控制方法都属于反馈控制，其特点是能够将成员的注意力集中在行动结果上，并将此结果作为进行下次行动的依据。反馈控制的过程从预期和实际工作效益的比较开始，组织者通过对双方进行比较，找到其中的偏差，分析原因，最后制订改正偏差的计划。

反馈控制的优点体现在两方面：一方面，反馈控制能够向组织管理者提供组织计划执行效果的可行性报告；另一方面，反馈控制能够在无形中提升组织成员的工作积极性。

反馈控制的缺点主要体现在其作为一种事后才能发挥作用的控制方式，从管理者发现偏差到解决偏差，中间存在较长的时间差，管理者在进行纠正时，现实情况可能已经发生变化，组织已经受到损失。

2. 前馈控制

前馈控制是组织中管理者最喜欢的控制类型之一，因为这种控制方式能够有效降低预期出现问题的概率。前馈控制的最大优势是能够克服时滞现象，在现实中有广泛的应用范围。

前馈控制与反馈控制的最大区别在于，前馈控制主要是控制产生偏差的原因，而并非对行动结果进行控制，这也是前馈控制在现代化管理中比较突出的一个特点。

3. 间接控制

间接控制是组织内部管理者通过建立控制系统，对被控制对象进行控制的一种方式。组织管理者通过控制的计划和标准，对实际工作结果进行检查，发现其中的偏差，并分析偏差的原因，制订相应的解决方案。间接控制的优势在于能够帮助组织管理者总结相关经验，提升判断力，提高对组织内部的管理水平。

4. 直接控制

直接控制是相对于间接控制来说的一种控制方式，也被称为预防性控制。直接控制通过培养合适的管理者，使管理者能够运用管理理论来进行科学的管理实践工作。直接控制的重点在于给予管理人员更多的自由权，使管理者能够充分发挥自身优势，这样在一定程度上会避免很多失误与偏差。

二、控制的方法

正确、合理地运用控制的方法，是保证控制成功的关键。控制的方法有很多，下面介绍几种常见的控制方法。

（一）预算法

1. 预算的内涵

预算是通过财务术语或非财务术语来展示组织预期成果，并反映组织在未来某个时期的情况的综合计划。预算作为政府部门及企业常用的控制方法之一，其能够使政府部门或企业中的主管人员清楚地了解资金流动情况、计划中涉及的人员情况以及部门或企业的实际工作标准。

2. 预算的种类

预算的种类多种多样，主要包括以下几种。

第一，收支预算。这指的是组织在预期时间段内以货币单位表示的收入和经营支出的计划预算。

第二，实物量预算。这是一种以实物单位来表示的预算，是对货币收支预算的重要补充。

第三，资本支出预算。这种预算形式主要是对专门用于厂房、机器、设备、库存和其他一些类目的资本支出的概括。

第四，总预算。总预算是通过编制汇总表，从而对公司的全面业绩进行控制的一种预算方式。总预算将组织内部各个部门的预算集中起来，能够清晰展示销售额、成本、利润、资本的运用及投资利润率等情况。

3. 预算控制的步骤

预算控制的步骤包括四点，具体如下所述。

第一，编制预算。编制预算主要包括确定预算编制方针、编制部门预算、编制综合预算等。

第二，执行预算。执行预算的过程是指组织管理者定期或不定期对预算的执行情况进行检查，评估实际发生额是否符合预算要求，并估计预算执行后可能会获得的预算收入。

第三，预算差异分析。预算差异分析是通过对预算项目的预算支出中的发生额和预算限制额进行对比分析，找出问题，并制订解决方案。

第四，对预算控制的结果进行分析，这也是评价和考核预算控制情况的最终步骤。

（二）财务法

财务法属于与预算没有直接关系，但控制效果十分明显的控制方法。下面对财务法中常用的控制方法进行分析。

1. 审计法

审计法是一种十分常见的财务控制方法，主要内容包括财务审计与管理审计两方面。

其中，财务审计是以财务活动为中心内容，通过检查并核实账目、凭证、财务、债务，从而判断财务报表中的会计事项是否正确无误的控制方法，包括外部财务审计与内部财务审计两种。

与财务审计相比，管理审计的范围更加广泛，组织进行管理审计的目的在于通过提升管理工作效率来提高组织的经济效益。管理审计包括外部审计和内部审计两类，其中外部审计指的是由组织外部人员对组织活动进行审计；内部审计指的是组织自身设立审计部门，随时对组织的各项活动进行审计。

2. 统计报告法

统计报告法是组织内部人员利用统计方法对有关的数据资料进行整理、分析，最终以各类统计报表即分析报告的形式，向组织中的有关管理者提供控制信息的方法。一般选择统计报告法的企业拥有良好的组织体系、健全的原始记录和统计资料，这些记录和资料能够帮助管理者快速找出问题，解决问题。

3. 财务报表分析

财务报表是指一种反映企业经营财务状况和计划期内经营成果的数字表格。财务报表分析也称为经营分析，主要任务是通过财务报表来判断企业经营好坏程度，并对企业经营的优势和劣势进行分析。

财务报表分析法包括实际数字法和比率法两种。其中，实际数字法是管理者利用财务报表中的实际数字进行分析；比率法是管理者在获得实际数字的各类比率后再进行分析，这种方式的科学程度高，是较常见的控制分析法。

三、管理创新的过程

组织管理者要想顺利开展组织的创新工作，就需要对组织管理创新的规律进行探究。通过对多个成功企业的经验进行总结，我们可将管理创新的过程归纳为以下四个阶段。

（一）寻找计划

创新在一定程度上可看作是对原有秩序的"破坏"。这种"破坏"是因原有秩序的内部存在或出现了某种不协调的现象，这种不协调现象既可能存在于企业内部，也可能存在于企业外部，会对组织的发展造成不利的影响。

一般情况下，从企业外部层面来说，能够为企业创新提供契机的变化主要包括以下四点。

第一，技术的变化。技术的变化会直接对企业有关资源的获取、生产设备的更新以及产品的技术水平提升造成影响。

第二，人口的变化。人口变化会直接影响劳动市场的供给，同时也会对产品销售市场的需求变化产生影响。

第三，宏观经济环境的变化。外界宏观经济的飞速发展会为企业发展带来更庞大的市场，但整体经济的下滑又可能导致企业产品需求者购买能力的降低，这对企业形成直接影响。

第四，文化与价值观念的变化。文化与价值观念的变化也会对消费者的消费偏好、劳动者对工作报酬的期待等产生影响。

从企业内部层面来看，能够为企业创新提供契机的变化主要包括以下两方面。

一方面，企业在生产经营中遇到的困难会对企业劳动生产率的提升和员工劳动积极性的发挥造成影响。

另一方面，企业的意外成功和失败。例如，企业生产的派生产品销量超过了企业主推产品的销量；企业在主推产品上投入了大量的人力、物力、财力后，没有获得相应的回报。这些超出企业预期的成功或失败，都有可能将企业原有的思维模式打破，从而帮助企业寻找创新的路径。

（二）提出构想

企业管理者在发现企业存在的不协调现象后，要透过现象看本质，并以此为依据对未来企业的走向进行分析，同时还要对这些能够为企业创新带来契机的因素进行深入分析，并努力综合各方资源，实现企业在更高层次的创新构想。

（三）快速行动

创新能够取得成功的关键在于快速行动。创新想法一旦出现，管理者就要立刻付诸实施，并在实施的过程中进行不断改进，因为创新的想法作为一种新产物，具有不完善性，需要管理者随时进行调整。对企业来说，能否把握住创新的时间十分重要，只有快速行动才能在市场中占据有利地位。

（四）坚持不懈

创新的想法需要经过不断的尝试才能转化为最终的成熟。但是在尝试的过程中，风险始终存在，因此创新的过程也是管理者不断尝试、不断提高的过程。为了保证最终创新方案的顺利实施，管理者要坚持不懈，不能半途而废，要勇于面对困难和挑战。

四、管理创新的主体

管理创新的主体主要包括组织内的全体员工、管理者、管理专家和研究机构、创新型投资者。下面对这四类主体进行简要分析。

（一）全体员工是管理创新活动的力量源泉

企业中全体员工的积极性、创造性是管理创新活动的源泉。企业管理者要为员工营造良好的创新氛围，并以广大员工为基础开展管理创新活动，只有如此，企业才能获得更多的新创意，管理创新活动的推行才会得到更多员工的支持。

（二）管理者是管理创新活动的中坚力量

企业中有很多的管理者，他们需要对自己职责范围内的事务、人员、资源等进行管理。在企业中其实是存在很大的创新空间的，如果这些管理者能够据此提出创意并有效实施，他们就能成为管理创新活动的中坚力量。此外，企业管理者的积极创新也会在无形中提升下属的工作积极性与工作热情，这对企业发展也有良好的推动作用。

(三) 管理专家和研究机构是管理创新活动的辅助力量

当前,市场竞争日益激烈,企业要想在这种复杂多变的环境中赢得先机,仅靠企业管理者和企业员工是不够的。因此,多数企业为了实现自身更好地发展,会专门聘请行业管理专家或求助专业管理研究机构,依靠这些专家和研究机构来对各项信息进行充分分析,制订适合企业发展的创新方案。

(四) 创新型投资者是管理创新活动的关键力量

创新型投资者对企业而言,是企业管理创新活动的关键力量,因为他们在企业发展中具有特殊地位并掌握着重要的管理支配力。创新型投资者能够直接提出创新意见并直接投入实践,这对企业管理创新活动会产生重大影响。一般来说,企业创新型投资者需要具备特定的心智特点和能力特点,如图2-7所示。

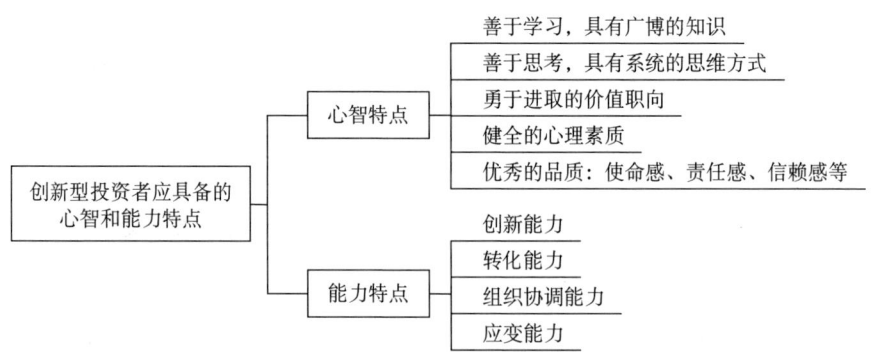

图2-7 创新型投资者应具备的心智和能力特点

五、管理创新的内容

企业管理创新的范围十分宽泛,从整体上可将管理创新的内容分为观念与文化创新、组织与制度创新、技术与管理方式创新。下面对这三方面进行详细分析。

(一) 观念与文化创新

1. 观念创新

观念创新是管理创新的基础,任何一种管理制度、管理模式、管理方法都是管理思想的产物。若没有观念的创新,其余任何方面的创新都没有存在的基础。观念作为人进行思维活动的结果,是人们对客观世界进行的理性认识。

从本质上来说,观念创新可理解为一种创新性思维活动,且这种思维活动是对原有的思维方式的否定。在当前日新月异的世界大环境中,若一个企业组织不能进行管理观念的创新,不能引进新的管理观念,其很快就会被市场所淘汰,也就难以实现可持续发展。

2. 文化创新

组织文化是组织成员在长期工作中培养形成并共同遵循的最高目标、价值标准和行为规范,它直接决定了组织的创新趋向,也影响着创新的可能性。具体来说,组织文化创新主要包括以下四方面的内容,如图 2-8 所示。

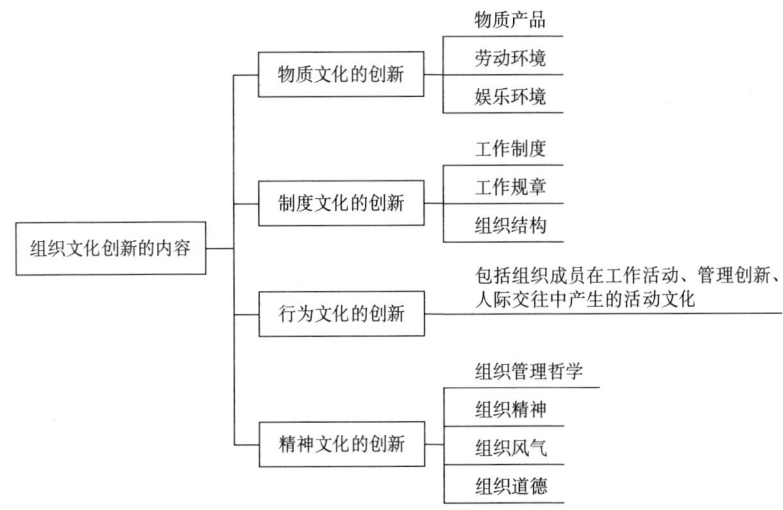

图 2-8 组织文化创新的内容

(二) 组织与制度创新

管理观念和文化创新目标的实现,需要有相应的组织与制度创新作为保证。下面分别对组织与制度创新进行分析。

1. 组织创新

组织创新指的是管理者在创新观念的引导下,按照相应的制度与规范,使用新的手段或方法,对组织内部的人力资源与物质资源进行指挥与协调,从而保证组织内部各类管理资源能够实现良性重组与动态配置的管理活动。组织创新的主要目的是通过改变组织中人员的行为与组织结构来提升组织的绩效。

2. 制度创新

制度创新是管理创新的根本保证,指的是管理者利用新的观念,制定新的行为规范,将观念创新和组织创新等活动及其成果进行制度化与规范化,从而实现组织新的价值目标的创造性活动。从本质上看,制度创新也是用一种效率更高、效果更明显的制度代替组织中陈旧的制度的创新活动。

(三) 技术与管理方式创新

管理创新的出发点和落脚点是技术创新和管理方式创新,只有技术的现代化和管理方式的科学化才能使组织内部的管理更加先进。下面对技术创新和管理方式创新进行简要分析。

1. 技术创新

技术创新作为一种系统过程,指的是组织使用创新的知识和新技术,对生产和管理的要素、条件等进行变革,构建效能好、效率高的生产和管理体系,从而为组织创造更大价值并使价值增值的过程。企业是技术创新最重要的主体,因为技术创新的目的在于获得更大的经济效益,而获得更大经济效益的过程是由企业主导的。

通常情况下,技术创新会经历以下五个阶段。

第一，创新思想的产生与形成阶段。

第二，创新技术的获取阶段。获取创新技术的方式包括三种：一是组织凭借自己的力量进行技术创新活动；二是组织与其他部门进行通力合作；三是组织引进外部技术。

第三，基本要素的投入与组织阶段。

第四，基本要素的管理阶段。

第五，应用技术创新成果阶段。

2. 管理方式创新

管理方式的创新能直接促进管理现代化水平的提高，同时也能够从整体上促进组织综合管理素质的提升。管理方式创新主要体现在以下两个方面。

第一，全面质量管理。这是一种简单且具有变革性的管理方式，在企业管理和政府管理领域最为常见。全面质量管理包括五方面的内容：①强烈地关注顾客；②坚持不懈地进行质量改进；③提升组织中每项工作的质量；④精确地度量，追寻问题的根源，解决问题；⑤向组织员工授权。

第二，知识管理。所谓知识管理，指的是管理者在组织管理过程中对集体知识和技能的捕捉与运用，这是一种以"人"为中心，以信息为基础，以知识创新为目标，将知识视作可供开发的资源的管理方式。知识管理的主要目的是实现信息处理能力与人的知识创新能力的最佳结合，在管理的过程中实现知识共享，并将最适合组织发展的知识传递给恰当的人，使这些人能够进行正确的决策。

第三章 统计学原理

统计学原理是经济管理原理的重要组成部分,其能够通过收集、整理、分析、归纳等方式,提供反映社会经济现象的相关数据,从而为经济管理提供必要的参考依据。本章基于统计学概述,对统计调查与统计整理以及总量指标、相对指标、平均指标进行了详细的阐述,以期为相关的统计学研究助力。

第一节 统计学概述

统计学是一门基于统计实践发展起来的社会科学,也是一门通过收集、整理、分析、归纳等手段,推断、预测研究对象本质或发展规律的综合性科学。本节主要从统计学的发展史、研究对象、特点、研究方法、分支、基本概念等角度对统计学进行概述。

一、统计学的发展史

统计学(Statistics)源于拉丁文"statisticum collegium"(国会)及意大利文"statista"(国民或政治家),相关研究始于亚里士多德时代,至今已有两千多年的发展历史,在这两千多年的发展历程中,统计学至少经历了三个阶段，具体内容分析如下。

（一）"城邦政情"阶段

这一阶段从亚里士多德的著作《城邦政情》撰写完成起直至 17 世纪中叶。《城邦政情》的内容非常广泛，包括对科学、历史、人口等社会和经济情况的分析与比较，具有明显的社会科学特点。这一阶段，统计研究的主要方式是"城邦政情"式研究。到 17 世纪 50 年代，"城邦政情"逐渐被"政治算术"取代，演化为"统计学"（Statistics）。

（二）"政治算术"阶段

这一阶段是以《政治算术》一书的出版为起始标志，主要学派为"政治算术"学派，代表人物有威廉·配第和约翰·格朗特。"政治算术"学派的特点主要体现在以下几个方面：其一，在统计学研究的过程中，将统计方法与推理方法、数学计算相结合；其二，以分析研究社会经济问题为主；其三，分析方法上以定量分析为主。

（三）"统计分析科学"阶段

这一阶段是以"统计分析科学"课程的出现为标志。19 世纪末，"统计分析科学"课程逐渐取代了"城邦政情"和"政治算术"，成为现代统计学发展的开端。现代统计学的理论基础是概率论，代表人物为阿道夫·凯特勒。

二、统计学的基本概念

（一）统计总体与总体单位

所谓统计总体，简单来说就是由所有研究对象共同构成的整体，而且这些研究对象具有某种共同的属性或特征。一般来说，统计总体主要包括实物总体和行为总体两方面的内容。而总体单位则主要指构成统计总体的个体单位。统计总体与总体单位是紧密联系在一起的，如果没有总体单位，统计总体就无法形成；如果统计总体不存在，那就无法确定总体单位。

(二) 标志与指标

所谓标志,在这里主要指用于表明总体单位的属性或特征的名称,如学生的性别、民族等。标志的类型主要有以下几种:不变标志(如国籍)、可变标志(如年龄)、数量标志(如工资)、品质标志(如工人的工种)。

指标,在这里主要指反映社会经济总体现象数量特征的概念和数值,具有数量性、综合性、具体性等特征。指标的类型主要包括以下几种:总量指标、平均指标、相对指标、质量指标、数量指标等。

(三) 变异与变量

变异,即标志在总体单位之间的不同表现。比如,就性别而言,可分为"男"和"女"。变异是统计活动得以开展的重要前提,如果没有变异,统计也就没有施展的余地。

变量,主要指具有任意性和未知性特征的数字字符,一般来说,统计学中的变量主要有两类(四种),其一是确定性变量和随机性变量,其二是连续性变量和离散性变量。

三、统计学的研究对象

统计学的研究对象就是统计研究所要认识的客体,主要指各种社会经济现象。具体来说,统计学的研究对象主要包括两方面的内容:其一是社会经济现象的总体数量特征;其二是社会经济现象的数量关系。

四、统计学的特点

统计学的特点主要包括以下几个:数量性、总体性、具体性以及社会性,具体分析如下所述。

(一) 数量性

数量性是统计学最基本的特点,也是统计学区别于其他定性分析学科的关键因素。统计学的数量性特征也决定了凡是能以数量来表现的客观事物，都可以成为统计学的研究对象。

（二）总体性

统计学的总体性主要体现为其所研究的主要对象为总体现象的规律性以及数量特征。总体现象是由不同部分（个体）构成的统一体。在数量特征方面，每个个体都受两方面因素的影响，其一是必然因素，其二是偶然因素。其中，必然因素反映了总体的特征，偶然因素影响着总体的特征。需要注意的是，总体性特征要求相关工作者在开展调查、研究工作时，既要重视对总体现象的整体把握，又要兼顾个体对总体的重要意义。

（三）具体性

统计学的具体性主要体现为其所研究的对象都是明确规定的目标，即具体事物的量。具体来说，就是在一定时间、空间、条件下，具体事物在数量方面的具体呈现。比如，某校准备统计2019届本科毕业生的就业情况，那么研究的对象包括且仅包括三方面的因素：①某校；②2019届；③本科毕业生。

（四）社会性

统计学的社会性主要体现在以下几个方面：其一，统计学的研究对象（社会经济现象）是人类有意识的社会活动；其二，相关人员所开展的调查、统计、研究等工作是在一定的社会条件下进行的。

五、统计学的研究方法

通常，统计学的研究方法主要包括大量观察法、统计分组法、时间数列预测法、综合分析法、指数分析法、抽样推断法、归纳推断法、相关分析法等，具体分析如下。

（一）大量观察法

大量观察法是统计学中常用的研究方法之一，主要体现为通过大量分析、观察研究对象所包含的个体，得出能够有效反映研究对象总体的数量特征和相关规律。这种观察法的数理依据是大数定律，大数定律是基于足够多的个体研究而形成的，具有较高的稳定性。因此，采用大量观察法所取得的最终成果具有一定的可信度。

（二）统计分组法

所谓统计分组法，主要指一种基于研究任务、研究对象的内在特点，将研究对象划分为不同部分的研究方法，这一研究方法贯穿在整个统计研究的过程中。使用统计分组法的首要任务是对研究对象进行相应划分，然后根据统计指标来研究研究对象的特征、发展规律等。统计分组法的优点在于其能够使研究者基于对不同部分、不同部分之间的相互关系的分析，丰富、深化对研究对象的整体性认识。

（三）时间数列预测法

时间数列预测法，即通过编制和分析时间数列，来预测研究对象下一阶段的发展情况。一般来说，时间数列预测法的运用包括四个步骤，具体内容如图3-1所示。

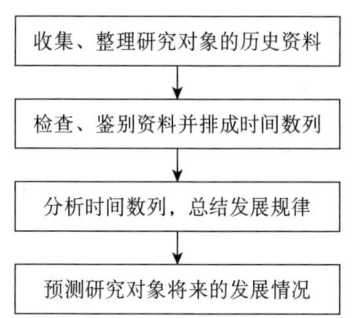

图3-1 时间数列预测法的运用步骤

（四）综合分析法

所谓综合分析法，主要指一种基于多途径所获得的各种资料，通过运用各种综合指标对研究对象进行分析、对比、研究，来揭示研究对象总体的差异及数量关系的研究方法。一般来说，综合分析法常用的指标有三种，即动态指标、总量指标、相对指标。

（五）指数分析法

所谓指数分析法，主要指利用指数体系，从数量层面出发，分析各影响因素变动对总指数的影响方向和程度的一种研究方法。指数分析法的优势在于其能够有效反映研究对象在时空方面的综合变动，以及各种因素对综合变动的影响程度，进而为了解研究对象变动的具体原因奠定良好的研究基础。

（六）抽样推断法

抽样推断法，即根据随机原则从总体参数中抽取部分作为研究的样本，运用数理统计方法，对总体某些性质或数量特征进行推断的一种研究方法。一般来说，抽样推断法主要包括两方面内容，其一是参数估计，其二是假设检验。

（七）归纳推理法

所谓归纳推理法，主要指基于对某一类事物若干对象具体特点、性质等的分析和研究，推出一类事物普遍性特征、性质的一种研究方法。换言之，归纳推理法就是由个别到一般、由具体到概括的一种研究方法。通常，归纳推理法主要包括两方面内容，其一是完全归纳推理，其二是不完全归纳推理。

（八）相关分析法

所谓相关分析法，主要指一种分析、研究研究对象之间数量关系（如相互依赖、制约等关系）的研究方法。常见的相关分析法主要包括图表相关分析、协方差及协方差矩阵、相关系数、一元回归及多元回归等。

六、统计学分支

就统计学分支问题，学界主要从两个角度来进行阐述，即统计方法的构成角度以及统计方法的研究、运用角度,具体分析如下。

(一)统计方法的构成角度划分

从构成角度来讲,统计学主要包括两方面内容,即描述统计学和推断统计学。

1. 描述统计学

所谓描述统计学,主要是指一门研究怎样有效获取研究对象(客观现象)的相关数据,并如何通过图表形式将所获取的相关数据进行有效的处理、显示,从而反映客观现象的规律性数量特征的学科。描述统计学所包含的内容是比较宽泛的,具体如图3-2所示。

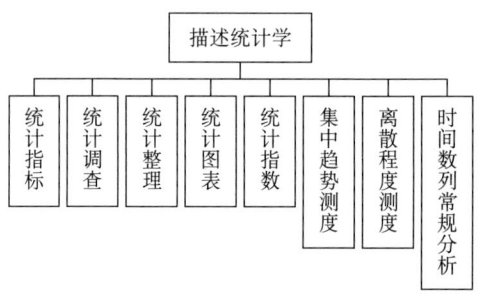

图 3-2 描述统计学的内容

2. 推断统计学

推断统计学又称归纳统计学,所阐述的主要内容是如何基于样本统计量,推论总体的数量特征及规律性。推断统计学的具体内容如图3-3所示。

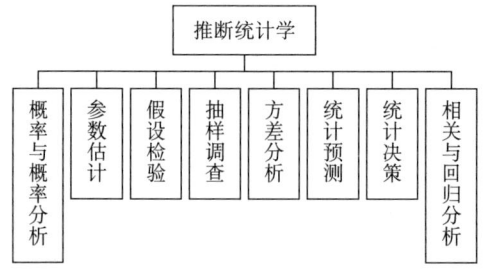

图 3-3 推断统计学的内容

（二）统计方法的研究、运用角度划分

从研究、运用角度来讲，统计学可分为理论统计学和应用统计学两种。其中，理论统计学是一门研究统计学相关理论与统计方法的学科，应用统计学则主要是指一门运用统计学相关原理与方法解决实际问题的学科。

第二节 统计调查与统计整理

统计调查与统计整理在开展相关统计活动的过程中具有重要意义，统计调查能够为调查任务、目的的完成提供充足的原始统计资料支持，而统计整理能够在很大程度上使原始统计资料呈现出系统性和条理性，助力调查目标与任务的完成。我们在这里主要从含义、要求、种类以及组织形式四个角度对统计调查进行简要阐述，从概念、作用以及内容三个层面对统计整理进行分析。

一、统计调查

（一）统计调查的含义、特征与种类

1. 统计调查的含义与特征

所谓统计调查，主要指调查者基于具体的调查任务和要求，采取相应的调查方法，开展的有针对性地搜集所需资料的活动。统计调查的结果服务于具体的调查任务和研究目的，所以，其必须具有准确性、真实性、及时性等特征。

2. 统计调查的种类

根据不同的标准，可以将统计调查分为不同的类型，具体内容如表3-1所示。

表 3-1　　　　　　　　　　统计调查的种类

划分标准	种类
组织形式	专门调查
	统计报表
调查对象	全面调查
	非全面调查
收集资料的方式	直接观察法调查
	采访法调查
	问卷法调查
时间是否连续	一次性调查
	经常性调查

（二）统计调查的组织形式

统计调查的组织形式主要包括两方面内容，其一是统计报表，其二是专门调查。统计报表主要指根据国家的统一规定，由填报单位自下而上提供相关资料的一种组织形式。填报单位在提供相关资料时，需要注意以下问题：①填报范围；②指标解释；③分类目标；④报送日期、方式等。专门调查主要指为了研究某些专门性问题，由专门组织开展相关调查活动的一种组织形式。一般来说，专门调查主要包括以下几种类型：普查、重点调查、典型调查以及抽样调查。

二、统计整理

（一）统计整理的概念与作用

1. 统计整理的概念

统计整理也称统计资料整理，主要指工作人员基于统计研究的任务、要求和目的，采用科学的方法将收集得来的各种资料进行有效的分类、汇总，从而为之后统计分析工作的顺利开展提供所需统计资料的过程。

2. 统计整理的作用

统计整理在统计学中具有重要的作用，具体来说，主要体现在两个方面：一方面，统计调查获取的资料在很大程度上只能反映总体单位的个体特征，而统计整理能够在归纳、整理的基础上，使总体单位呈现出一定的总体特征；另一方面，通过统计调查获取的资料虽然丰富、详尽，但往往存在不系统、缺乏条理等不足，如果不加以整理，很可能使得部分资料的价值无法得到有效的呈现，而统计整理就能够很好地对获取的资料进行科学合理的分析、加工与整理，使收集的资料呈现出系统性、条理性等特征。

（二）统计整理的内容

1. 统计分组

（1）统计分组的概念。所谓统计分组，主要指一种基于统计研究的具体任务、要求与目的，将统计总体划分为不同类型组成部分的统计方法。

（2）统计分组的构成要素。统计分组的构成要素主要包括三方面内容：其一，母项，即需要进行具体划分的统计总体；其二，子项，即经过划分之后的类总体；其三，分组标志，主要指用于统计分组的依据、标准。

（3）统计分组的类型。根据不同的划分标准，可以将统计分组划分为不同类型。具体来说，按照性质分组，可以将统计分组分为品质分组和数量分组；按照分组标志分组，可以将统计分组分为简单分组和复合分组；按照任务作用分组，可以将统计分组分为类型分组、结构分组和分析分组。

2. 统计汇总

（1）统计汇总的概念。所谓统计汇总，主要指在统计分组的基础上，根据确定的分组标志、分组数目，将总体单位分别归入相应的组中,并计算各组和总体的单位数、标志值,从而使调查所得的资料转化为综合统计资料的过程。

(2) 统计汇总的组织形式。一般来说,统计汇总主要包括两种类型的组织形式,其一是逐级汇总,其二是集中汇总。其中,逐级汇总的优势主要体现为其能够就地查对、审核原始统计资料,及时满足不同级别部门的资料需求;集中汇总的优势主要体现为其能够在很大程度上缩短汇总的时间,提高资料统计的整体效率。

(3) 统计汇总的技术方法。统计汇总的技术方法主要有两种:其一是手工汇总,常用方法包括划记法、过录法、折叠法、卡片法;其二是电子计算机汇总,一般有程序编制、编码、数据录入、制表打印等步骤。

3. 编制统计表

(1) 统计表的构成。就形式而言,统计表主要包括以下几个方面的内容:总标题、横行标题、纵栏标题、指标数值。

就内容而言,统计表主要由主词和宾词两部分构成。其中,主词主要指统计表的主对象,宾词主要指各种统计指标。

(2) 统计表的种类。根据不同的划分标准,可以将统计表划分为不同的类型,具体内容如表3-2所示。

表3-2　　　　　　　　　统计表的种类

标准	类型
统计表的作用	调查表
	汇总表
	分析表
分组情况	简单表
	单式统计表
	复式统计表
数列性质	时间数列表
	空间数列表
	时空数列结合表

（3）编制统计表的规则。编制统计表的时候需要遵循以下几方面的规则：其一，各项标题简洁明确；其二，内容简明扼要，其三，表内各栏之间逻辑明晰，且有序号标注；其四，指标数值计量单位明晰。

第三节　总量指标、相对指标以及平均指标

总量指标、相对指标、平均指标是统计学中常见的三种统计指标，它们对统计活动的有效开展具有重要的作用。本节主要基于总量指标、相对指标、平均指标的含义、特点、作用等，对这三种统计指标的种类以及计算方法进行了简要的阐述。

一、总量指标

（一）总量指标的含义、特点与计量单位

总量指标又称绝对数指标或统计绝对数，在这里主要指统计汇总之后所得到的具有相应计算单位的统计指标。

总量指标的特点主要体现在以下几个方面：其一，表现形式为绝对数；其二，带有计量单位；其三，数值随研究范围的改变而发生相应的变化；其四，统计对象具有特定性，即统计对象必须为有限总体。

一般来说，总量指标的计量单位主要包括以下几种：①劳动量单位；②价值单位；③实物单位。

（二）总量指标的种类

根据不同的划分标准，可以将总量指标划分为不同的类型，具体内容如表3-3所示。

表 3-3　　　　　　　　　总量指标的种类

标准	类型
反映的时间状况	时期指标
	时点指标
反映的具体内容	总体单位总量指标
	总体标志总量指标
计量单位	价值指标
	实物指标
	劳动指标

（三）总量指标的计算方法

通常来说，总量指标的计算方法主要包括直接计算法、间接推算法两种。其中，直接计算法是通过直接计数、测量等方式，获取总量指标的一种计算方法。间接推算法是基于调查所获取的原始资料，根据相应的推算规则，推算总量指标的一种计算方法。常见的推算法有抽样推算法、因素关系推算法、平衡关系推算法等。

二、相对指标

（一）相对指标的含义与作用

相对指标也称统计相对数，主要指通过采用相应的对比方法，反映相关事物数量对比关系的指标。

相对指标的作用主要体现在以下几个方面：其一，能够使具有不同特性且不能够直接进行对比的事物，具备能够进行有效对比的共同的比较基础；其二，能够有效表明事物之间的相关度和发展状况；其三，能够在一定程度上反映统计总体的结构特征；其四，在弥补总量指标的不足方面具有重要的意义。

（二）相对指标的种类与计算

一般情况下，相对指标主要包括六大类型，具体内容如图 3-4 所示。

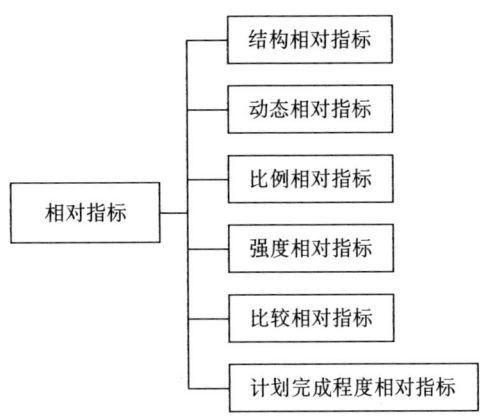

图 3-4 相对指标的种类

1. 结构相对指标

结构相对指标又称结构相对数或比重指标，在这里主要指统计总体中部分数值与全部数值的比。其计算公式如下：

$$结构相对指标 = \frac{总体部分数值}{总体全部数值} \times 100\%$$

结构相对指标在社会经济统计中的作用主要体现在两个方面：其一，能够有效反映特定条件下研究现象总体结构的特征；其二，能够为分析经济结构的发展趋势提供参考依据。

2. 动态相对指标

动态相对指标，是两个同类指标在不同阶段的比。动态相对指标主要用于表明研究现象总体的发展状况、变动程度。其计算公式如下：

$$动态相对指标 = \frac{报告期发展水平}{基期发展水平} \times 100\%$$

3. 比例相对指标

比例相对指标主要体现为研究现象总体所含的不同部分指标数值的比。比例相对指标多用于分析不同构成部分之间的比例关系和平衡状态。其计算公式如下：

$$比例相对指标 = \frac{部分A指标数值}{部分B指标数值} \times 100\%$$

4. 强度相对指标

强度相对指标主要体现为两个在性质方面存在巨大差异但又有密切联系的总量指标的比。强度相对指标多用于分析不同事物之间的对比关系。其计算公式如下：

$$强度相对指标 = \frac{A总量指标数值}{B（不同性质）总量指标数值} \times 100\%$$

5. 比较相对指标

比较相对指标主要体现为不同区域同类指标数值的比。比较相对指标多用于表明在不同区域中同一类事物发展变动的程度。其计算公式如下：

$$比较相对指标 = \frac{A区某一事物指标数值}{B区同一事物指标数值} \times 100\%$$

6. 计划完成程度相对指标

计划完成程度相对指标主要体现为某一时期实际完成指标与计划指标的比。计划完成程度相对指标多用于监督、检查计划的完成情况。其计算公式如下：

$$计划完成程度相对指标 = \frac{实际完成指标数值}{计划指标数值} \times 100\%$$

三、平均指标

（一）平均指标的含义、特点与作用

1. 平均指标的含义

所谓平均指标，主要指用来反映在特定条件下，社会经济现象中某一数量标志所达到的一般水平的统计指标。比如，在某一企业中，不同职工之间在工资方面存在一定的差异，如果要对职工的工资水平有一个

整体性的认识,就需要明确全体职工的平均工资,此时的平均工资即平均指标。

2. 平均指标的特点

平均指标的特点主要有三个,即同质性、代表性和抽象性。其中,同质性主要体现为从总体上来讲,社会经济现象各组成部分的性质是相同的;代表性主要体现为虽然社会经济现象各组成部分的标志值存在一定的差异,但在具体的统计分析中可以用平均指标来代表总体的一般水平;抽象性主要体现为虽然社会经济现象各组成部分在数量方面存在差异,但在具体的平均指标计算过程中,一般会将这种差异平均掉。

3. 平均指标的作用

平均指标在统计分析中的作用主要体现在以下几个方面:其一,平均指标在很大程度上能反映各单位变量分布的一般水平;其二,平均指标能够为分析社会经济现象之间的依存关系提供必要的参考依据;其三,平均指标能够在一定程度上反映同类现象在不同时期、不同单位的发展水平、变化趋势等。

(二) 平均指标的种类

通常来说,统计分析中的平均指标主要包括两类:位置平均数和数值平均数。其中,位置平均数主要包括中位数和众数,数值平均数主要包括算术平均数、调和平均数和几何平均数。

1. 位置平均数

(1) 中位数。中位数即为在按大小顺序排列的标志值中居于中间位置的数。中位数将整体数值平均分为两部分(以中位数为中点),一部分数值小于中位数,另一部分大于中位数。

中位数的计算方法主要有三种:①由未分组资料确定中位数,其计算公式为 O_m(中位数位次) = $(n+1)/2$,具体计算如例 3-1;②由单项式分组资料确定中位数①，其计算公式为 $O_m = \dfrac{\Sigma f}{2}$，具体计算如例 3-2；③由组距分组资料确定中位数，其计算方法类似于上述②的计算方法，具体的下限计算公式为 $M_e（中位数）= L + \dfrac{\dfrac{\Sigma f}{2} - S_{m-1}}{f_m} d$ ②，具体计算如例 3-3。

【例 3-1】测试新型自动洗衣机的耗电量，每小时的耗电量为 0.1、0.2、0.3、0.4、0.5、0.6、0.7 度。n=7，O_m=（7+1）/2=4，即中位数为 0.4 度。

【例 3-2】表 3-4 为某企业职工日产汽车零部件情况，试计算日产汽车零部件的中位数。

表 3-4　　　　　某企业职工日产汽车零部件情况

组别（组）	零件数（件）	工人（人）	累计次数（次）
一	20	5	6
二	30	6	12
三	32	10	20
四	36	18	33
五	40	8	55
六	44	16	60

由表 3-4 可知，O_m=60/2=30，按向上累计次数，五组为 55，四组为 33，三组为 20……其中四组数值最接近 30，所以中位数在四组，故日产汽车零部件的中位数为 33。

---

① 具体计算步骤是先确定 O_m，然后根据较小或较大计次数将累计次数最接近 O_m 的组确定为中位数组。

② L 为中位数组的下限，S_{m-1} 为中位数所在组之前的累积次数，Σf 为总次数，d 为组距，f_m 为中位数组的次数。

【例 3-3】表 3-5 为某地每户农民人均纯收入水平，试计算人均纯收入中位数。

表 3-5　　　　　　某地每户农民人均纯收入水平

组别（组）	人均纯收入（元）	农民户数（户）	累积次数（次）
一	1000~1300	200	220
二	1300~1600	440	700
三	1600~1900	1000	1800
四	1900~2200	500	2200
五	2200~2500	300	2460
六	2500~2800	220	2750
七	2800~3200	100	3500

由表 3-5 可知，$O_m = 3500/2 = 1750$，所以中位数组为三组（1600~1900），则 $M_e = 1600 + \dfrac{1750-700}{1000} \times 300 = 1915$，因此人均纯收入中位数为 1915 元。

（2）众数。众数即一组数据中出现次数最频繁的标志值。就分布而言，众数在曲线图上所对应的是最高峰的标志值，如图 3-5 所示。

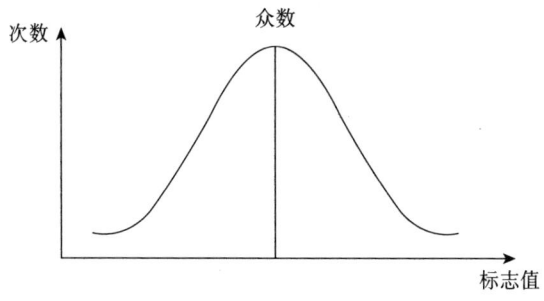

图 3-5　众数图示

众数的确定方法有两种：其一是由单项式数列确定众数，即数列中出现频率最多的标志值为众数，具体计算如例 3-4；其二是由组距数列确定众数,即先确定众数组,在利用相应公式进行具体的计算,具体的下限计算公式为 $M_0 = L + \frac{\Delta 1}{\Delta 1 + \Delta 2} \times d$ [①],具体计算如例 3-5。

【例 3-4】表 3-6 为某商品在不同价格时的销售情况,试计算销售量众数。

表 3-6　　　　某商品在不同价格时的销售情况

价格（元）	销售量（千克）
5	40
4	60
3	120
2	90

由表 3-6 可知,当商品价格为 3 元时销售量最大,为 120 千克,所以销售量的众数为 120 千克。

【例 3-5】表 3-7 为某地企业员工的人均纯收入水平,试计算人均纯收入众数。

表 3-7　　　　某地企业员工的人均纯收入水平

组别（组）	平均月收入（元）	人数（人）
一	1000 ~ 1300	100
二	1300 ~ 1600	190
三	1600 ~ 1900	490
四	1900 ~ 2200	150
五	2200 以上	40

---

① M_0 为次数,L 为众数所在组的下限,Δ1、Δ2 分别为众数所在组次数与前、后一组之差,d 为组距。

由表 3-7 可知，人数最多的为 490，所以众数组为三组（1600～1900），则 $M_o = 1600 + \frac{300}{300 + 340} \times 300 = 1740.625$，因此人均纯收入众数为 1740.625 元。

2. 数值平均数

（1）算术平均数。算术平均数是计算平均指标最常用的一种计算方法，主要指总体标志总量与总体单位总量的比值。一般来说，算术平均数主要包括两种形式，即简单算术平均数和加权算术平均数。

简单算术平均数多用于资料较多且未分组的数值计算中，具体的计算公式为 $\overline{X}$（算术平均数）$= \frac{x_1 + x_2 + \cdots + x_n}{n}$，（其中 x_1，$\cdots$，x_n 为标志值，n 为总单位数），具体计算如例 3-6。加权算术平均数多用于已分组的数值资料计算，具体的计算公式为 $\overline{X} = \frac{x_1 f_1 + x_2 f_2 + \cdots + x_n f_n}{f_1 + f_2}$，（其中 x_1 为第 1 组组中值，f_1 为第 1 组标志值出现的频数），具体计算如例 3-7。

【例 3-6】某班 30 名同学的身高（cm）资料如下，求全班同学的平均身高。

160、163、170、166、177、159、178、167、157、172、166、177、182、169、159、173、170、162、173、174、160、157、165、181、173、165、172、177、167、165

根据算术平均数的计算公式可得：$\overline{X}$ =（160 + 163 + …… + 169）/30 ≈ 168.5，所以全班同学的平均身高为 168.5cm。

【例 3-7】表 3-8 为某工厂 150 名工人日生产零件情况，试计算平均日产量。

表 3 – 8　　　　　某工厂 150 名工人日生产零件情况

日产量（件）	组中值（x_i）	工人数（f_i）	$x_i f_i$
100 ~ 120	110 件	20 人	2200
120 ~ 140	130 件	130 人	16900
140 ~ 160	150 件	15 人	2250
160 ~ 180	170 件	5 人	850
合计	—	170 人	22200

根据加权算术平均数的计算公式，$\overline{X} = \dfrac{110 \times 20 + 130 \times 130 + 150 \times 15 + 170 \times 5}{150}$ =148，所以，平均日产量为 148 件。

（2）调和平均数。调和平均数，即为标志值倒数的算术平均数的倒数。一般来说，调和平均数主要包括两种形式，即简单调和平均数、加权调和平均数。其中，简单调和平均数的计算公式为 $H = \dfrac{n}{\dfrac{1}{x_1} + \dfrac{1}{x_2} + \cdots + \dfrac{1}{x_n}}$（$n$ 为标志总量），具体计算如例 3 – 8；加权调和平均数的计算公式为 $H = \dfrac{m_1 + m_2 + \cdots + m_n}{\dfrac{m_1}{x_1} + \dfrac{m_2}{x_2} + \cdots + \dfrac{m_n}{x_n}}$（$m$ 为各组标志总量），具体计算如例 3 – 9。

【例 3 – 8】某商品在 2 月份的上旬、中旬、下旬的价格分别为 20 元、60 元、40 元，假设分别在上旬、中旬、下旬各买了一件此商品，求该商品的平均价格。

根据简单调和平均数计算公式，$H = \dfrac{3}{\dfrac{1}{20} + \dfrac{1}{60} + \dfrac{1}{40}} \approx 32.73$，所以该商品的平均价格约为 32.73 元。

【例3-9】表3-9为某企业月末工人奖金分配情况，试计算工人平均奖金数额。

表3-9　　　　　　　　某企业月末工人奖金分配情况

等级	奖金数额（元）	奖金总额（元）
一	200	2000
二	100	2400
三	50	1000
合计	—	5400

根据加权调和平均数计算公式，$H = \dfrac{2000 + 2400 + 1000}{\dfrac{2000}{200} + \dfrac{2400}{100} + \dfrac{1000}{50}} = 100$，所以工人平均奖金数额为100元。

（3）几何平均数。几何平均数，即n个变量值乘积的n次方根。一般来说，几何平均数主要包括两种形式，即简单几何平均数和加权几何平均数。其中，简单几何平均数的计算公式为$G = \sqrt[n]{x_1 \times x_2 \times \cdots \times x_n}$，具体计算如例3-10；加权几何平均数的计算公式为$G = \sqrt[f_1+f_2+\cdots+f_n]{x_1^{f_1} \times x_2^{f_2} \times \cdots \times x_n^{f_n}}$（$f_i$为变量值，$x_i$为重复出现次数），具体计算如例3-11。

【例3-10】某工厂3月份至6月份生产某产品的合格率分别为98%、95%、92%、90%，求这4个月的平均合格率。

根据简单几何平均数的计算公式，$G = \sqrt[4]{98\% \times 95\% \times 92\% \times 90\%} = 93.7\%$，所以，这4个月的平均合格率为93.7%。

【例3-11】表3-10为某公司10年的年利率分配情况，试计算平均年利率。

表 3–10　　　　　　　某公司 10 年的年利率分配情况

时间段	年数（年）	利率（%）	本利率（%）
第 1 年 ~ 第 2 年	2	5	105
第 3 年 ~ 第 5 年	3	8	108
第 6 年 ~ 第 8 年	3	10	110
第 9 年 ~ 第 10 年	2	12	112

根据平均年利率公式（平均年利率 = 平均本利率 − 1）及加权几何平均数计算公式，$G = \sqrt[10]{1.05^2 \times 1.08^3 \times 1.1^3 \times 1.12^2} - 1 = 8.7743\%$，所以，平均年利率为 8.7743%。

第四章　会计学原理

会计学是在人类生产实践和经济发展达到一定程度后，随着经济环境的需要而产生和发展的一门社会科学。本章重点对会计学展开分析，首先对会计学进行概述，其次对会计学中的固定资产与无形资产进行探究，最后对财务会计报告与财务报表进行解读。

第一节　会计学概述

会计的根本目的是为社会经济发展服务，社会环境和经济环境的变化会对会计的理论和规则造成影响。下面从会计学的产生与发展、会计基本假设与会计信息质量要求、会计的职业发展与职业道德三个方面进行重点分析。

一、会计学的产生与发展

（一）会计学的产生

影响会计学发展的因素有很多，经济、政治、法律、社会文化、教育等都包含在内。但在众多因素中，经济是对会计影响最大、最深远的决定性因素。

在原始社会，物质极度匮乏，私有制还未出现，人类不需要对经济活动的进程和成果进行核算，此时的社会环境中并不存在会计。

当人类进入奴隶社会和封建社会时，生产水平得到提高，私有制的出现使得奴隶主庄园和地主庄园成为当时社会中经济的基本组织形式和基本经济单位。奴隶主和地主为了更好地控制与管理自己的财产，开始设立账目，对仓库中的生产资料和各类消费品种类进行记录，在此基础上，会计的雏形——单式簿记开始出现。

在资本主义发展前期，因自然经济形态开始逐渐向商品经济形态演变，商业和金融业迎来发展机遇。公元13世纪，佛罗伦萨银行业发展日益兴盛，银行的银钱往来业务中对每一笔账务的记录都要涉及借款方和贷款方，这为复式簿记的出现奠定了基础，银行信贷业务逐渐从单式簿记向复式簿记转变。1494年，著名数学家卢卡·帕乔利的著作《算数、几何、比及比例概要》和《簿记论》出版，自此，簿记学与会计学诞生并成为一门独立的学科。

(二) 会计学的发展

19世纪末期，英国工业革命的完成推动簿记学开始向近代会计学转变。根据英国的有关公司法，企业为了适应股份公司所有权与经营权分离的管理要求，需要向外部股东提供有关企业的会计报告，并交由专业人士进行审计。在会计方面，企业开始重点对账簿记录的公允性进行监督，会计基本等式、持续经营、折旧、资产估价、收益计量等有关概念和原则被相继提出，这为20世纪初的现代会计发展提供了理论支持。

进入20世纪后，特别是在第二次世界大战后，科技革命带来了新兴工业部门的崛起，各类产品的涌现为市场经济的繁荣提供了动力。发达国家开始出现大规模的兼并运动，并衍生出多角化经营的联合企业。这些外在经济条件的变化，为现代会计学的发展奠定了基础。

从世界会计学科和实务发展的历史角度看，会计的产生与人类的记录、核算、报告生产实践和经济活动的客观需求具有密切联系。同时，随着这种客观需求的变化，会计学的发展日趋完善。

二、会计基本假设与会计信息质量要求

（一）会计基本假设

会计学作为一门系统的社会科学，在发展的过程中已经形成了一套比较完整的会计理论和技术方法。会计假设作为会计理论和方法的起点，是进行会计核算的前提条件，同时也是界定会计核算时间与空间范畴的主要标准。下面对会计基本假设中的会计主体、持续经营、会计分期、货币计量等内容进行分析。

1. 会计主体

会计主体指的是从事特定经济活动的经济实体。经济实体的经济活动是会计核算的业务范围。企事业单位、政府部门、个人都可以成为会计主体。

会计主体假设界定了会计确认、计量、报告的空间范畴，并对会计核算的业务范围进行了规定。该假设还回答了企业应该核算哪些业务，哪些会计信息应该进入企业的财务报告等问题。

按照会计主体假设的要求，一系列的财务会计报告只能反映某一会计主体的经济业务，其余会计主体的经济业务应被隔离在此报告之外。作为对某一会计主体进行核算的会计部门，需要对核算的会计主体在某一期间内发生的全部经济事项进行完整的记录。

例如，赵女士同时经营一家酒店和一家早餐店。从会计的角度来看，酒店是一个独立的会计主体。酒店的财务报告应该仅展现酒店所有的资产和债务。而赵女士经营的早餐店中的资产，以及赵女士名下的房产、汽车等均不能算入酒店的会计报表中。此外，酒店的全部资产和负债，以及所有收入与支出都应详细记录在企业的报表中，不能有遗漏的地方。

2. 持续经营

持续经营是指企业在能够预估的将来，能按照既定的目标经营下去，既不会破产清算，也不会大规模削减业务。持续经营假设能解决会计记录稳定性的问题。多数会计主体都有自己的资产，这些资产的价格并不是固定的，它会随着外界供需情况的变化而改变。例如，李女士开设酒吧的房产是 5 年前买入的，当时的购买价格是 120 万元人民币，并按此价格入账。在时间的推移过程中，酒吧所处地段的房价日益飙升，当前酒吧房产的市价升值到 300 万元人民币。但在会计核算中，我们需要明白一个问题，即在这 5 年中，会计是否需要按照随时改变的房价对该资产的成本进行调整。

在持续经营的假设下，李女士的酒吧在可预估的未来不会进入破产清算或关闭。在此前提下，李女士购入该房产是为了经营酒吧，并非为了赚取差价，该房产的使用价值未改变，而房产市价的变化对酒吧的经营情况也并无较大影响。因此，会计在对酒吧的房产进行计量时，无须按照市价对成本进行重新核算，依旧按照历史成本（即购入价格 120 万元人民币）进行核算，无须调整成本为当前市价 300 万元人民币。

但是，若是李女士的酒吧已经很难经营下去，面临破产或倒闭的风险，持续经营假设就不再成立，所有的资产计价也会发生相应改变。

3. 会计分期

会计分期指的是将会计主体存在的整个年限划分为连续的、较短的、相同长度的会计期间。例如，当前部分上市公司定期发布的财务报告就是会计分期的结果。会计分期假设能够及时解决向会计信息使用者报告企业经营成果的问题。对企业的投资者和债权人来说，当他们将资金投入到企业后，会密切关注企业的经营情况，企业会定期出具报告，向这些主体反映企业在某一期间的财务情况和经营成果。

会计分期假设能够使会计信息使用者定期了解企业的盈亏情况和资产负债变化,这能够有效提升决策的效率,但这也在某种程度上为会计工作增加了难度。会计人员为了能够定期计算出企业的收益情况,需要在每一个会计期末分摊成本,确定收益,进行结账和报表完善。以上述案例中的李女士的酒吧房产为例,假设该房产可使用40年,那么为了计算餐厅上一年的收入与成本,应有3万元(120/40)的房屋折旧计入当期成本核算中,从而进行准确的损益核算。

4. 货币计量

货币计量是指会计主体在对经济业务进行会计处理的过程中,将货币作为基本计量单位,反映财务状况和经营成果。选用货币作为计量单位,是因为货币作为商品交换中的一般等价物,有其他实物单位不可替代的优越性。但是,在实际核算中,为了更好地管理,有些账目中也会辅以其他计量单位,例如,在原材料的支出明细表中,除了单位和总额,也会对实物件数进行记录。

当前,多数国家都存在一定的通货膨胀现象,在正常情况下,即使货币价值出现波动,但为了保持账务记录的效率与账面的稳定性,会计人员也会在假设货币价值是稳定的情况下进行会计核算。

如果通货膨胀的情况更加剧烈,则会计人员就需要按照物价涨幅对资产的账面进行记录,从而保持记录的真实性和有效性。

(二)会计信息的质量要求

会计的主要目的是为会计主体的经营决策提供科学、正确的信息。为了更好地实现这一目标,会计信息要满足相应的质量要求。具体来说,会计信息的质量要求包括以下几个方面。

1. 可靠性

可靠性是会计质量的要求之一,要求企业以实际的交易和各类事项为依据进行会计确认、计量和报告,对各项会计要素及其他信息进行确认,保证会计信息是真实可靠的。具体来说,可靠性包括三层含义。

第一,会计信息是对企业所产生的经济交易和事项的真实反映,不存在重大的错误。

第二,企业要以中立的态度提供会计信息,不能有所偏向。

第三,企业在满足重要性和成本效益原则的前提下,需要尽量保证会计信息的完整性,不能随意遗漏或略过应披露的信息。

2. 相关性

相关性要求企业所提供的会计信息与投资者、债权人等财务报告使用者的经济决策需要相关,能够使信息使用者对企业的过去、现在、未来情况进行客观评价。需要明确的是,决策者需要的并非是财务报告这种外在形式,而是从中可获得的在经济决策中可用的会计信息。

3. 可理解性

企业提供的会计信息应该清晰明确,能够使财务会计报告使用者正确理解和使用。如果信息使用者无法正确理解会计信息的含义,则无法进行正确的企业决策。但是,财务会计报告作为一种具有极强专业性的信息载体形式,它的简化和通俗化不是一步到位的,难以保证所有的投资者都能正确理解。因此,在此所强调的"可理解性"也仅是针对那些有一定知识背景且愿意花费时间和精力进行阅读和思考的信息使用者。

4. 可比性

企业提供的会计信息要具有可比性。为了保证会计信息能够帮助企业决策者进行正确决策,不同企业之间、一个企业的不同时期的会计信息都需要有一定的可比性。

从横向角度来看,不同企业之间的会计信息要具有可比性。投资者和债权人在投资决策时会面临多种选择,但最终的目的都是为了获得更高的经济回报。因此,投资者需要通过各种渠道,获得不同行业、企业之间的有关信息，比较后再决定自己的资金流向。

从纵向角度来看，一个企业不同时期的会计信息也应具有可比性。投资者和债权人在决定资金投向时，不仅可在同行业之间进行比较，也可对企业不同时期的业绩进行比较，从而判断企业的未来发展趋势。

5. 重要性

一个企业内部可能存在庞杂的资产负债结构，同时每天还会进行大量的交易，企业中的会计部门虽然需要对这些财务数据进行记录，但是其不可能将每一笔数据都上报给财务报告使用者。因此，会计负责人要总结、归纳出对企业资产、负债、收益可能产生较大影响，重要性程度较高，会进一步影响财务报告使用者做出合理判断的会计事项，并按照有关规定在财务报告中准确表述。对于一些次要的、重要性程度不高的会计事项，可简化处理，从而有效节约会计核算成本。

6. 及时性

企业对于已经产生的交易或发生的事项，要及时上传给会计部门进行确认、计量和报告，这个时间不能提前或过度延后。

出具财务会计报告的目的是帮助信息使用者更好地制定经济决策，只有具有及时性和实效性的信息才有被参考的价值。按照我国资本市场监管法规的要求，上市公司需要在规定的时间段内向公众发布本公司的年报、半年报和季报，不得提前或延后，这个要求也直接体现了及时性要求在决策中的重要作用。

三、会计的职业发展与职业道德

会计是一项对专业性要求较高的工作。任何企业、单位都需要会计人员对内部从事的各类经济活动进行记录与报告。随着市场经济规模的不断扩大，会计人员在经济组织中的作用和地位日益凸显，下面对会计职业发展和职业道德方面的内容进行重点研究。

（一）会计职业发展

会计职业发展主要包括以下四种。

1. 企业会计

企业会计是会计职业发展的主要方向。在企业中，负责财务会计工作的主管称为财务总监，其职责包括以下四点。

第一，建立健全企业财务管理体制，拟定本公司或单位的财务管理制度。

第二，构建会计核算体系，定期向企业管理层提供会计数据和报表，同时利用会计数据对本企业或单位的经营活动进行分析。

第三，参与企业或单位的经营决策与重大投资项目研究。

第四，制订预算、财务收支计划，规划资金筹措方案。

在财务总监下分设财务经理与会计主管两个职位，他们的主要工作内容如图 4-1 所示。

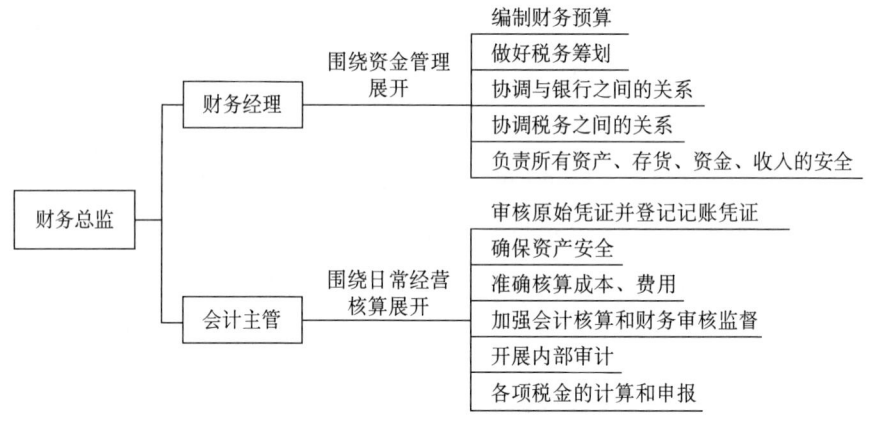

图 4-1　财务经理与会计主管的工作内容

2. 注册会计师

当前，多数企业的所有权和经营权处于相分离状态，企业内部存在信息不对称的问题。企业的管理层主要负责编制和披露会计信息，为了能够最大限度地为企业所披露的信息质量提供保障，注册会计师应运而生。

注册会计师作为独立于企业和其他利益群体的第三方，具备相应的会计专业能力和从业资质。根据国家有关规定，上市公司发布的定期报告需要由注册会计师进行审计，同时将审计报告与会计报告一同发布出来。与此同时，注册会计师还可以对企业的资本进行验证，并出具相应的验资报告。除此之外，注册会计师还可以办理企业的合并、分离、清算等事务中的审计业务。根据我国《注册会计师法》的有关要求，申请成为注册会计师需要满足以下几点要求，如图4-2所示。

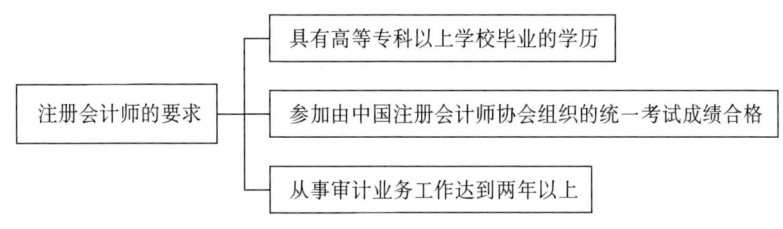

图4-2 注册会计师的要求

3. 非营利组织会计

企业是以营利为目的的经营性组织，为企业服务的会计被称为营利性组织会计。与企业不同，不是以获得利润为目的的组织称为非营利组织，为这种组织服务的会计被称为非营利组织会计。

因资源筹措和使用的法律限制不同，非营利组织可分为两类，即使用公共经济资源的政府和使用非公共经济资源的民间非营利组织。相应的，非营利组织中的会计也分为政府会计和民间非营利组织会计。

按照会计主体的预算收支管理范围，政府会计分为政府财政会计和政府单位会计。其中，政府财政会计主要是对政府财政预算资金的执行情况进行监督，同时密切关注政府财政资金财务运行情况；政府单位会计则是反映和监督政府单位预算资金执行情况、单位资金财务运行及财务状况的会计。

4. 会计专业教师

随着我国现代企业制度的不断完善，资本市场在经济中的作用日益凸显，社会对高水平会计人才的需求也逐渐加大。当前，多数高校都开设了会计专业，高校对会计专业教师人才的需求也随之提高。

会计专业教师的工作主要包括两个方面，一个是教学，另一个是科研。教学是对会计专业学生进行有关会计专业的知识讲解；科研是对会计实务工作进行研究，对会计理论进行探讨。此外，具有高级会计专业技术职称的会计教育从业者还可担任上市公司的独立董事。

（二）会计职业道德

1. 会计人员的职业道德

按照《会计基础工作规范》，会计人员的职业道德包括以下六个方面。

第一，爱岗敬业。会计人员应热爱本职工作，刻苦钻研业务，努力使自己的知识与技能水平能够满足工作的要求。

第二，熟悉法规。会计人员要了解并熟悉国家颁布的法律法规和国家统一的会计制度，并在实际工作中积极宣传。

第三，依法办事。会计人员在工作过程中，要严格按照有关的法律规定和制度要求，保证自己从事的业务和提供的会计信息是合法、准确、真实、完整的。

第四，客观公正。会计人员在办理会计事务的过程中要做到客观公正、实事求是。

第五，做好服务。会计人员要熟悉本单位的生产经营和业务管理情况，学会用会计方法为提升单位内部管理效率服务。

第六，严守秘密。会计人员要严守单位的商业秘密，不能私自向外界提供或泄露有关本单位的任何一项会计信息。

2. 注册会计师的职业道德

为了更好地避免注册会计师在实际工作中出现违反职业道德的情

况，我国注册会计师协会在 2002 年 6 月 25 日发布了《中国注册会计师职业道德规范指导意见》(简称《意见》)。

该《意见》包括两方面，一是基本原则，二是具体要求，它们的具体内容如图 4-3 所示。

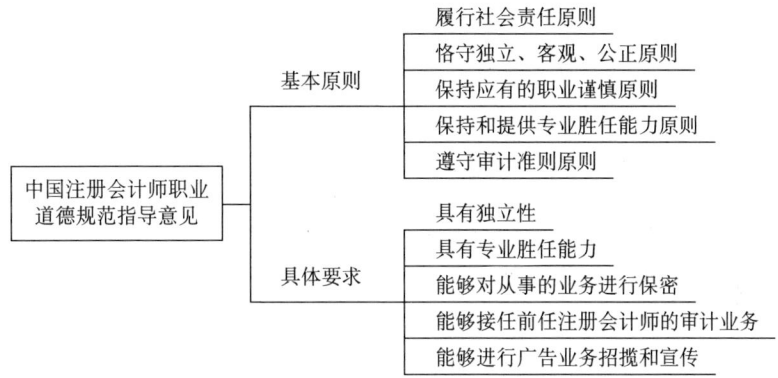

图 4-3 《中国注册会计师职业道德规范指导意见》中的基本原则和具体要求

3. 会计诚信

在资本市场中，各类资源、信息要素鱼龙混杂，企业在市场中的竞争压力越来越大。作为企业中掌管财务资源的会计，其重要性不言而喻。会计在做好本职工作的过程中最重要的就是坚守诚信。

会计诚信不仅是会计人员个人的诚信，同时也代表了一个企业的诚信。会计诚信的具体表现是企业在向外界提供财务信息时，要保证这些信息的真实性、完整性、准确性。

第二节 固定资产与无形资产

固定资产与无形资产作为会计学中重要的计算要素，对这两个要素进行分析，能够为会计学学习者提供更细致的理论指导。下面主要对固定资产和无形资产的定义、特点、分类、确认条件及处置方式等内容进行分析。

一、固定资产

（一）固定资产的定义

固定资产作为一种有形资产，需要满足以下两个条件。

第一，为生产商品、提供劳务、出租或经营管理而持有。

第二，使用寿命能够超过一个会计年度①。

通过这两个条件，我们可以将固定资产定义为，资产拥有者在生产经营活动中持有的、使用期限较长、单位价值较高，同时在使用过程中保持原有实物形态的资产，如房屋、机器设备、运输设备等。

（二）固定资产的特点

通过对固定资产定义的分析，我们可以将固定资产的特点归纳为以下三个方面。

1. 持有目的是生产商品、提供劳动、出租或经营管理

资产持有者持有固定资产的目的是生产商品、提供劳动、出租或经营管理，这一特点是固定资产区别于其他资产的主要标志。固定资产属于一种企业物质资料生产过程中用来改变或影响劳动对象的劳动资料。从本质上说，固定资产是企业的劳动工具或手段，并非是能够出售的商品。

2. 使用寿命超过一个会计年度

企业对一项固定资产预计使用的时间要保证在一个会计年度以上，且不能改变形态，这个特点是固定资产区别于流动资产的主要标志。固定资产的使用寿命指的是企业使用固定资产的预计期间或该固定资产所

---

① 会计年度指的是以年度为单位进行会计核算的时间区间。

能生产产品或提供劳务的数量。对于部分机器设备或运输设备等固定资产，它们的使用寿命则体现为该固定资产所能生产产品或提供劳务的数量。

3. 存在形态为有形资产

存在形态为有形资产是固定资产区别于无形资产的重要标志。需要注意的是，有些无形资产可能也符合固定资产的其他特点，例如企业拥有的专利权也是为生产商品、提供劳务而持有的，使用寿命也超过一个会计年度，但是因为专利权不具备实物形态，因此其不属于固定资产的范围。

（三）固定资产的分类

按照不同的分类标准，固定资产可分为不同的类型。在实际工作中，为了提升企业办事效率，企业要选择合适的分类标准，对固定资产进行分类。具体来说，固定资产可分为以下几种。

1. 按照经济用途分类

按照经济用途分类，固定资产包括生产用固定资产和非生产用固定资产。

生产用固定资产指的是直接服务于企业生产经营过程的固定资产，如厂房、厂房内的机械设备等；非生产用固定资产指的是不直接服务于生产经营过程的固定资产，如企业内部人员使用的汽车、空调等。

2. 按照使用情况分类

按照使用情况，固定资产可分为使用中的固定资产、未使用的固定资产、不需用的固定资产三种。

使用中的固定资产指的是正在使用的经营性和非经营性固定资产，需要注意的是，因季节性经营或保养等原因，暂停使用的固定资产也属于企业使用中的固定资产，企业出租给其他单位使用的固定资产同样也属于使用中的固定资产；未使用的固定资产指的是已经完工或已经购买但仍未交付使用的固定资产，以及因改建、扩建等原因停止使用的固定资产；不需用的固定资产则单指企业多余或不适用，需要被处理的固定资产。

3. 按照所有权分类

按照所有权进行分类，固定资产可分为自有固定资产和租入固定资产两类。

自有固定资产指的是企业本身拥有的可供企业进行自由支配的固定资产；租入固定资产指的是企业按照租赁方式从其他人手中租入的固定资产。

（四）固定资产的确认条件

评估一项资产是否属于固定资产，除了要确认该资产符合固定资产的定义与特点，同时要保证该资产满足以下两点确认条件。

1. 与该固定资产有关的经济利益是否流向企业

企业拥有的各项资产能够为企业带来各类经济利益，若一个项目从预期来看不能为企业带来经济利益，其就不能被当作是企业的资产。固定资产作为企业资产中最重要的一项资产，一定是能够为企业带来经济利益的。但是，在确认一类资产是否属于固定资产的过程中，最重要的是判断该资产所包含的经济利益是否会流向企业。如果某一类资产中包含的经济利益可能不是流向企业的（可能性小于50%），那么即使该资产满足固定资产其他确认条件，企业也不能将其确定为固定资产。

在确定固定资产的过程中，企业还要着重注意那些在间接层面上为企业带来经济利益的资产。例如，企业购买的各类安全设备与环境保护设备。这些设备虽然不能直接为企业贡献经济利益，但是企业在使用这些设备的过程中，能够协助其他资产为企业创造经济利益，从这个角度来看，这些资产在无形中为企业的经济利益增长做出了贡献。因此，在这些资产的购置成本能够计量的情况下，这些资产也应被纳入企业的固定资产范围中。

2. 该固定资产的成本能够被计量

成本能够被可靠地计量，是资产确认中的一项必要条件。固定资产作为企业资产的主要组成部分，企业要对其进行确认，就要出具为该固定资产花费的能够被确切计量的支出证明。

企业在进行固定资产成本确认时，会按照自己掌握的最新资料，对固定资产成本进行合理预估。当前，这种能够按照最新资料对成本进行合理的预估也被当作是固定资产中成本能够被可靠计量的一种方式。

（五）固定资产的处置

固定资产的处置主要包括固定资产的出售、转让、报废、损毁等业务。当企业在对某类固定资产进行处置时，会计业务方面也要对该项固定资产进行终止确认。

1. 固定资产终止确认的条件

固定资产处置主要涉及固定资产的出售、转让、报废、损毁、对外投资、非货币性资产交换、债务重组等。当固定资产满足下列条件之一的，企业需要对固定资产进行终止确认。

（1）该固定资产处于处置状态。从固定资产用途的角度来说，当处于处置状态的固定资产已经不能再进行生产产品、提供劳务、出租或经营管理时，企业应当予以终止确认。

（2）该固定资产预期通过使用或处置不能产生经济利益。从企业持有固定资产的目的和固定资产本质的角度来看，当固定资产本身不能产生经济利益时，就不再符合固定资产的定义和确认条件，此时企业也要予以终止确认。

2. 固定资产处置的账务处理

固定资产处置的账务处理主要涉及结转账面价值、发生清理费用、收取残料价值和变价收入、结算应收保险公司或过失人赔款、结转清理净损益等环节。

当企业出售、转让、报废固定资产或是固定资产出现损毁情况时，企业应当将处置收入扣除账面价值和相关税费后的金额算在当期损益中。

对固定资产的处置一般是通过"固定资产清理"科目进行核算的。当企业需要对固定资产进行处置时，要先将固定资产账面价值转入"固定资产清理"科目。

3. 固定资产盘亏的处理

为了确保固定资产核算的完整性与真实性，企业需要定时对固定资产进行清查盘点。对于在清查过程中发现的固定资产盘亏等情况，企业清查人员要及时查明原因，并在年度结账前处理完毕。

对因固定资产盘亏造成的损失，企业要将其算入当期损益中，具体处理方式如图4-4所示。

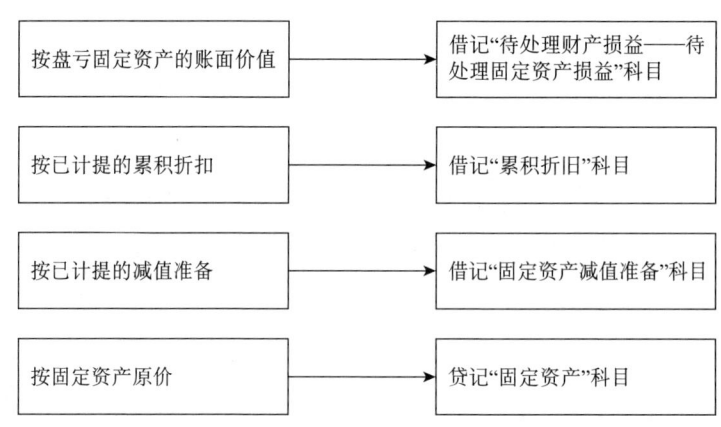

图4-4 固定资产盘亏造成损失的处理方式

二、无形资产

(一) 无形资产的定义

无形资产指的是企业拥有或者控制的没有实物形态，但可辨认的非货币性资产。具体来说,无形资产有广义和狭义之分。

广义层面的无形资产指的是货币资金、金融资产、长期股权投资、专利权、商标权等,这些资产没有物质实体,仅通过某种法定的权利或技术得到展现。狭义层面对无形资产的定义是目前会计学中所普遍认同的概念,即无形资产仅包括专利权、商标权等。

(二) 无形资产的特点

无形资产的特点主要表现为以下四个方面。

1. 不具有实物形态

无形资产不具有实物形态,这是无形资产与固定资产、存货等具有实物形态资产的主要区别。一般来说,无形资产表现为某种权利、技术或某种能够赢得超额利润的能力。

2. 具有可辨认性

可辨认性指的是无形资产能够被单独辨认,并与其他资产具有明显区别的特点。一项资产若被当作无形资产进行核算,必定是能够从企业中分离或划分出去的,且能够单独用于出售或转让。需要注意的是,商誉不属于无形资产,这是因为商誉与企业的整体价值具有密切关系,它的存在是不能与企业自身相区别的,其不具备可辨认性。

3. 具有非货币性

无形资产的非货币性是其与银行存款、应收账款等货币性资产的主要区别。若仅按照不具有实物形态和可辨认性对无形资产进行划分,则银行存款、应收账款等资产也可属于无形资产,因此无形资产还要具备一个显著的特点,即具有非货币性。

4. 具有不确定性

无形资产作为企业拥有的经济资源类型之一,其能够为企业的发展带来经济利益。但是,无形资产为企业带来的经济利益具有很大的不确定性,这也是无形资产所具有的主要特点之一。当前,市场竞争日益激烈，企业很难对专利权、商标权的经济寿命进行预估，这也导致无形资产创造经济效益的风险程度悄然上升。因此，企业在对无形资产进行核算时，要以谨慎的态度进行核算清点，同时也要对无形资产进行全面的风险管理。

（三）无形资产的分类

根据不同的分类标准，无形资产可分为不同的类型，具体如下所述。

1. 按照经济内容分类

按照经济内容，无形资产可分为专利权、非专利技术、商标权、著作权、特许权、土地使用权等，下面对专利权、商标权、著作权进行简要分析。

（1）专利权。专利权指的是国家专利主管机关按照国家法律规定，向发明创造专利申请人授予的在法定期限内所享有的专有权利。

（2）商标权。商标权指的是企业能够在专门的商品或产品上使用特定名称或图案的权利。经过商标局批准注册的商标被称为注册商标，商标注册人享有商标专用权，且该权利受到法律保护。

（3）著作权。著作权也称为版权，指的是作者对自己创作的文学、科学和艺术作品依法享有的某种权利，著作权属于作者，并受到法律的保护。

2. 按照取得方式分类

按照取得方式，无形资产可分为企业自创的无形资产和外购的无形资产两类。

企业自创的无形资产指的是由企业自己研发或因其他客观原因形成的无形资产，例如自创专利与非专利技术等；外购的无形资产指的是企业通过一定的方式从其他渠道购入的资产，例如外购专利权、外购商标权等。

从会计的角度来说，企业自创的无形资产在核算上与外购的无形资产具有较大区别，企业自创的无形资产具有更高的不确定性，工作人员在处理上也更加谨慎。

3. 按照经济寿命期限分类

按照经济寿命期限，无形资产可分为使用寿命有限的无形资产和使用寿命不确定的无形资产两类。

使用寿命有限的无形资产指的是在国家法律法规中规定了最长有效期限或利用其他方式能够合理预计资产有效期限的无形资产，例如专利权、商标权等，这些无形资产受到法律的保护；使用寿命不确定的无形资产指的是没有法律法规规定最长有效期限或利用其他方式不能够合理预计资产有效期限的无形资产，例如非专利技术，这些无形资产没有明确的法规规定有效的使用期限，同时也难以通过其他方式合理地预估其使用寿命。

（四）无形资产的确认条件

在确定一个项目是否属于无形资产时，除了要核对该项目是否符合无形资产的定义，还要对该项目是否同时满足下列两个条件进行判断。

1. 与该无形资产有关的经济利益有极大可能会流向企业

能够为企业带来经济利益是无形资产的基本属性之一，但是与其他类型的资产相比，无形资产为企业带来的经济利益具有更高的风险性和不确定性。若要将某个项目作为无形资产进行确认，则该项目就必须满足其产生的经济利益有极大可能会流向企业的要求。

一般情况下，无形资产是间接为企业带来经济利益的，它创造经济利益的方式没有其他资产直接，因此在确定无形资产所创造的经济利益是否有极大可能流向企业时，需要会计人员的严密审查。会计人员需要将与无形资产创造经济利益有关的各个因素进行综合考虑，从而给出某一项目是否属于无形资产的判断。

2.该无形资产的成本能够被可靠计量

成本能够被可靠计量是无形资产确认的一个重要前提条件。在现实中，有很多符合无形资产定义，且具有无形资产特点的项目，仅因成本不能被可靠计量，从而不能被作为企业的无形资产参与核算。

（五）无形资产的处置

无形资产的处置，主要指无形资产的出售、对外出租，或是当无形资产不能再为企业带来经济利益时，企业应该予以转销并终止确认。

1.无形资产出售

企业出售无形资产时，需要将应当获得的价款与该无形资产账面价值的差额算入当期损益中。具体情况如图4-5所示。

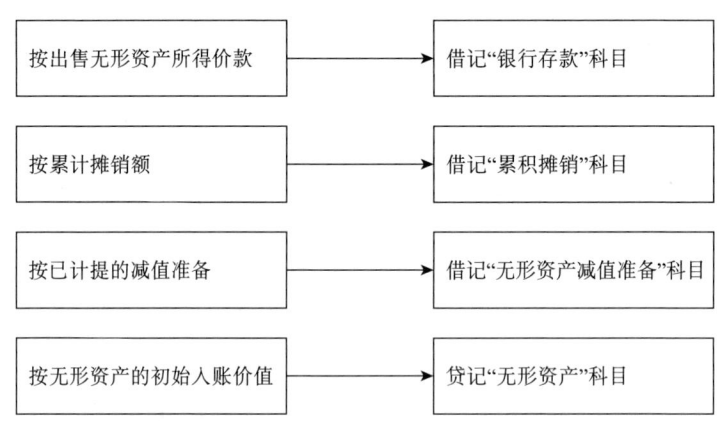

图4-5 无形资产出售的借记与贷记情况

2.无形资产出租

企业在出租自己的无形资产时，实质上是企业让渡无形资产的使用权，一般需要作为其他业务处理。无形资产出租的借记与贷记情况如图4-6所示。

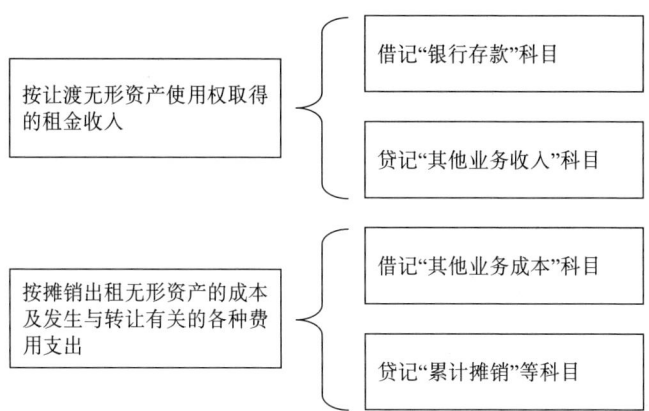

图 4-6　无形资产出租的借记与贷记情况

3. 无形资产报废

无形资产报废，指的是企业在对无形资产进行预期评估后，发现无形资产无法再为企业带来经济效益时的处理方式。企业在报废无形资产时，需要按无形资产所具有的账面价值予以转销。无形资产报废的借记与贷记情况如图 4-7 所示。

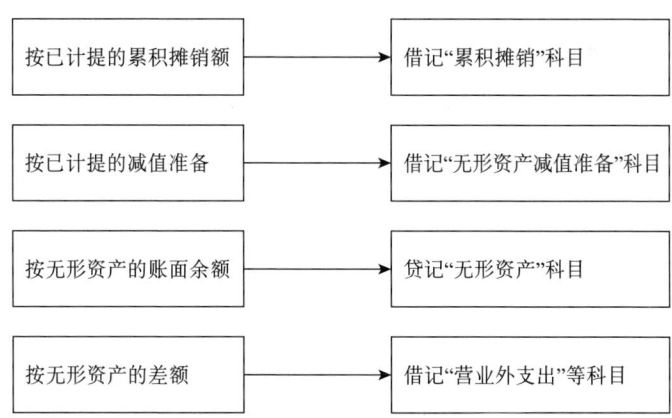

图 4-7　无形资产报废的借记与贷记情况

第三节 财务会计报告与财务报表分析

一、财务会计报告

市场中的企业需要根据国家发布的会计制度的规定，定期编制本企业的财务会计报告。财务会计报告指的是企业对外提供的，能够反映企业某一特定时间段的财务状况和某一会计期间的经营成果、现金流量的文件。一般来说，财务会计报告分为年度财务会计报告、半年度财务会计报告、季度财务会计报告、月度财务会计报告。

（一）财务会计报告概述

1. 财务会计报告的组成

一般情况下，年度财务会计报告和半年度财务会计报告包括会计报表、会计报表附注、财务情况说明书。其中，会计报表包括资产负债表、利润表、现金流量表、所有者权益变动表。在会计学中，会计报表和会计报表附注统一称为财务报表。财务报表主要包括资产负债表、利润表、现金流量表、所有者权益变动表、附注。

季度财务会计报告和月度财务会计报告则仅指会计报表，主要包括资产负债表和利润表。

2. 财务会计报告的基本要求

企业在编制财务会计报告时，需要遵循以下几项要求。

第一，企业要以持续经营为基础，按照实际产生的交易和有关事项进行财务会计报告的编制。

第二，在编制财务会计报告的过程中，企业的管理层需要根据当前能够获得的信息，对企业的持续经营能力进行评估。在评估中，着重考虑宏观政策风险、市场经营风险、企业当前或未来的盈利能力、企业管理层改变经营政策的意向等因素。

第三，除了现金流量表需要按照收付实现制原则进行编制外，财务会计报告中的其他项目都要按照权责发生制原则进行编制。

第四，对于性质或功能不同的项目，要在财务报表中进行单独列报，重要性程度不高的项目可以不用列出。

(二) 财务会计报告中会计报表的组成要素

1. 资产负债表

资产负债表也称为财务状况表，指的是能够反映企业在某一特定时间范围内的财务情况的会计报表。当前，我国工商企业中通用的资产负债表格式为资产列于左侧，负债和所有者权益列于右侧的上端和下端。资产区划分为流动资产区和非流动资产区，负债区划分为流动负债区和非流动负债区两类。下面对流动资产、非流动资产、流动负债、非流动负债进行分析。

(1) 流动资产。一项资产，需要满足以下四项条件才能被称为流动资产。

第一，能够在一个正常营业周期中变现、出售或耗用。

第二，主要为交易目的而持有。

第三，能够在资产负债表日起一年内变现。

第四，自资产负债表日起一年之内，与其他资产交换或清偿负债的能力不受限制的现金或与现价等价的物品。

需要注意的是，对于因生产周期较长而导致正常营业周期大于一年的情况，即使与此相关的资产进行变现、出售、耗用的时间超过了一年，仍可被划分为流动资产。

(2) 非流动资产。非流动资产是与流动资产相对的概念，不属于流动资产的资产，都可被划分为非流动资产，且可以按照具体类型进行分类。但需要明确的是，被划分为持有待售资产的非流动资产，应被归类到流动资产中。

（3）流动负债。一项负债被划分为流动负债，需要满足以下四个条件。

第一，能够在一个正常营业周期内清偿。

第二，主要为交易目的而持有。

第三，自资产负债表日起一年内到期需要予以清偿。

第四，企业无权自主地将清偿推迟到资产负债表日后一年以上。

企业在对负债进行流动性分类时，需要采取和资产一样的正常营业周期。企业在正常营业周期内的经营性负债项目，即便在资产负债表日后超过一年才能完成清偿，仍可被划分为流动负债。一般来说，经营性负债项目包括应付票据、应付账款、应付职工薪酬等，这些内容都属于企业在正常营业周期内可使用的营运资金中的构成部分。

（4）非流动负债。非流动负债指的是流动负债以外的负债。需要注意的是，被划分为持有待售负债的非流动负债属于流动负债的范围。

对于在资产负债表日起一年内就已经到期的负债，企业明确表示同时也能自主将清偿义务展期至资产负债表日后一年以上的这类负债也会被划分为非流动负债；对于没有明确表示或不能自主将清偿义务展期的负债，即使企业在资产负债表日后、财务报告批准报出日前签订了重新要求安排清偿计划协议，则该负债仍会被划分为流动负债。

2. 利润表

利润表也称为损益表，指的是能够展现企业在一定会计期间经营成果的会计报表。利润表中的内容主要有营业收入、营业利润、利润总额、净利润、其他综合收益的税后净额、综合收益总额、每股收益。

按照格式，利润表可分为两类，一类是多步式利润表，指的是明确列出营业利润、利润总额、净利润的利润表；一类是单步式利润表，指的是用全部收入减去全部支出和费用，一步算出净利润数字的利润表格式。

3. 现金流量表

现金流量表指的是能够展示企业在一定会计期间内的现金和与现金等价的物品的流入和流出情况的报表。现金流量指的是现金和现金等价物的流入和流出的数量。现金流量表包括的要素有经营活动产生的现金流量、投资活动产生的现金流量、筹资活动产生的现金流量、汇率变动对现金及现金等价物的影响、现金及现金等价物增加额、期末现金及现金等价物余额。

4. 所有者权益变动表

所有者权益变动表指的是能够展示所有者权益各个组成部分的当期增减变动情况的报表。所有者权益变动表的主要内容包括上年年末余额、本年年初余额、本年增减变动金额、本年年末余额。

二、财务报表分析

（一）进行财务报表分析的目的

财务报表中的数据是对企业的财务状况和经营成果的直接反映。根据财务报表中的数据进行分析，能够充分了解企业的过往经历与当前的发展状况。

从企业经营的角度来说，财务报表能够帮助企业管理层深入分析企业的管理状况，还能够为其他利益相关者了解企业的经营管理水平提供标准。具体来说，不同主体对财务报表的分析具有不同的目的：①债权人可以利用财务报表进行信用决策；②投资者可以利用财务报表预测未来投资情况，并进行及时修正；③供应商可利用财务报表来确定对企业的赊销决策。

从国民经济管理的角度来说，财税部门、统计部门、工商部门可以通过对一个企业财务报表的分析，了解企业及企业所属行业及产业的发展情况，掌握产业发展走势，从而制定出有利于国民经济发展的行业政策。

需要指出的是，企业不存在必须向社会公布财务报表的义务。在实际经营管理中，向企业提出查看企业财务报表的利益相关者需要具备有关的法律资格。

（二）财务报表分析的方法

1. 比较法

比较法是通过数据之间的对比来获得事物发展差异与规律的方法。下面从比较对象和比较内容两个方面对财务报表分析中的比较法进行阐述。

（1）比较对象。在比较对象方面，可以按照以下方式进行财务报表分析。

第一，纵向比较。将企业发展过程中不同时期的指标进行比较，从而分析有关指标的发展趋势。

第二，横向比较。将企业与同类的其他公司相对比，将企业的各项指标与企业所属行业的平均指标相对比。

第三，预算差异比较。将实际执行结果与企业的计划指标结果进行比较。

（2）比较内容。在比较内容方面，可以按照以下方式进行财务报表分析。

第一，总金额的比较。企业可对企业总资产、净资产、净利润等总量指标的时间序列进行分析，还可以按照变化趋势对企业的增长潜力进行分析。

第二，结构百分比的比较。企业可对资产负债表、利润表中的各个项目占比进行分析，这能够帮助企业管理者及时发现存在问题的项目，并进行更深一步的分析。

第三，财务比率的比较。财务比率是一个相对数，该数值不包含对企业规模的计算，因此可用在不同企业发展情况的比较上。

2. 因素分析法

因素分析法指的是按照财务指标与其决定因素之间的因果关系，确定各个因素的变化对该指标影响程度的一种分析法。具体来说，因素分析法包括四种方法：①差额分析法；②指标分解法；③连环替代法；④定基替代法。

第五章　经济法原理

经济法原理在经济管理活动中具有重要的作用，其能够为经济管理活动的有效展开、经济社会的发展等提供理论方面的支持。本章主要从经济法的产生及发展、经济法的地位与体系、经济法主体、经济法的制定与实施四个层面对经济法原理进行阐述。

第一节　经济法的产生及发展

经济法的产生是需要具备相应条件的，换言之，它是社会和经济发展到一定程度的产物。经济法在产生后又随着社会经济的发展而不断完善，并反过来推动社会经济的发展。本节主要阐述了经济法产生的基础条件、经济法形成的一般原因以及经济法产生及发展阶段。

一、经济法产生的基础条件

法的形成与发展和一个国家政治、经济等因素的发展紧密相关，一方面它是基于调整经济关系的需要而形成的；另一方面，它作为上层建筑的重要组成部分，必然会受到国家政治等因素的影响。经济法的产生与发展也是如此，它既是市场经济发展到一定阶段的产物，也是国家机器职能发展的必然结果。

具体来说，经济法产生的基础条件主要包括以下几方面的内容：

其一，社会市场经济高速发展，且已经达到社会化大生产的发展阶段；

其二，基于社会经济的整体发展水平，国家自觉或被动地履行组织、调节经济等相关职能；

其三，国家履行组织、调节经济等相关职能是建立在法治的基础上，且形成了相对完整的经济法学说。

这三方面的条件并不是孤立的，而是紧密联系在一起的，如果说这些条件都没有出现（或缺少任何一个），经济法都不可能产生。

二、经济法形成的一般原因

（一）生产力与生产关系的矛盾

从本质上讲，生产力与生产关系的矛盾运动是经济法产生的根本原因。

就资本主义社会而言，生产力的不断发展，使得资本主义经济对社会化的要求越来越高，私有制、垄断经济的出现对资本主义经济、社会生产力的发展产生了巨大的阻碍作用，为了有效缓解这一问题带来的不利影响，资本主义经济法由此产生。

就社会主义国家而言，处于摸索阶段的社会主义实践活动以高度集中的计划经济体制为指导，这与当时的生产力发展水平是不相适应的，不仅阻碍了生产力的发展，而且给上层建筑的某些部分带来了不利影响。随着社会主义实践的深入发展和社会主义制度的不断完善，以公有财产决策和利用社会化、法治化、民主化为标志的社会主义改革推动了社会主义经济法的形成。

（二）"无形之手"与"有形之手"的协同并用

"无形之手"即市场调节之手，"有形之手"即国家调节之手，两者的协同并用是经济法形成的一个重要原因。实践已经证明，不管是资本主义社会，还是社会主义社会，如果仅靠"一只手"来管理经济是无法形成经济法的。

比如，在自由资本主义时期，资本主义国家采取不干预的政策，即主要依靠"无形之手"来调节社会经济，当时民法在社会经济活动中居于主导地位，经济法没有产生的条件。进入垄断资本主义时期后，资本主义国家在坚持用"无形之手"对经济进行基础性调节的同时，又通过"有形之手"来限制垄断，维持社会经济秩序，资本主义经济法由此产生。

（三）纵向经济关系与横向经济关系的平衡结合

从经济关系的层面来讲，纵向经济关系与横向经济关系的平衡结合也是经济法产生的一个重要原因，其原理与"无形之手"与"有形之手"的协同并用基本一致。这是因为"无形之手"是横向经济关系的重要组成部分，而"有形之手"则多贯穿在纵向经济关系中。

比如，我国在20世纪50年代实行计划经济体制，"国家之手"运作的纵向经济关系极其发达，横向经济关系几乎处于"隐身"的状态，在这样的大环境中，经济法是很难形成的。到了20世纪70年代末80年代初，我国在经济体制上进行了大刀阔斧的改革，一方面大力发展商品经济，充分发挥"无形之手"对经济的基础性调节作用，使横向经济关系得以完善；另一方面对纵向经济关系进行调整，从而使横向经济关系与纵向经济关系协调发展。这一改革在很大程度上推动了经济法的产生。

（四）经济集中与经济民主的对立统一

经济集中与经济民主的对立统一在经济法的产生中也扮演着重要的角色，其不仅存在于经济基础的内部，而且反映在上层建筑体系中。这对矛盾常见的形式有国家参与经济管理与市场自行调节的矛盾、生产社会化的集中要求与各利益主体的分散要求的矛盾等。但正是经济集中与经济民主的对立统一,为社会经济的发展提供了巨大的动力,也为经济法的产生创造了条件。

三、经济法产生及发展阶段

(一) 经济法的产生

经济法最早产生于德国。19 世纪 70 年代,作为新兴资本主义国家,德国在经济社会发展的过程中出现了生产与资本快速集中的现象,这为经济法的形成奠定了一定的基础。1873 年爆发的世界经济危机,为"卡特尔"[①] 的快速发展创造了条件,垄断组织控制部分经济部门的现象开始出现。1910 年,德国政府出台《钾矿业法》,扶持"卡特尔",以限制垄断经济对自由资本主义秩序的干扰,《钾矿业法》因此被认为是最初的经济法。

围绕着垄断引起的社会经济和思潮的变迁,除德国外,当时一些发达国家也开始重视对资本主义经济发展的规制,开始出台一些法律或综合运用法律手段来维持资本主义经济秩序,比如《洲际商务法》《综合贸易与竞争法》等,这些都是经济法产生的标志。

(二) 经济法发展的阶段

经济法的发展主要包括三个阶段,即战时经济法阶段、危机对策经济法阶段以及自觉维护经济发展的经济法阶段,具体分析如下。

1. 战时经济法阶段

战时经济法阶段是经济法发展的初级阶段。这一阶段经济法的特点主要体现为表面上符合社会经济发展的相关要求,实质上与社会经济发展要求格格不入,对资本主义经济发展的促进作用极为有限。

---

① 由一系列生产类似产品的独立企业所构成的组织,目的是控制该类产品的产量,提高市场价格。

2. 危机对策经济法阶段

危机对策经济法阶段的经济法多是迫于经济危机或社会矛盾激化而制定的，虽然具有一定的针对性，但由于是被动地应付经济危机或缓解社会矛盾，具有一定的盲目性。这一阶段最具代表性的经济法即为美国基于凯恩斯主义制定的一系列经济法。这些经济法具有相当的"急功近利"性，虽然对当时的经济发展产生了一定的助益，但在很大程度上也损伤了经济活力。

3. 自觉维护经济发展的经济法阶段

第二次世界大战结束以后，经济法进入自觉维护经济发展的经济法阶段，比较成熟的经济法在一些发达国家逐渐形成。这一阶段经济法的特点主要体现在以下两方面：其一，以解决社会经济矛盾为宗旨；其二，以国家干预和市场自由调整的方式发展经济。

第二节　经济法的地位与体系

经济法的地位是指经济法在整个法律体系所处的位置，而经济法体系则主要指经济法的构成。了解经济法的地位与体系，对制定与实施相关的经济法、推动经济的发展等都具有重要的作用。本节主要阐述了经济法地位的含义、经济法是一个独立的部门法、经济法与相关法的关系，以及经济法体系。

一、经济法的地位

（一）经济法地位的含义

简单来讲，经济法的地位主要包括两方面的含义：其一，在整个法律体系中，经济法是否是一个独立的部门法；其二，相较于其他的独立法，经济法处于何种地位，或者说其重要性如何。我们认为经济法是用于调整特定经济关系的基本法，是与其他独立法处于同等重要地位的独立法，是我国法律体系的重要构成部分。

（二）经济法是一个独立的部门法

经济法是一个独立的部门法，主要包括两方面内容：一方面，经济法具有独立的调整对象；另一方面，经济法具有与其他法的部门不同的特征。

1. 经济法具有独立的调整对象

具有独立的调整对象，是划分法的部门的一个重要标准。换言之，要想成为一个独立的法的部门，就必须具有独立的调整对象。经济法具有自身独立的调整对象，主要包括宏观调控关系、社会公用关系、市场管理与规制关系等，所以说经济法是一个独立的部门法。经济法具有独立的调整对象主要包含以下几方面的含义。

（1）调整对象具有一定的范围性。范围性主要体现为经济法的调整对象是国家在协调经济运行过程中所产生的不同内容、不同属性、不同结构等的经济关系。换言之，经济法不调整此过程外产生的其他经济关系，也不调整此过程中产生的非经济关系。

（2）调整对象具有一定的区别性。区别性主要体现为经济法的调整对象是与其他部门法的调整对象区分开来的，这主要是因为经济法具有自己独立的调整对象，与其他部门法的调整对象不存在交叉或重叠的现象。

（3）调整对象具有非单一性。非单一性主要体现为经济法的调整对象虽然是独立的、特定的，但并不是单一的，经济法的调整对象主要有宏观调控关系、社会公用关系、市场管理与规制关系等。

2. 经济法具有与其他法的部门不同的特征

经济法具有自己独立的调整对象和独特属性，这使得它呈现出区别于其他法的部门的特征。具体来说，经济法所具有的区别于其他法的部门的特征主要体现为经济性和规制性。

（三）经济法与相关法的关系

1. 经济法与民法

经济法与民法之间既存在一定的共同点，也存在一些显著的区别。两者的共同点主要体现在以下几个方面：就法律渊源而言，经济法与民法的渊源主要是由人民代表大会及其常务委员会制定的法律；就调整对象而言，经济法与民法的调整对象都是一定的财产关系；就地位而言，经济法与民法都属于独立法，都是我国法律体系的重要构成部分；就功能而言，经济法与民法都以维护人们的合法权益，推动社会的稳定、持续发展为重点。

经济法与民法的区别主要体现在以下几个方面：产生背景、基本原则、主体构成、调整对象、调整手段、利益本位等。具体内容如表5-1所示。

表5-1　　　　　　　　　经济法与民法的区别

法律 不同点	经济法	民法
产生背景	商品经济高级阶段的产物	商品经济的产物
基本原则	①国家干预原则； ②经济效益原则； ③维护社会整体利益原则	①平等原则； ②诚实信用原则； ③意思自治原则； ④权利神圣原则； ⑤公序良俗原则
主体构成	法人以及不具有法人资格的机关组织、社会团体等	自然人和法人
调整对象	经济关系	财产关系和人身关系
调整手段	综合调整经济手段	民事手段
利益本位	以社会利益为本位	以个人利益为本位

2. 经济法与商法

经济法与商法的联系主要体现在三个方面：就渊源而言，经济法与商法都包括宪法、法律等规范性文件；就调整对象而言，经济法与商法都以特定的市场关系为调整对象；就功能而言，经济法与商法都对国民经济的发展、社会经济秩序的维护等有着积极的影响。

经济法与商法的区别主要体现为产生背景、基本原则、基本宗旨、调整对象、调整方法、法律属性等的不同，具体内容如表5-2所示。

表5-2　　　　　　　　经济法与商法的区别

法律 不同点	经济法	商法
产生背景	商品经济发展到垄断时期的产物	商品经济的产物
基本原则	以经济公平为最基本原则	以商事自治为最基本原则
基本宗旨	维护公共利益	促进营利
调整对象	经济关系	商事关系
调整方法	国家统治	意思自治
法律属性	社会本位公私兼顾的法律	平等主体本位的私法

3. 经济法与行政法

经济法与行政法的联系主要体现在以下几个方面：其一，在渊源方面，经济法与行政法都包括宪法、法律、规章等规范性文件；其二，经济法与行政法的价值都是指向社会整体利益；其三，经济法与行政法都以国家权力的形式呈现。

经济法与行政法的区别主要体现在以下几个方面：产生背景、基本原则、主体、调整方式、调整对象、调整方法、法律属性等，具体内容如表5-3所示。

表 5-3 　　　　　　　　　　经济法与行政法的区别

法律 不同点	经济法	行政法
产生背景	商品经济高级阶段的产物	伴随国家权力产生
基本原则	①国家干预原则； ②经济效益原则； ③维护社会整体利益原则	①依法行政原则； ②合理行政原则； ③权责统一原则； ④高效便民原则； ⑤行政应急性原则； ⑥行政公开原则
主体	国家机关、社会团体、企事业单位、企业内部组织等	不包括企业内部组织
调整方式	兼顾"市场之手"和"国家之手"	国家强制性调整
调整对象	①宏观经济利益关系； ②市场经济秩序关系	①行政法制监督关系； ②行政管理与服务关系； ③行政救济关系； ④内部行政关系
调整方法	奖励与惩罚	奖励与行政制裁
法律属性	社会本位公私兼顾的法律	平等主体本位的私法

4. 经济法与国际经济法

经济法与国际经济法的联系主要体现在以下几个方面：就调整对象而言，经济法与国际经济法调整的都是国家协调经济运行过程中的经济关系；就渊源而言，规范性文件是经济法与国际经济法的主要渊源；就法律关系主体而言，经济法与国际经济法的主体均包括企业、个体等；就地位而言，经济法与国际经济法都是我国法律体系的重要构成部分，都属于独立的法的部门。

经济法与国际经济法的区别主要体现在以下几个方面：调整对象、渊源、创制主体、作用，具体内容如表 5-4 所示。

表 5－4 经济法与国际经济法的区别

不同点＼法律	经济法	国际经济法
调整对象	本国经济关系	多国经济关系
渊源	规范性文件和习惯法	规范性文件和国际习惯法
	涉外的经济法律、法规	
创制主体	一个国家制定或认可	多国共同制定或认可
作用	维护本国经济秩序	建立国际经济新秩序
	推动本国经济发展	推动世界经济发展

二、经济法的体系

对于经济法体系，不同的学者有着不同的见解，比较有代表性的观点如表 5－5 所示。

表 5－5 经济法体系

学者	著作	体系
陶和谦、杨紫烜	《经济法学》（2010 年）	综合经济法律制度
		部门经济法律制度
		经济组织法律制度
刘文华	《新编经济法学》（1993 年）	经济组织法
		经济管理法
		经济和技术合同法
		经济仲裁和经济司法
刘文华	《经济法》（2019 年）	经济组织法
		经济活动法
		经济管理法

基于笔者多年的相关研究以及对学者们研究成果的借鉴，我们认为经济法体系主要由两大部分构成，其一是微观经济法，其二是宏观经济法，它们又可细分出更多的内容，具体如图 5－1 所示。

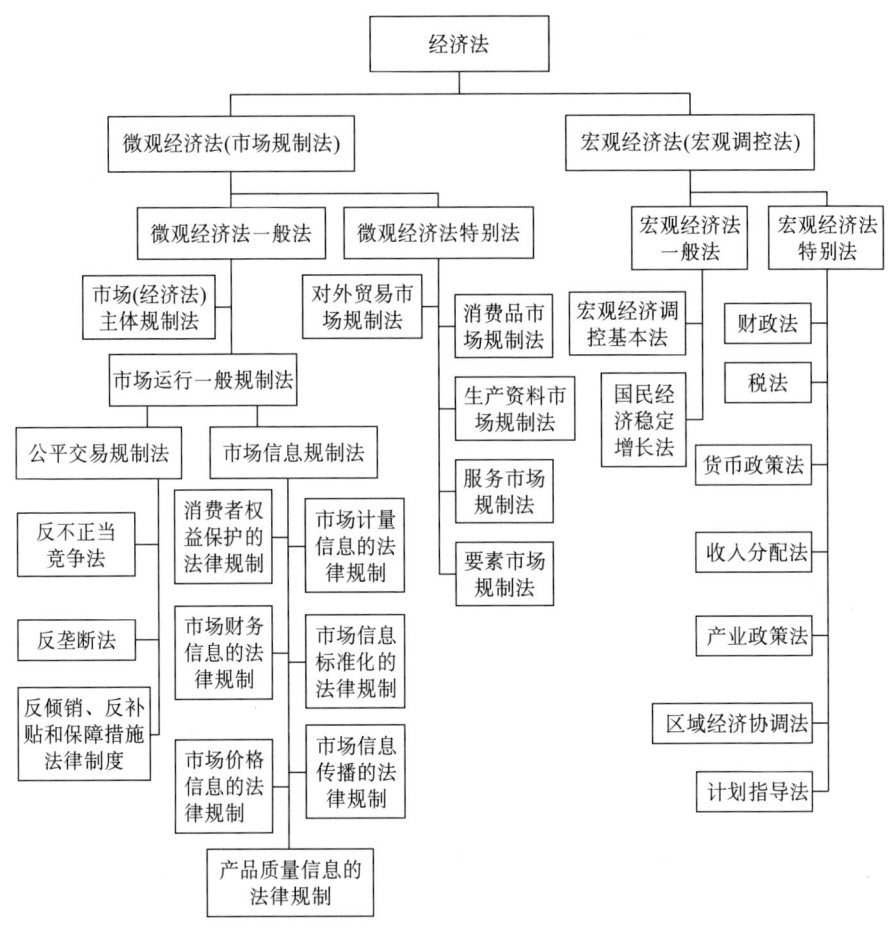

图 5-1 经济法体系构成

第三节 经济法主体

经济法主体不仅是经济法律关系的重要组成部分，也是经济法律关系的参与者，其在具体的经济活动中既享有一定的权利，也要履行相应的义务。本节基于经济法主体的一般原理，对经济法主体资格的取得以及经济法主体的职权和职责进行了详细的阐述。

一、经济法主体的一般原理

(一) 经济法主体的含义与特征

经济法主体的含义可以从两个方面理解：一方面，经济法主体主要指经济法律关系的主体，即经济法律关系的参加者或当事人在经济法律关系中享有一定权利，同时承担相应的义务；另一方面，经济法主体主要指基于经济法主体制度所成立的主体，比如基于国有企业法成立的国有企业。

经济法主体的特征主要体现在以下几个方面：①形态多样性；②外延广泛性；③能力差异性；④资格重叠性。

(二) 经济法主体体系

1. 经济法主体的种类

从整体上来讲，经济法主体主要包括两大类，一是经济管理主体，二是经济活动主体。其中，经济管理主体主要包括两种：①根据国家宪法、行政法设立的国家机关；②根据经济法成立的企业或组织。经济活动主体主要指依法（经济法、民法、行政法）成立，直接从事生产、销售、服务等经济活动的组织或个人。下面具体阐述经济管理主体与经济活动主体。

2. 经济责任制

(1) 经济责任制概念。经济责任制，是指在日常的经营管理（通常以公有制为主导）中，企事业机关单位因角色设置及其实现，而享有特定权利且相互承担义务的经济法律制度。经济责任制主要体现在以下几个方面：①国家机关之间；②国家与公有主体之间；③个人与组织之间；④组织内部中。

(2) 经济责任制的种类。经济责任制主要包括两种类型，即一般责任制和特殊责任制。其中，一般责任制的优点包括操作方便、能够在很大程度上激发经济法主体的创造性和主动性，其缺点主要体现为经济法主体的权利与义务具有一定的模糊性；特殊责任制的优点是经济法主体的权利与义务比较明确，缺点是在确定经济法主体权利、义务时所需的成本较高。

二、经济法主体资格的取得

（一）经济法主体资格取得的概念

经济法主体资格，即经济法律关系参与者的法律人格，它是参与者法律地位的重要体现。具体来说，经济法主体资格主要包括两方面内容，即经济法规定的权利和义务。

所谓经济法权利资格的取得，主要指经济法律关系参与者（组织或个体）依法获得法律人格。具体来说，经济法权利资格的取得主要包括四方面的含义：其一，经济法权利资格主要指法律人格；其二，法律人格的主体仅指经济法律关系的参与者；其三，法律人格是经济法律关系参与者依法获得的；其四，能够取得经济法权利资格的对象包括组织和个体。

（二）取得经济法主体资格的法律依据

从法律的角度讲，取得经济法主体资格的依据主要包括四方面内容，即《中华人民共和国宪法》、国家机关组织法、其他法律（尤其是经济相关法）、有关经济法规及其他规范性文件。

1. 《中华人民共和国宪法》

《中华人民共和国宪法》是组织或个体取得经济法主体资格最重要的法律依据。具体来说，《中华人民共和国宪法》对组织或个体取得经济法主体资格的规定主要体现在三个方面：①关于全国人民代表大会及常委会，国务院及组成部门，地方各级人民代表大会及政府，民族自治地方自治机关的性质、地位、职权、职责的规定；②关于国有企业，集体经济组织，外商投资企业，私营经济组织的性质、地位、权利、义务的原则规定；③关于个体经济的性质、地位、权利、义务的原则规定，以及关于公民的基本权利和义务的规定。

2. 国家机关组织法

我国的国家机关组织法（如《全国人民代表大会组织法》《国务院组织法》）也是组织或个体取得经济法主体资格最重要的法律依据，其对组织或个体取得经济法主体资格的规定主要体现为对国家机关性质、地位、职责、设立、撤销、合并、组织活动原则等的规定。

3. 其他法律（尤其是经济相关法）

除《中华人民共和国宪法》、国家机关组织法外，其他法律（尤其是经济相关法）也是组织或个体取得经济法主体资格的重要法律依据。比如，《反垄断法》《保险法》等对经营者性质、权利、义务等的规定，是经营者取得市场监管受体资格的法律依据；《价格法》对价格主管部门、《中央银行法》对中国人民银行等的性质、地位、职权的规定，是这些机构取得宏观调控主体资格的依据。

（三）取得经济法主体资格的方式

就我国而言，组织和个体取得经济法主体资格的方式主要有以下几种：其一，授权取得，即根据宪法、法律等规定或国家机关决定、命令等授权取得；其二，按法定程序取得，主要指组织和个体通过法定审批程序取得经济法主体资格；其三，登记注册取得，即具备取得经济法主体资格的组织和个体，无须批准，到相关的国家机关登记注册即可；其四，认可取得，即组织和个体通过法律法规的认可就可以取得经济法主体资格。

三、经济法主体的职权和职责

经济法主体的职权和职责也可称为国家协调主体和国家协调受体的权利和义务。其中，权利主要指基于法律、法规的相关规定，国家协调主体和国家协调受体所具备的自己和要求他人作为或不作为的资格。义务主要包括两方面内容，其一是基于法律法规的相关规定，国家协调主体和国家协调受体必须作为的责任；其二是基于法律法规的相关规定，国家协调主体和国家协调受体不作为的责任。

（一）国家协调主体的职权和职责

1. 市场监管主体的职权和职责

根据不同的划分标准，市场监管主体的职权和职责可分为不同的类型，具体内容如表 5-6 所示。

表 5-6　　　　　　　　　市场监管主体的职权

划分标准	职权类型	职责类型
调整对象	市场准入与退出监管权	市场准入与退出职责
	消费者权益保护监管权	消费者权益保护监管职责
	竞争监管权	竞争监管职责
	产品质量监管权	产品质量监管职责
法制建设环节	市场监管立法权	市场监管立法职责
	市场监管执法权	市场监管执法职责

2. 宏观调控主体的职权和职责

根据宏观调控主体调整对象及其在市场监管法制建设中环节的不同，可以将宏观调控主体的职权和职责分为如表 5-7 和表 5-8 所示的几种类型。

表 5-7　　　　　　　　　宏观调控主体的职权

划分标准	职权类型	主要内容
调整对象	计划调控权	产业调控权
		价格调控权
	财政调控权	财政收入调控权
		财政支出调控权
	金融调控权	货币发行权
		利率调整权

续表

划分标准	职权类型	主要内容
法制建设环节	宏观调控立法权	权力机关宏观调控立法权
		行政机关宏观调控立法权
	宏观调控执法权	中央国家权力机关宏观调控执法权
		中央国家行政机关宏观调控执法权
		地方国家权力机关宏观调控执法权
		地方国家行政机关宏观调控执法权

表 5-8　　　　　　　　宏观调控主体的职责

划分标准	职责类型
调整对象	计划调控职责
	价格调控职责
	金融调控职责
	财政调控职责
法制建设环节	宏观调控立法职责
	宏观调控执法职责

（二）国家协调受体的职权和职责

1. 市场监管受体的职权和职责

根据调整对象以及市场监管法主体类型的不同，市场监管受体的职权和职责可分为如表 5-9 所示的几种类型。

表 5-9　　　　　　　　市场监管受体的职权和职责

划分标准	职权类型	职责类型
调整对象	市场准入与退出监管受体的职权	市场准入与退出监管受体的职责
	消费者权益保护监管受体的职权	消费者权益保护监管受体的职责
	产品质量监管受体的职权	产品质量监管受体的职责
	竞争监管受体的职权	竞争监管受体的职责
主体类型	组织体的职权	组织体的职责
	个体的职权	个体的职责

2. 宏观调控受体的职权和职责

基于调整对象和宏观调控法主体类型,宏观调控受体的职权和职责划分为如表 5-10 所示的几种类型。

表 5-10　　　　　宏观调控受体的职权和职责

划分标准	职权类型	职责类型
调整对象	计划调控受体的职权	计划调控受体的职责
	价格调控受体的职权	价格调控受体的职责
	财政调控受体的职权	财政调控受体的职责
	金融调控受体的职权	金融调控受体的职责
主体类型	组织体的职权	组织体的职责
	个体的职权	个体的职责

第四节　经济法的制定与实施

经济法的制定与实施在国家开展、组织、调控相关的经济活动中具有重要的意义,它不仅能够为经济活动提供必要的法律依据,而且能够为经济活动提供法律保障。本节首先从概念、意义、原则、制定程序等角度阐述经济法的制定;然后基于经济法实施概述,着重阐述经济法律关系。

一、经济法的制定

经济法的制定对我国社会主义市场经济的持续平稳发展具有重要的意义,其不仅是经济法实施的前提,而且能够为经济管理活动的顺利展开提供保障。

(一) 经济法制定的概念、意义及原则

1. 经济法制定的概念

从狭义的角度讲,经济法的制定就是经济立法,是国家的立法机关基于相应的目的、要求，遵循法定的程序和相应的立法原则，所开展的有关经济法律规范制定的活动。经济法的制定在国家的立法活动中具有重要的作用，是与行政立法、民事立法等并列的法律创制活动。

2. 经济法制定的意义

经济法制定的意义主要体现在以下几个方面。

第一，经济法的制定在很大程度上能够健全社会主义法治体系，为政府对经济的宏观调控提供更加完备的法律依据。

第二，经济法的制定能够为经济活动的有序开展提供法律保障，有利于推动我国社会主义市场经济的平稳、持续发展，进而为社会主义现代化的建设助力。

第三，经济法的制定不仅能够为我国发展对外经济提供有力的法律依据和保障，而且能够为加强我国对外经济技术的交流与合作提供辅助。

3. 经济法制定的原则与基本经验

（1）经济法制定的原则。经济法制定的原则主要包括以下几个方面：①科学民主原则；②社会本位原则；③法制统一原则；④坚持社会主义市场经济体制原则；⑤兼顾国情与借鉴国外经验原则。

（2）经济法制定的基本经验。经济法制定的基本经验主要体现为以下几点：其一，以宪法为依据，以党的基本路线为导向；其二，遵循法定权限与程序；其三，以维护社会秩序、最广大人民群众的根本利益为关键；其四，发扬社会主义民主，贯彻从群众中来到群众中去的原则与方针；其五，借鉴国外的立法成果与经验。

（二）经济法制定的程序

经济法的制定同其他立法活动一样，都遵循一定的程序，具体来说，主要包括四个阶段的内容，如图 5-2 所示。

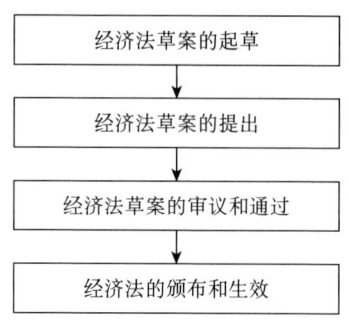

图 5-2 经济法制定的程序

二、经济法的实施

（一）经济法实施概述

所谓经济法的实施，主要指经济法主体贯彻执行经济法规的活动，具体来说主要包括三方面内容，即经济守法、经济执法以经济司法。其中，经济守法主要指经济法主体开展的各项活动必须严格遵守经济法律法规；经济执法，即国家行政机关基于经济法律规范所执行的各项活动；经济司法，主要指国家行政机关对违反经济法律规范对象进行的处理活动。

经济法实施的重要作用主要体现在两个方面：一方面，其能够健全我国的社会主义法制建设；另一方面，其能够为社会主义市场经济的平稳、持续发展提供有力的保障。

经济法实施的基本原则主要包括以下几点：①以法律为准绳原则；②经济法主体一律平等原则；③经济奖励与惩罚相结合原则。

（二）经济法律关系

1. 经济法律关系的概念与特征

（1）经济法律关系的概念。所谓经济法律关系，主要指经济法主体在国家干预和协调经济运行过程中，基于经济法律规范形成的关系，具体来说，就是经济权利与经济义务的关系。经济法律关系是经济法实施的重要媒介。

（2）经济法律关系的特征。经济法律关系的特征主要有三个，即复杂性、多样性以及综合性。其中，复杂性主要体现为主体的复杂性，经济法律关系的主体类型多样、关系复杂；多样性主要体现为客体的多样性，经济法律客体（物、行为）的表现形式是非常丰富的；综合性主要体现为内容的综合性，即经济法律关系所涵盖的内容是多元化的综合性整体。

2. 经济法律关系的种类

根据不同的划分标准，可以将经济法律关系分为不同的类型，具体内容如表 5-11 所示。

表 5-11　　　　　　　　经济法律关系的种类

划分标准	类型
经济法律关系的内容	宏观经济管理法律关系
	市场管理法律关系
经济法律关系的主体	绝对经济法律关系
	相对经济法律关系
经济法律关系的性质	组织法律关系
	财产法律关系
经济法律关系的结构形态	经济管理关系
	经营协调关系
	经济竞争关系

3. 经济法律关系的构成

经济法律关系的构成主要包括三部分内容：经济法律关系主体、经济法律关系客体以及经济法律关系内容。

（1）经济法律关系主体。简单来说，经济法律关系的主体就是经济法律关系的当事人，其是国家经济调节管理活动中经济权利的享有者和经济义务的履行者。经济法律关系主体的特征主要体现在以下几个方面：①主体资格的复杂性；②主体之间的隶属性；③主体形式的广泛性。

根据不同的标准，可以将经济法律关系的主体分为不同的类型，具体内容如表5-12所示。

表5-12　　　　　　　　　经济法律关系的主体

划分标准	类型
在国家经济调节关系中的地位	国家经济调节主体
	国家经济被调节主体
参加国家经济调节关系的频次	经常性主体
	非经常性主体
在国家经济调节中的职能	职能经济调节管理主体
	综合经济调节管理主体
	部门经济调节管理主体
	经济纠纷裁判主体

（2）经济法律关系客体。经济法律关系客体，即为经济法律关系主体权利与义务的指涉对象。一般来说，经济法律关系客体主要包括两类，其一是经济行为，其二是物（即以物质形态呈现且具有一定经济价值的物体）。经济法律关系客体的特征主要体现在以下几个方面：①相对具体性；②与经济法的相关性；③与经济法律关系内容对应的复杂性。

（3）经济法律关系内容。所谓经济法律关系的内容，即经济法律关系主体所享有的权利和义务，主要包括经济法律关系的经济职权和经济职责，具体内容如图5-3所示。

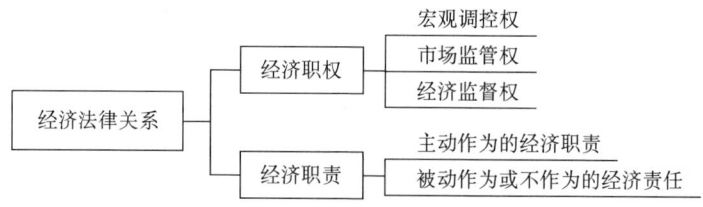

图5-3　经济法律关系内容

|下编|

多元视角下的经济管理实践篇

第六章　投资经济学实践

当前,随着我国新型城镇化建设的推进与各项新型产业的快速发展,我国陆续开工建设了多项大型工程,并投入了巨额资金,这种投资行为也在一定程度上丰富了投资实践。本章主要对投资经济学进行分析,首先对投资与投资经济学的有关内容展开论述;其次对融资方式和融资决策进行分析;最后对企业投资战略的制定情况进行了分析,从而为投资者提供有关投资的理论指导。

第一节　投资与投资经济学

投资作为一种常见的社会经济活动,历史悠久。投资经济学作为对投资的系统化与科学化的学科,在当前投资活动中具有重要的指导作用。下面将主要对投资的定义、实质、分类、作用以及投资经济学进行简要阐述。

一、投资的定义

对资本主义国家来说,投资指的是一种为了获得利润而投放资本到企业中的行为,主要表现是购买国内外企业发行的股票或公司债券。因此，上述投资可看作是间接投资。

在我国，投资的定义包括两个方面。一方面，投资主要指购置和建造固定资产、购买和储备流动资产的经济活动；另一方面，投资指的是用来购置和建造固定资产、购买和储备流动资产的资金。因此，这个投资既可以指特定的经济活动，也可以指特种资金。

在此，我们将投资定义为经济主体为了获得更大的经济效益或社会效益，而预先垫付货币或其他与货币等价的资源到某项事业中的经济活动。

二、投资的实质

投资只有在生产和经营中才具有自己独特的生命力。投资者通过有目的的活动，使投资资金融入不断循环的生产和经营活动中，为个人赢得更大的利益，为人类社会创造更多的财富。

投资的实质即为资金在循环周转的过程中获得增值。在这个过程中，资金会经历三种形态，如图 6-1 所示。资金只有在不断的运动中才能实现价值的增值。

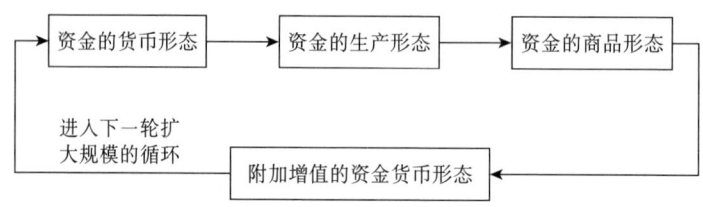

图 6-1　资金的循环运动

投资也是资金的运动过程，其优势体现在资金的投放一方面是为了获得资金的增值，另一方面是为了获得更大的社会效益。例如，政府进行的财政投资，目的在于推动福利的最大化，弥补市场失灵。但对企业和个人来说，他们进行投资的主要目的是获得更大的经济利益。

三、投资的分类

按照不同的划分标准,投资可以分为不同的类型。一般情况下,按照投资运用方式的不同,投资可分为直接投资和间接投资。

直接投资指的是将资金直接投入项目的建设中,或者是购置某些固定资产和流动资产的投资;间接投资指的是投资者通过购买有价证券,从而获得相应收益的投资。直接投资是基础,间接投资是由直接投资衍生出来的,间接投资的收益来源于直接投资。下面对直接投资和间接投资的分类情况进行分析。

(一)直接投资可分为固定资产投资和流动资产投资

固定资产投资指的是用于建设和形成固定资产的投资;流动资产投资指的是用于流动资产的投资。在日常生产中,固定资产必不可少,因为固定资产会损耗,需要实现再生产。下面主要对固定资产投资进行分析。

1. 投资建设固定资产

投资建设固定资产,是指实现固定资产的再生产,其包括简单再生产和扩大再生产。

(1)简单再生产。固定资产的简单再生产包括大修理和更新两种形式。其中,大修理是为恢复固定资产的原有性能而对它的主要组成部分进行修理或更换,这是对固定资产的局部简单生产,不属于固定资产的投资建设活动。

固定资产的更新是对已经报废或者没有使用价值的固定资产进行全部更新,用新的固定资产更替全部旧的固定资产,这属于固定资产的投资建设活动。

(2)扩大再生产。固定资产的扩大再生产是在简单再生产的基础上,扩大原本的规模,其包括外延型扩大再生产和内涵型扩大再生产两种类型,主要的表现形式有新建、扩建、改建。一般情况下,在投资建设活动中，固定资产外延型扩大再生产与固定资产内涵型扩大再生产是相互渗透、结合进行的。

2. 固定资产投资的分类

按照用途的不同，固定资产投资可分为生产性建设投资和非生产性建设投资两类。其中，生产性建设投资指的是能够直接用于物质生产或直接为物质生产服务的建设投资；非生产性建设投资指的是能够用于满足人民物质和文化建设以及非物质生产部门建设需求的投资。

（二）间接投资分为股票投资和债券投资

股票投资和债券投资统称为有价证券投资，这是投资者通过货币购买股票、公司证券或国债等有价证券，从而获得收益的投资活动。

股票是股份有限公司发给股东，用来证明股权，并作为分配股利和剩余财产依据的一种所有权证书。债券是公司、金融机构或者政府向社会公众借债的凭证。股票和债券都是投资工具，但两者存在差别，从投资性质上来说，股票是公司的所有权，股东可以参与日常的经营决策；债券表示的仅是一种债券，是一种证券化的长期贷款。

四、投资的作用

投资的最主要作用就是促进经济的增长。投资对经济增长的影响可以通过各种途径实现，如图6-2所示。下面主要从要素投入角度和资源配置角度分析投资对经济增长的影响。

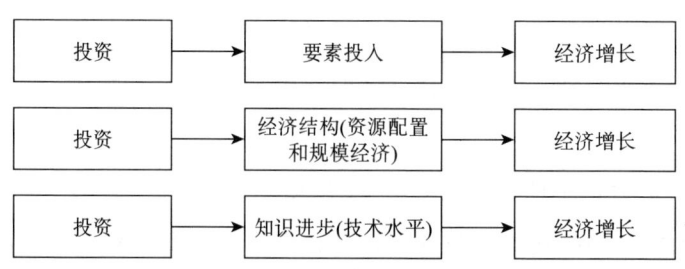

图6-2 投资对经济增长的影响

(一) 要素投入角度

从要素投入角度来说，投资对经济增长的影响主要体现在投资供给对经济的推动作用和投资需求对经济的拉动作用方面。

1. 投资供给对经济的推动作用

投资供给指的是交付使用的固定资产，其能够为社会再生产过程注入的新的生产要素，能够增加生产资料供给，也能够为扩大再生产提供相应的物质条件，这些都是推动经济发展的要素。

2. 投资需求对经济的拉动作用

投资需求指的是投资活动引起的社会需求，其对经济增长的影响作用具有双向性：投资需求的扩大，对经济增长产生拉动作用；投资需求的缩小，对经济增长具有抑制作用。需要注意的是，投资需求是国家对宏观经济进行调控的内容之一，我国的经济发展历程证明，投资需求不能失去控制，否则国民经济就会出现较大波动，投资需求要与经济增长保持同步。

(二) 资源配置角度

从资源配置角度来说，资源配置能够反映经济结构的组成情况，而合理的经济结构是保证经济发展的条件。经济结构是通过两大部类比例关系、生产流通过程、生产资料和劳动力利用、技术进步等方式对经济发展形成影响，而投资是影响经济结构的主要决定性因素。因此，从本质上看，投资促进了经济的增长和平衡发展。

五、投资经济学

(一) 投资经济学的内涵

投资经济学也称为投资学，是一门应用经济学，关注的是定量分析和应用实践。投资经济学通过应用经济学、会计学、金融学的理论及数学与统计的方法，为投资实践中遇到的各类问题提供解决思路，从而为投资者选择最佳的投资路径提供定量与定性依据。

（二）投资经济学的研究对象和主要内容

投资经济学的研究对象决定了投资经济学的研究内容。一般来说，投资经济学的研究对象是投资领域的各类经济关系、投资运动规律以及其他经济规律在投资领域的主要表现形式。

投资经济学的研究内容主要包括以下几点。

第一，投资增长同经济增长、社会发展之间的一般规律。

第二，投资资金的性质、形成与资金筹集之间的一般原理和运动规律。

第三，投资资金的分配原理及规律，主要有投资分配规模规律、分配结构规律、年度投资规律等。

第四，投资资金在使用过程中的控制和管理规律，主要有投资的微观决策、项目管理以及管理体制等。

第五，投资资金的回收规律。

第二节 融资方式与融资决策

随着经济的不断发展，企业为了寻求更大的发展空间，开始进行融资，各类融资方式也相继产生。对企业来说，选择何种融资方式和融资决策对企业未来的发展走向具有巨大的影响。本节重点对融资中的融资方式和融资决策进行分析。

一、融资方式

根据不同的分类标准，融资方式可分为多种类型，主要包括以下几种。

（一）按照资金来源方向划分

按照融资过程中资金来源方向，融资可分为内源融资和外源融资两种形式，具体分析如下。

1. 内源融资

内源融资是企业在创办的过程中，将原始资本的积累以及运行过程中剩余价值资本化的过程。在市场经济体制中，企业的内源融资主要包括初始投资形成的股本、折旧基金、留存收益等。

内源融资具有以下四个特点。

第一，自主性。内源融资是企业创办者自己的资金，在使用上拥有较大的自主性，基本上不会受到外界的影响与制约。

第二，有限性。内源融资虽然不受外界的影响，但是企业内部的积累能力会对内源融资形成较大影响，融资规模也受很大限制。

第三，低成本性。内源融资是企业内部的行为，财务成本小，无须向外部利益主体支付有关的融资费用。

第四，低风险性。内源融资的低风险性是其最突出的优势之一。一方面，内源融资成本较低，所以风险相对较低；另一方面，内源融资不存在支付危机，所以不会出现因支付危机而引发的财务风险。

2. 外源融资

外源融资指的是企业通过一定的方式或渠道，向企业之外的其他经济主体筹集资金的一种融资方式。一般来说，外源融资主要包括发行股票及企业债券、向银行贷款等。需要注意的是，企业的商业信用和融资租赁也可被划分到外源融资的范畴中。

外源融资的特点主要表现为以下四点。

第一，高效性。外源融资是企业向除企业之外的其他经济主体寻求资金帮助，企业不受自身积累能力的影响。同时，外源融资还能够将分散的、小额的储蓄变为集中的、大额的资金，这是其高效性的主要表现。

第二，有偿性。从融资产权具有的属性方面来说，外源融资包括债权融资与股权融资。其中，债权融资需要企业向债权人支付利息，同时还要额外支出各种融资费用，这在无形中提升了融资成本；股权融资虽然不需要企业支付资金使用费，但是为了保障安全，企业需要向中介机构支付融资费用，这些费用都是企业财务费用的主要组成部分。因此，无论是债权融资，还是股权融资，对企业来说都具有有偿性。

第三，高风险性。企业在进行债权融资时会面临支付危机，而在市场环境瞬息万变的当前，较大的支付危机会为企业带来更高的财务风险。此外，企业在选择股权融资时，也需要承担证券市场的高流动性所产生的交易风险。

第四，不确定性。本质上看，企业通过外源融资获得的资金，仍属于他人的产权资本，企业自身是不能长期占有和使用的。当双方约定的融资期限到期，债权人就会要求企业进行偿还。因此，对企业来说，外源融资具有较高的不稳定性，面临的突发情况会很多。

（二）按照资金运动渠道划分

按照融资过程中资金运动的不同渠道，融资可分为直接融资和间接融资，具体分析如下。

1. 直接融资

直接融资指的是企业自己或通过证券公司向金融投资者出售股票或债券，从而获得资金的融资方式。直接融资者需要利用一定的金融工具，例如股票、债券，在出资者和融资者之间搭建联系，这是资金供给方和需求方的直接接触，不需要第三方机构，如银行等作为媒介。

直接融资的特点包括以下几点。

第一，直接性。融资者会从储蓄者处直接获得资金，并在两者间建立融资关系。

第二,长期性。企业通过直接融资渠道获得的资金,通常情况下使用期限都在一年以上。

第三,流通性。直接融资的股票与债券是直接在证券市场上流通的,因此直接融资具有明显的流通性。

第四,不可逆性。在直接融资中,融资者通过股票获得的资金是无须还本的,股票储蓄者要想取回本金只能通过流通市场。

2. 间接融资

间接融资是融资者通过银行或信用社等能够将分散的储蓄集中起来的机构,获得资金的融资方式。

间接融资的特点表现为以下四点。

第一,间接性。融资者是从银行或信用社等第三方机构获得贷款,并不与具体的出资者发生关系,两者之间具有间接性。

第二,短期性。在当前市场体系中,银行出借给融资者的贷款通常以中短期为主,短期性较明显。

第三,非流通性。银行贷款不能像股票、债券一样在证券市场上流通,只能作为一种抵押品向银行贷款。

第四,可逆性。当银行贷款到期时,融资者需要还本付息。因此,企业不能无限期使用银行贷款,这是资金可逆性的体现。

综上所述,我们可以发现直接融资与间接融资的区别在于信用关系的不同。直接融资体现的是证券信用关系,间接融资体现的是银行信用关系。

(三)按照资金产权关系划分

按照融资过程中的资金产权关系,融资可分为股权融资和债权融资,具体分析如下。

1. 股权融资

股权融资指的是企业向股东筹集资金,这种融资形式常用于企业刚刚创办或是需要增资扩股的情况。股权融资后获得的资金可看作是企业的资本，这代表了对企业的所有权，因此，这种资金也被称为所有权资金。

股权融资的特点包括以下三个方面。

第一，股权作为企业的初始产权，是企业独自承担民事责任，进行自主经营和自负盈亏的基础，同时这也是投资者对企业进行控制和获得利润分配的基础。

第二，股权融资是构成企业能够向外举债要素的基础。

第三，股权融资所形成的所有权资金分布特点、股本额的大小、股东分散程度，直接决定了一个企业控制权、监督权、剩余价值索取权的分配结构，这反映的也是一种产权关系。

2. 债权融资

债权融资是指通过发行债券、银行借贷方式向企业的债权人筹措资金。债权融资可发生在企业经营的任何一个阶段。通过债权融资获得的资金成为负债资金或负债资本，这代表了出资者对企业的债权。

债权融资的特点表现为以下三个方面。

第一，债权融资获得的是资金的使用权而并非所有权，负债资金的使用需要企业支付一定利息，并在债务到期时按照约定归还本金。

第二，债权融资能够有效提高企业所有权资金的资金回报率，能发挥财务杠杆的作用。

第三，同股权融资相比，债权融资仅会在某种特殊情况下使债权人对企业进行控制和干预。在一般情况下，债权人不会产生对企业的控制权问题。

（四）按照是否出现新的法人划分

按照是否出现新的法人，融资可分为公司融资和项目融资，具体分析如下。

1. 公司融资

公司融资也称为企业融资，指的是由现有公司负责筹措资金并进行项目投资建设的一种融资方式。这种融资方式下，在项目的建设之前和建设之后，公司都不会出现新的独立法人。

公司融资的特点主要表现在两个方面：一方面，公司作为整体投资者进行投资决策，承担投资可能带来的各类风险；另一方面，整个公司的现金和资产都能用于偿还债务和提供担保。

通过公司融资的形式进行项目建设的方式有两种：一种是公司直接作为资金需求者进行融资决策；另一种是当需要债务资金支持时，债务资金提供者需要进行信贷决策。

2. 项目融资

项目融资指的是为建设和经营项目而新成立的、有独立法人的项目公司，完成项目的整体建设、经营及还款的融资方式。当前，国内外许多新建项目都是通过项目融资方式进行的。

项目融资的特点表现为以下四点。

第一，项目融资的决策是由项目创办者提出的，但是项目创办者和项目法人并非是一体的。

第二，项目公司仅承担投资风险，但是因为融资决策提出在前，项目法人选出在后，所以项目法人不承担决策责任，仅承担建设责任。

第三，一般情况下，债权人对项目创办者没有追索权或只有有限追索权。

第四，项目融资中的现金流量风险越大，需要的股本比例也就越高。

二、融资决策

（一）融资决策的定义

融资决策指的是企业为了筹措资金、展开融资，选定最佳融资方案的过程。当今世界经济全球化趋势愈加明显,每个国家的经济发展都会受到其他国家的影响,各个国家的金融创新势如破竹,企业进行融资的渠道也在不断增加。因此,对企业来说,选择合理、科学的融资方式及规避融资风险是未来财务管理中需重点考虑的问题。

(二) 影响融资决策的因素

融资决策过程中,融资者需要对各方面的因素进行考量,而不同研究者对融资决策影响因素的划分也是不同的。下面我们按照影响的介质,将影响融资决策的因素划分为两类,分别是直接因素和间接因素。

1. 影响融资决策的直接因素

对融资决策造成直接影响的因素称为直接因素,它会随着具体融资方案的不同产生新的变化。具体来说,影响融资决策的直接因素包括融资成本、融资效益、融资风险、税收因素等。

2. 影响融资决策的间接因素

影响融资决策的间接因素指的是相对稳定、不会随着具体融资方案而变化的因素。从间接因素自身来看,其包括内部因素和外部因素两类,具体内容如图 6-3 所示。

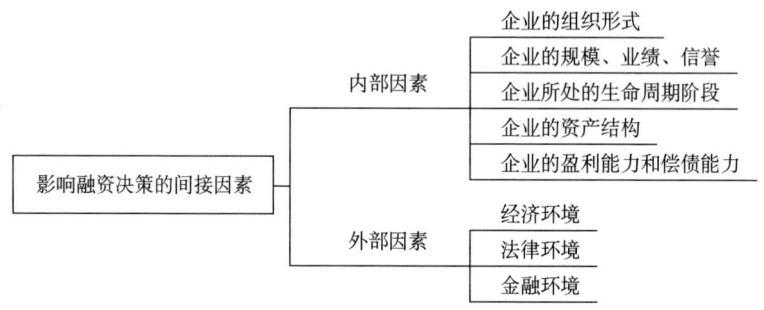

图 6-3 影响融资决策的间接因素

(三) 融资决策应遵循的原则

在具体的融资过程中,存在一部分企业因没有进行提前计划,也不对投资方进行提前审查，导致巨大的财产损失，使企业陷入融资困境，给企业发展造成严重影响的现象。因此，企业在进行融资之前，需要根据现实情况制订相应的融资计划书，遵循一定的原则进行融资活动。具体来说，融资决策应注意的原则包括以下几点。

1. 收益与风险相匹配原则

企业进行融资的主要目的是将所得资金投入企业运营中，帮助企业获得一定的经济效益，使企业股东价值得到最大化。一般情况下，企业在进行融资之前，都会事先预估本次融资会给企业带来的收益，收益越高，利润空间越大。

但是，企业要明确的是，高收益、高利润的背后也可能会暗藏风险。对企业来说，融资的过程不是万无一失的，其中既有机遇也有挑战，机遇蕴藏的是融资的动力，而挑战蕴藏的是融资的风险。融资风险带来的消极影响一旦出现，企业就需要做好承担后果的准备。因此，企业在进行融资决策时，不能仅看到融资背后的利益，还要考虑到高利益背后可能需要承担的风险，并对风险发生后可能对企业造成的损失进行预估。

2. 量力而行原则

企业在进行融资决策时，要考虑好融资的规模，对融资规模的确定要遵循量力而行原则。筹措的资源或资金过多，可能会导致资源或资金的浪费，无形中增加了融资的成本，同时还会导致企业的负债过多，企业偿还债务会举步维艰。但是若筹措的资源或资金过少，企业的融资计划可能就难以开展，前期融资成果也会付之东流。因此，企业在进行融资之前，先要切实评估自身对资金或资源的需求量、企业的自身条件、融资的难易程度，根据实际情况确定企业的最佳融资规模。

通常来说，融资规模的确定需要融资者考虑以下两个因素。

（1）资金形式。企业的资金形式包括三种：固定资金、流动资金、发展资金。

固定资金是企业用来购买生产设备、交通工具等固定资产的资金，这些资产是企业发展过程中必需的。这些生产设备的购买一般会产生较大的资金需求，且对资金的使用期限较长。

流动资金则是企业用来保障日常运营的资金，包括办公费、差旅费、员工工资等，对这类资金产生较大影响的是结算方式。

发展资金是企业在实现自我发展中用来进行技术开发、产品研制、市场拓展的资金。企业对发展资金的需求量较大，仅靠企业自身的力量是难以支持发展的，这部分资金的获得需要企业通过增资扩股和银行贷款的方式解决。

（2）资金的需求期限。不同的企业或同一个企业的不同业务过程都对资金需求期限有不同的要求。例如，一个主营高科技产品的企业从推出新产品到新产品被社会所接受需要经历一个漫长的过程，所以对资金需求的期限较长，资金需求规模也较大。但对经营传统产品的企业来说，产品已经足够成熟，只要保证产品的质量和市场拓展的稳步推进，就能较快实现资金回收。对资金的需求量也相应减少。

3. 控制融资成本最低原则

融资成本指的是企业实际承担的融资代价，其包括融资费用和使用费用两个部分。其中，融资费用指的是企业在进行资金筹措过程中产生的各类费用，如向中介机构支付的中介费；使用费用指的企业因为使用资金，而向提供者支付的报酬，如股票融资向股东支付的股息、红利等。

企业资金的来源渠道的不同也会影响融资成本的构成。企业的融资成本直接决定了企业融资效率，对企业选择何种融资方式也具有重要意义。为了保证企业的后续发展，企业在进行融资时要控制成本，确保以最低的融资成本实现最高的融资收益。

4. 资本结构合理原则

资本结构指的是企业中各种资本来源的构成及各自的比例关系。债权资本和权益资本的构成比例在企业资本结构的决策中处于核心地位。企业在进行融资时，资本结构决策需要以企业的终极目标为根本标准，并预估企业价值。企业价值受未来预期收益的现值影响，折现率也会受企业所面临的各种风险水平的影响。从筹资步骤来看，若资本结构足够合理，企业的筹资效益也能得到明显提升。资本结构合理原则要求融资者要使企业资本成本最低，同时能够有效调动各方利益相关者的积极性。

5. 保持企业有控制权原则

企业控制权指的是相关主体对企业施加的不同程度的影响力。控制权的掌握具体体现在三个方面：第一，控制者具有进入有关结构的权利，例如进入公司制企业的董事会或监事会；第二，控制者能够参与企业决策，并对决策产生较大的影响力；第三，控制者的利益能够得到体现，例如控制者的工作环境得到改善、分享公司利润。

企业融资行为会导致企业的控制权或所有权出现变化，这对企业生产经营的自主性和独立性会造成严重影响，同时还会导致企业利润分流。因此，企业在考虑融资的代价时，既需要考虑成本，也需要对各类融资方式的特点进行准确认知，明确各种融资方式的融资量可能会对企业控制权产生的影响，这样才能将企业的控制权把握在自己手中。

6. 把握最佳融资机会原则

融资机会指的是有助于企业融资的一系列因素所构建的有利融资环境和融资时机。企业寻找融资机会的过程，也是企业找寻与企业内部条件相适应的外部环境的过程。从企业内部来说，过早融资可能会导致资金闲置，因为需要用到资金的方面还未明确，而融资太晚又容易导致企业错失发展机会。从企业外部来说，外部经济形势变化多端，这会提升企业融资的难度和成本。因此，企业只有及时抓住企业内外部环境的变化，选择合适的时机进行融资，才能使企业通过融资真正地促进发展。

通常情况下，企业在选择融资时机时可考虑以下几个方面。

（1）企业要发挥自身主动性。企业融资机会是在特定时间出现的一种客观环境或时机，虽然企业自身也会对融资活动产生影响，但是相比于外部环境而言，企业自身对融资活动的影响较小。在多数情况下，企业只能根据外部融资环境调整自身状态，努力适应环境而不是改变环境，在这个过程中，企业要充分发挥主动性，积极寻求各种有利时机，实现自身融资需要与融资机会的最佳结合。

（2）企业融资决策要有超前性。外部融资环境瞬息万变，企业要能够及时把握国内外利率、汇率的变化情况，通过分析国内外宏观经济形势、国家货币与财政政策、国内外政治环境等各类因素，对企业融资可能面临的有利条件和不利条件进行明确，从而寻找到最佳融资时机，进行超前的融资决策。

第三节　企业投资战略的制定

在分析企业投资战略制定前，我们需要对企业的资金运行系统进行了解。企业的资金运行处于一个不断循环的过程：第一，企业在对企业外部环境和企业内部条件进行分析的基础上，按照企业的目标制定合理的投资战略；第二，企业在制定好的投资战略指导下，开展筹资决策和投资决策；第三，按照筹资决策去筹措资本，按照投资决策进行投资活动，形成资产；第四，通过对资产的运作活动使资产增值。具体内容如图6-4所示。

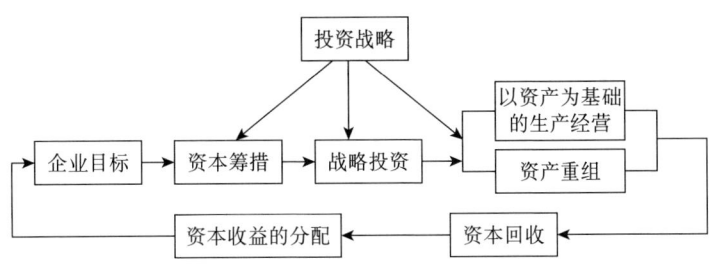

图 6-4　企业的资本运行过程

一、企业战略与企业投资战略概念

战略最初的含义指的是指挥军队的一种艺术和科学形式。当前，企业使用的战略一词，多表示企业通过什么样的方法实现它的预期目标。一般情况下，企业战略可分为三个层次：企业总体战略、事业层战略、职能战略，具体分析如下。

（一）企业战略的概念

1. 企业总体战略

企业总体战略也称为经营战略，是企业对自身整体经营的方向、原则、方针进行的规定，一般这种规定会通过书面形式展现出来。企业经营战略作为企业运行的指导思想，是对企业在激烈市场环境中如何生存的表述。

企业战略需要解决两个问题：一个是企业的业务是什么；另一个是企业的业务应该是什么。这两个问题的完美解决可以使企业对自己的使命与目标有一个精准的认识，同时也能够使企业更好地确定战略目标，进而为企业决策的实施奠定良好的基础。

通常情况下，规模较大的企业会拥有多个子公司、事业部，具有相同战略因素的子公司与事业部会组成企业战略经营单位，它们各自的战略称为经营单位战略，市场中的每个战略经营单位都会有自己固定且独立的产品与市场。此外，企业总体战略还要规定企业所需提供的产品门类，并要标出某一产品在企业组织中的地位。

2. 事业层战略

事业层战略也称为竞争战略或业务层次战略。事业层战略指的是企业在总体战略的引领下，指导和管理具体战略经营单位的计划和行动。从本质上来看，事业层战略要解决的问题是如何通过明确顾客需求、竞争者产品与本企业产品之间的关系，来保证自己企业的产品在市场上占据特殊地位。

3. 职能战略

职能战略也称为职能部门战略，指的是企业研究开发、生产作业、市场营销、财务管理和人力资源管理等主要职能部门的短期战略计划。从实际层面来看，职能战略需要解决的是如何支持事业层战略，以及职能部门的研究开发、生产作业、市场营销、财务管理和人力资源管理怎样与事业层保持一致的问题。

（二）企业投资战略的概念

通过上述分析，我们将企业投资战略定义为企业在总体战略的引导下，对企业未来的投资方向、目标、计划进行长远、系统、全局的规划。从本质上来说，企业投资战略是企业总体战略在投资管理方面的体现和分支，具体表现在企业资金投入的方向、重点以及投入资金的数量方面，能够直接决定企业资源的配置和利用效率。

二、企业投资战略的特点

企业投资战略的特点主要体现在以下三点。

（一）企业投资战略需服从于企业的总体战略

企业投资战略是企业总体战略的分支，因此企业投资战略需要与企业总体战略保持一致，并为企业总体战略的实现做出努力。企业总体战略是企业投资战略制定的依据，企业投资战略也仅能在企业总体战略的框架内进行投资方面的筹划。企业投资战略主要内容包括投资方向、投资重点、投资组合、投入资金的来源与使用、投资的具体方案管理等。

(二) 企业投资战略会受到经营单位战略和职能战略的制约及影响

企业投资战略会制约企业的各经营单位战略，同时企业投资战略的制定也要根据各经营单位战略的现状、战略发展方向和主要目标情况来进行实际确定。除此之外，企业投资战略还会受到企业产品战略、竞争战略、技术发展战略等多方面战略的影响与制约。

(三) 企业投资战略决定资源配置的方向

企业对可支配资源的运用是在企业投资战略的指导下进行的。但是因为投资收益来源于使用资产而并非是拥有资产，所以企业在制定投资战略时，需要考虑自身所具有的全部资源，同时也要对企业可支配和可使用的资源情况进行详细统计。此外，企业还可以通过产权投资的形式获得对更多资源的支配权利。

三、企业投资战略的目标

企业的最终目标是使企业价值达到最大化，同时企业投资战略目标也应是帮助企业实现价值最大化。企业价值最大化是企业管理者在考虑资金的时间价值与风险的情况下，通过对企业的合理经营和制定高效的财务决策，帮助企业实现市场价值的最大化。企业价值最大化目标的特点包括以下三点。

第一，企业价值最大化分析作为一种动态分析，应对资金的时间价值进行充分考虑。

第二，企业价值最大化分析包括对风险因素的考量。投资者在资本市场中对回报率的要求与风险程度成正比，风险越大，投资者要求的回报率会越高，采用的折现率也会越大，这在一定程度上会导致企业价值越小。在企业现值的计算中，折现率的选取也体现出企业对风险因素的考虑情况。

第三,企业价值最大化目标能够全面地将综合销售收入最大化、增长最大化、市场份额最大化等目标综合起来。

四、企业投资战略的类型

企业投资战略的类型多种多样,下面重点对发展型投资战略、稳定型投资战略、紧缩型投资战略进行分析。

(一)发展型投资战略

发展型投资战略是一种以企业的总体战略为指导,在企业的资源配置方面、开发新产品方面都采取新的管理方式和生产方式,从而达到扩大企业的产销规模,增强企业实力的目标的战略。一般来说,发展型投资战略会获得高于社会平均投资收益率的收益。发展型投资战略主要有五种形式,具体分析如下。

1. 集中发展型投资战略

集中发展型投资战略是将企业的全部资源集中在一起,以较高的增长速度来实现当前产品或服务的销售额、利润额、市场占有率的提升。采取集中发展型投资战略的企业多为处于创业初期、融资能力弱且管理经营不够完善的小企业,这类企业的战略目标是增加产量、扩大市场份额。

集中发展型投资战略的优势是能够将企业目标集中起来,实现生产专业化和规模经济。但是这种战略的缺点也很明显,即容易受到产业兴衰的影响。当企业所处领域的产业出现明显的需求变动时,会对采取集中发展型投资战略的企业形成较大的冲击。

除此之外,一些资源独占型产业,如房地产、矿业等,也可采取集中发展型投资战略。但是,经营这些产业的企业也要提前认识到,任何商品的市场容量都是有限的,在市场已经趋于饱和的情况下,具有较大经营优势的企业的增长速度就会逐渐放缓，这会对企业的长期发展造成影响。此时，企业就需要寻找新的契机，努力向多样化的方向进行战略转移。

2. 同心多样化投资战略

同心多样化投资战略能够将企业的资源配置到与企业现有产品、服务相似的新产品或新服务中，处于产业上升期的企业较常使用这种战略，这能够增强企业的市场地位。

同心多样化投资战略的优势是能够有效避免集中投入单一产品或服务造成的风险，缺点在于资本的运作方过多，不仅增加了管理难度，也增加了资本短缺的风险。此外，经济的下滑也会对同心多样化企业造成影响，因为企业中的各个业务规模都较小，缺少明显的竞争力，效益的下滑直接分散了企业的发展力量。

3. 纵向一体化投资战略

纵向一体化投资战略指的是通过向前、向后两个方向扩大企业当前已有的经营业务的一种发展战略。其中，向前一体化指的是企业自行销售其产品及服务；向后一体化指的是企业自行供应其生产现有产品或服务所需的所有产品或服务。

纵向一体化投资战略的优势在于能够将多个单一经营的企业业务综合到一个企业内部进行，这能够有效节约交易成本、降低交易风险，同时也能够使企业有效利用资源。具体来说，向前一体化能够使企业更好地控制销售渠道和销售过程，帮助企业缓解库存压力，增加产品的市场适应性；向后一体化能够使企业更好地控制原材料的成本、质量，同时也可以将原材料供应商获得的利润承接到本企业中。

但是，纵向一体化也存在明显的风险，有研究证明，使用向前一体化投资战略的企业经营效果要差于使用其他战略的企业；而采用向后一体化投资战略的企业的价格收益比率也低于同行业中使用同心多样化投资战略的企业。

4. 横向一体化投资战略

横向一体化投资战略指的是企业购买、联合或者兼并与本企业存在竞争关系的企业的战略。横向一体化投资战略的优势在于企业可以利用经验共享和优势互补的方式实现规模经济，这能够有效提升产业集中度，也能够增强企业对市场的控制能力。但是，这种投资战略的缺点也十分明显，就是企业需要承担更大的风险，要解决因组织规模庞大而导致的机构繁杂、效率低下的问题。

5. 复合多样化投资战略

复合多样化投资战略指的是将资源导向与企业现有产品或服务不同方向的产品或服务融合的战略。当前，许多企业都愿意选择这种复合多样化的投资战略，这种战略的优势表现在以下四点。

第一，企业内部会产生资金上的协同作用，一项业务产生的短期资金盈余会补充另一项业务的资金需求。

第二，企业可以利用不同产业和不同市场来分散企业的经营风险。

第三，企业能够向更有经济特点的产业转移，这能提升企业的盈利能力与灵活性。

第四，联合之后的企业能够带来税收协同效应，这能够有效降低企业整体的纳税额。

复合多样化投资战略的缺点也十分明显，主要表现在以下三点。

第一，复合多样化投资战略对企业的管理者具有较高的要求，需要管理者充分认识各个经营单位的经营状况。

第二，在使用复合多样化投资战略时，企业需要新设管理机构，增加管理人员，这会在无形中增加一部分管理费用。

第三，复合多样化投资战略也会妨碍企业内部各个业务潜力的发挥，从而影响各项业务的发展。

(二) 稳定型投资战略

稳定型投资战略指的是企业在战略规划期内能够将企业的资源保持在当前状态或水平上的战略。稳定性投资战略的特点表现为三点：首先，企业对过去的投资收益水平十分满意，决定继续按照过去的目标开展经营；其次，企业每年期望获得的投资收益保持稳定的比例；最后，企业会选择用相同的产品或服务为顾客服务。

稳定型投资战略的优势体现为三点：第一，企业能够避免因开发新产品和新市场而形成的财务风险；第二，企业能够实现经营规模和资源的平衡发展；第三，企业能够避免因资源组合而导致的时间损失。

稳定型投资战略的缺点表现为三点：第一，在外部环境出现变动时，企业的战略目标容易受到影响；第二，企业本来有的差异优势会因竞争对手的模仿或产业的变化而逐渐减弱；第三，企业在选择稳定型投资战略时，风险意识也会下降，会导致企业在面对突发危险时缺少适应性与抗争性。

(三) 紧缩型投资战略

紧缩型投资战略常见于企业自身的经营状况、资源条件等已经不能适应外部环境的变化，企业难以获得良好的收益，且自身发展受到威胁的情况。一般来说，企业会在短期内选择这种战略，使企业能够平稳度过危机。紧缩型投资战略可分为以下三种类型。

1. 抽资战略

抽资战略指的是企业减少在某一领域内的投资，这一领域可以是一个战略经营单位、事业部、产品线等。这样做的目的是减少费用支出，优化现金流量，将引出的现金流导向新的发展中的领域。

2. 放弃战略

放弃战略指的是企业卖掉企业内部的一个部门，这个部门可以是战略经营单位，也可以是一条生产线或一个事业部。当企业在抽资战略实施失败时，常采用放弃战略。

3. 清算战略

清算战略指的是企业利用拍卖或停止全部经营业务来停止企业的一切经营活动的战略。对任意一个企业的管理者来说，清算战略都是所有战略中的保底战略，当其他战略都难以进行的情况下，企业就需选择清算战略，若企业依旧一意孤行，那么企业最终走向破产后能够清算的东西就会更少。

五、企业投资战略的制定

企业投资战略的制定是企业进行投资战略管理的基础和主要环节，对企业投资的整个过程都有重要作用。企业投资战略的制定包括六个步骤，具体如图 6-5 所示。下面对前五个主要步骤进行重点讲解。

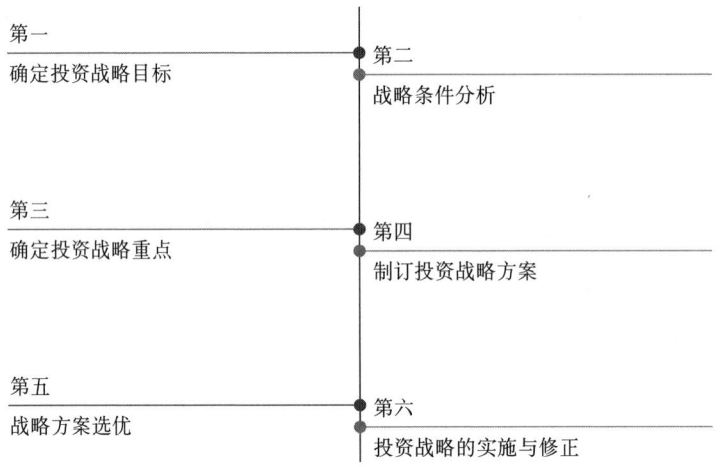

图 6-5 企业投资战略的制定步骤

(一) 确定投资战略目标

企业投资战略的目标即为实现企业价值的最大化，投资战略需要围绕这个目标明确企业的产业目标、产品目标、技术目标、市场目标。企业的投资战略要满足科学、合理的要求。对此，企业可从以下两方面进行：第一，详细分析企业现状；第二，企业要对自己的未来发展进行准确预测。通过这种分析，企业能够对自己的潜力和发展水平进行预测，从而使战略目标具有可操作性与可行性。此外，企业对自己的发展情况进行预估，还能够使战略目标具有超前性和先进性。

（二）战略条件分析

战略条件分析涉及的内容有战略环境、企业内部条件、投资战略态势的分析。其中，战略环境分析主要是对国家总体经济状况的分析、国家经济政策的分析、行业分析；企业内部条件分析是通过对企业的资源优势和劣势进行分析，使企业能够清晰地认识自身实力；投资战略态势分析则是对战略环境和企业内部条件进行分析，明确企业应采取的战略姿态。下面将重点对这三方面的内容进行分析。

1. 战略环境分析

战略环境分析的内容有国家总体经济状况、国家经济政策、产业环境，图6-6为企业投资战略环境分析模型，该图表示在国民经济系统内有多个产业，每个产业的发展都会受到外界政治、经济、社会、技术的影响，同时，各个产业之间也会相互影响。

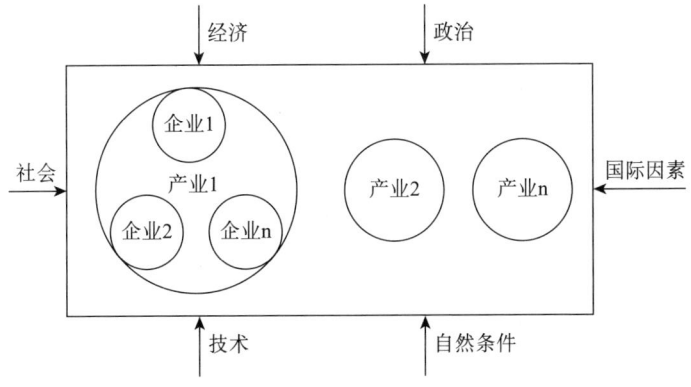

图6-6 投资战略环境分析

产业环境直接决定了企业参与竞争的领域，同时产业的发展在一定意义上也影响企业的发展，因此战略环境分析主要是对企业参与竞争的某个产业进行分析。产业分析的内容包括以下几点。

（1）产业的特性。在对产业进行分析之前，需要先对产业的特性进行分析。对产业特性的分析可从以下几点进行。

第一，产业具有哪种特点。

第二，产业在工业生产总过程中处于什么位置。

第三，本产业有哪些资本需求。

第四，产业中的企业需要的资源属于哪种类型。

第五，产业属于垄断性竞争还是分散性竞争。

第六，本产业中的企业需要达到什么样的投资收益率。

（2）产业的生命周期。产业生命周期从产品的生命周期延伸而来，一般来说，产业生命周期包括初创期、成长期、成熟期、衰退期四个阶段，它们各自的特点如下：

初创期：投资该产业的公司数量很少，公司盈利空间不大，多数公司处于亏损状态，面临的风险较大。

成长期：此时产业中的企业数量增加，经营利润也开始逐渐提升，但是企业面临的扩损风险在逐渐上升，这个时期产业中的企业容易出现破产或兼并的情况。

成熟期：此时产业中企业数量迅速增加，企业间的竞争日趋激烈，只有少数大企业在竞争中能获得胜利，且能够垄断整个产业的市场，并获得较高的利润，同时面临的风险较低，企业进入稳定发展时期。

衰退期：此时市场中对该产业所生产的产品需求量逐渐下降，企业经营利润大幅降低，整个市场趋于萎缩。当各企业都难以获得正常利润时，整个产业将走向解体。

（3）产业的发展状况。对产业的发展状况进行分析有助于确定资本的投向。一般情况下，对产业发展状况的分析需要围绕以下几个方面进行。

第一，社会对产业的产品或服务的总需求量情况。

第二，产业当前所具有的总生产能力情况。

第三，产业的生产能力发展趋势情况。

第四，产业的资源供应情况。

第五，产业的技术总体水平及未来走向情况。

（4）产业的竞争结构。产业的竞争结构直接决定了产业的竞争规划和激烈程度。通过对产业竞争结构进行分析，在本产业中的企业或者想要进入该产业的企业，都可以确定自身的竞争因素及未来竞争的基本对策，规划企业战略。

2. 企业内部条件分析

在制定企业投资战略前，既要对投资战略环境进行分析，也要对企业内部的各项条件进行正确评价，其中企业的核心能力是需要重点评估的方面。作为一种能够为企业进入市场提供潜在机会、为企业赢得顾客利益的最大潜能，核心能力是最不容易被其他竞争者所模仿的。图6-7展示了核心能力的四大特性。

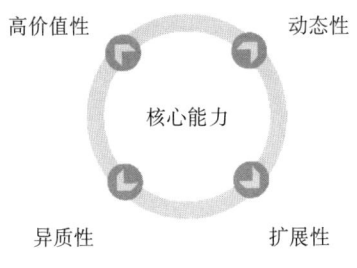

图6-7 核心能力的四大特性

3. 投资战略态势分析

企业投资战略态势指的是在企业投资战略中，企业所具有的内部条件和外部条件在对比过程中所形成的一种趋势架构。该架构能够直接说明企业在对待环境变化的过程中应采取的行动姿态。此外，企业在对投资战略态势进行分析的过程中需要明确五个问题，分别是企业是做什么的、企业所面临的顾客是谁、企业对顾客来说具有什么样的价值、企业的业务将是什么、企业的业务应该是什么。在明确这五个问题后，企业就可使用波士顿矩阵、机会－威胁分析矩阵等进行企业战略态势分析。

（三）明确投资战略重点

企业的战略投资活动是按照企业的成长规律进行的，企业可以利用战略投资活动去调整企业的内部结构，优化内部结构，同时帮助企业获得利润额的增长。一般来说，需要明确的投资战略重点包括以下三个方面。

1. 经营资源的投资重点

随着经济全球化的发展，市场中的企业战略投资重点也开始出现变化，企业投资所形成的资产开始从有形资产转向无形资产。企业经营者对无形资产价值的重视程度也不断上升。在当前知识经济背景下，企业最主要且最关键的经营资源是生产知识及掌握这些生产知识的高素质人才，因此，企业需要增加对知识产权的投资。此外，因为知识是依托于使用者而存在的，知识使用者的使用经验、想象力等无形资产的重要程度远高于企业中有形资产的重要程度，所以，企业需要增加对人力资源的投资。

2. 产品生命周期不同阶段的投资重点

不同的产品生命周期阶段，消费者拥有不同的消费需求，因此，在不同的产品生命周期阶段，企业的投资重点也需要产生相应的变化。图6-8展示了企业在不同阶段的经营风险程度以及销售收入和利润曲线的走向，对各阶段的分析如下所述。

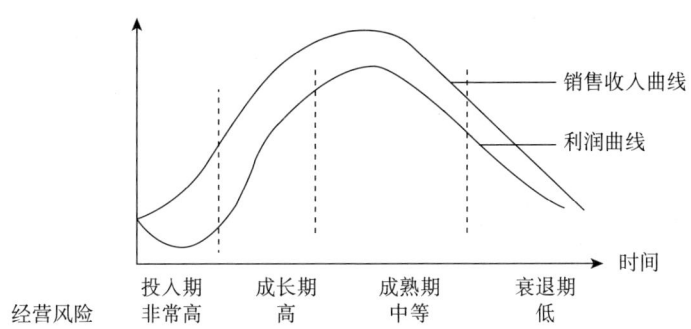

图 6-8 企业在不同阶段的经营风险程度以及销售收入和利润曲线的走向

（1）产品的投入期。在产品的投入期，企业面临的经营风险非常高，企业能够取得成功的关键在于重视对新产品的开发和投入，增加对产品的开发投资。需要注意的是，在这个阶段中，企业的产品成本较高，收入和利润水平也较低，甚至面临收入负增长的局面，企业要在财务上重视对可行性评价的审核决策。

（2）产品的成长期。在产品的成长期，企业面临的经营风险很高，市场份额的增长和对全面市场开发是保证企业能够获得成功的关键因素。在这个阶段中，企业的投资重点为建立密切的销售网络，进行大范围的广告宣传，与销售商建立友好的合作关系。处于成长期的企业会随着企业产品对市场渗透力的增强而获得销售额的增长，成本也会逐渐回落，产品能够为企业赢得利益。

（3）产品的成熟期。在产品的成熟期，企业的经营风险比投入期、成长期风险要低一些，能够在最小成本下维持一定的市场份额是企业获得成功的关键因素。在这个阶段，企业产品价格、利润趋于稳定，但也有同类型的竞争者开始出现，因市场饱和度逐渐上升，新产品的吸引力开始下降，销售额与利润也将达到最高水平阶段。

（4）产品的衰退期。在产品的衰退期，企业的经营风险程度最低，能够保持成本最小化和实现资产变现是这个阶段企业获得成功的关键因素。

3. 产业生命周期不同阶段的投资重点

在不同的产业生命周期阶段，企业也要考虑不同的投资重点。图6-9展示了产业生命周期不同阶段的投资重点。

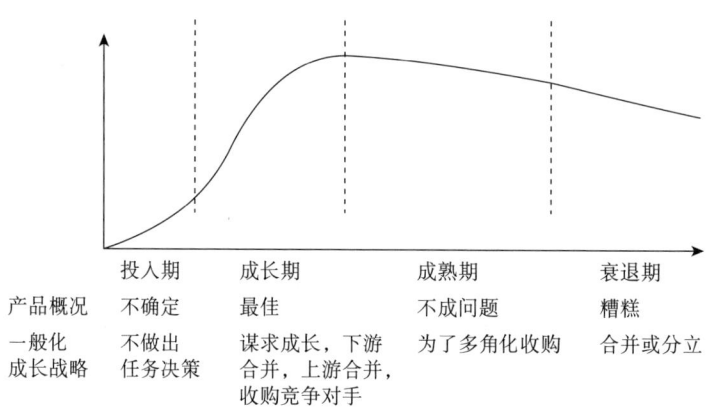

图6-9 产业生命周期不同阶段的投资重点

在此需要强调的是，当企业从一个产业转向另一个产业时，需要把握好时机，进行及时转型。若是过早地进入新产业，可能也会失去原本产业的投资收益；如果在原有的产业停留的时间过长，企业也可能丧失进入新产业的机会。

（四）制订投资战略方案

企业需要按照战略目标的有关要求，制订出相应的企业投资战略方案。一般来说，企业制订投资战略方案会按照以下三个步骤进行。

1. 轮廓设想

轮廓设想指的是企业从不同的角度或路径，提出各种可行方案，这些方案完全是根据企业的实际发展情况制订的。在进行轮廓设想的过程中，企业管理者要打破思维定式的限制，充分发挥想象力和创造力，实现战略创新。

2. 精心设计

企业在轮廓设想阶段得到的方案较为粗糙，需要经过有关管理人员的设计和完善之后才能具备实用价值。通常情况下，精心设计包括两项工作：确定方案的细节和估计方案的实施结果。

3. 前景预测

企业在制订企业投资战略时，需要对战略行动的前景进行预测。利用前景预测，企业能够更好地进行战略规划，更好地完善预算标准，从而提升资本使用效率，减少资本浪费。一般情况下，企业投资战略前景预测包括战略执行的结果、战略执行过程中可能出现的意外情况及战略执行的费用。

（五）投资战略方案选优

企业投资战略决策的过程是企业对多个方案进行评价选优的过程，选定的投资战略最优方案对企业未来发展具有引导作用。有研究证明，企业选择投资战略要看如下因素。

1. 企业的总体战略因素

企业的总体战略是企业投资战略选择的主导方向，是投资战略选择过程的起点。因此，企业管理者在进行投资战略方案最优选择的过程中，首先要考虑企业的总体战略，从整体层面选择最适合企业未来发展的投资战略。

2. 决策者对风险的态度因素

投资是一项具有较高风险的企业活动，企业管理者对风险程度的认识会直接影响其对投资战略的选择。一般情况下，高风险的投资战略方案也代表着高收益。有些企业管理者愿意为了高收益而承担高的投资风险，从而采取进攻性较强的投资发展战略，有的企业管理者则不愿意冒太大的风险进行投资，一般会选择防御性投资发展战略。

3. 企业筹集和调配资源的能力因素

企业在日常经营过程中需要各方面的资金、原材料、人才等一系列资源，企业能否筹集足够多的资源对企业投资的成功与否具有十分重要的影响。通常，企业与政府部门、与产业中其他企业、与不同产业中其他企业等不同经济主体之间的关系，企业的社会声誉和还款能力，以及企业在产业中的组织和协调能力都是影响企业筹集和调配资源能力的重要因素。

4. 时间因素

投资战略决策中可利用的时间会对企业管理者的投资战略选择产生关键影响。在巨大的时间压力下，企业可供选择的投资决策方案数量会减少，同时，企业在评价过程中收集的信息量也会较少。此外，当管理者受到时间压力影响时，考虑问题也会不够全面。

为了能够在投资战略方案决策中选出最适合企业发展的最佳投资战略，企业需要设置一定的选择标准。通常情况下，判断一项战略是否可行，需要通过以下三点检验。

第一，目标一致性检验。被选择的战略规划的目标需要与企业的整体目标保持一致。

第二，产业结构检验。被选择的战略能够将企业在特定产业或有关产业结构中的优势充分展现出来。

第三，能力检验。被选择的战略中所需的各类条件是企业能够满足的。

第七章 市场营销实践

市场营销在企业的发展过程中有着重要的意义，其能够在很大程度上促进企业产品的市场销售，提升产品的品牌影响力，从而提高企业的市场竞争力，为企业最大经济效益的获取创造有利条件。本章基于市场营销学概述，对市场营销的现实基础进行了详细的分析，并对市场营销策略的制定进行了具体阐述，以期为企业的市场营销实践提供有益的借鉴。

第一节 市场营销学概述

市场营销学是一门研究市场营销活动规律性的学科，对企业的发展具有重要意义，比如为企业迎接新经济时代的营销挑战提供助力、提高企业的市场竞争力等。本节主要基于市场营销学的产生与发展，对市场营销哲学的演进进行了详细的阐述。

一、市场营销学的产生与发展

（一）市场与市场营销

1. 市场的内涵与类型

市场是各方参与交换的多种系统、机构、程序和基础设施之一。从市场营销学的角度来讲，市场主要指某种产品的购买者现实和潜在需求的总和，主要由三个方面的因素构成，即购买者、购买欲望和购买力。

根据不同的分类标准，可以将市场划分为不同的类型，具体内容如表 7-1 所示。

表 7-1　　　　　　　　　　　市场的类型

划分标准	市场类型
购买者的需求目的	生产者市场
	消费者市场
	中间市场
商品形态	商品市场
	服务市场
	房地产市场
	信息市场
	资金市场
	技术市场
企业进入或退出市场的难易度	完全竞争市场
	完全垄断市场
	寡头垄断市场
	垄断竞争市场
市场的空间范围	国内市场
	国际市场
市场的主体地位	买方市场
	卖方市场
商品交换的交易形式	现货市场
	网络市场
	租赁市场
	期货市场

2. 市场营销的概念与步骤

（1）市场营销的概念。市场营销是一个比较宽泛的概念，而且其含义会随着市场的发展而不断变化,所以到目前为止,学界在市场营销概念的界定上依旧没有达成一致的意见。基于笔者多年的相关研究,为了行文叙述的需要,这里将市场营销的概念界定为:"市场营销是指企业通过创造产品、提供服务的方式,在满足消费者相关需求的基础上,获得利润的管理或经营过程"。

(2) 市场营销的步骤。市场营销的步骤主要包括四个:第一步,分析市场机会;第二步,选择目标市场;第三步,确定市场营销策略;第四步,管理营销活动(包括营销计划、营销组织、营销控制)。

(二) 市场营销学的形成与发展

1. 市场营销学的形成条件

市场营销学是社会经济发展到一定程度的产物,其形成条件主要包括四方面内容:其一,买方市场的出现与不断完善;其二,社会法制的健全;其三,企业间存在激烈的竞争;其四,企业以追求利益最大化为目标。

2. 市场营销学的演变与发展过程

市场营销学的演变与发展主要经历了四个阶段:初创时期、应用时期、成熟时期以及发展完善时期。具体内容如表 7-2 所示。

表 7-2　　　　　　　市场营销学的演变与发展

发展阶段	主要内容	市场营销学的研究特点
初创时期 (1900—1920 年)	①市场营销学创立 ②开设市场营销学相关课程 ③市场营销学教科书出版	①注重推销术、广告术研究 ②研究活动限于课堂 ③理论体系尚未形成
应用时期 (1921—1950 年)	市场营销学走向社会	①注重推销、广告技巧研究 ②研究内容以消费者为中心 ③开始得到社会重视

续表

发展阶段	主要内容	市场营销学的研究特点
成熟时期 (1951—1980年)	①市场营销学从经济学中独立出来 ②市场营销学理论趋于成熟 ③市场营销学范围扩大	①营销观念形成（以市场为导向） ②研究对象由传统营销转变为现代市场营销 ③成为综合性边缘学科
发展完善时期 (1981年至今)	①巴巴拉·本德·杰克逊提出"关系营销"概念 ②科特勒提出"大市场营销"概念 ③市场营销学的相关理论与实践不断完善	①研究内容、方法日趋成熟 ②形成系统的框架和体系 ③营销学应用范围扩大到其他领域 ④网络营销受到关注

二、市场营销哲学的演进

市场营销哲学也被称为市场经营观念，主要指企业在进行具体的经营活动时，所依凭的指导思想或经济哲学。

（一）市场经营观念的类别

从不同的角度出发，可以将市场经营观念划分为不同的类型。这里主要从"以企业为中心""以消费者为中心"和"以社会长远利益为中心"三个角度出发，对市场经营观念进行分类，具体内容如图7-1所示。

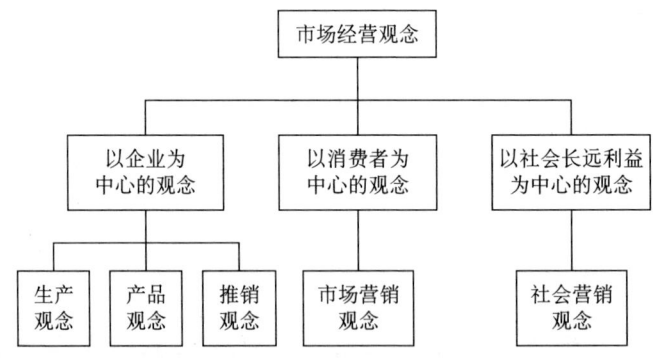

图7-1 市场经营观念的类型

(二) 市场营销组合的演变

1. 市场营销组合的含义

所谓市场营销组合，主要指企业在日常经营实践活动中采取的用来满足目标市场需要的一系列营销工具、措施等的组合。市场营销组合主要包括四方面内容，即产品、价格、分销、促销。① 企业运用市场营销组合的具体方法是基于相应的市场营销策略，以合理的价格和有效的营销方式（分销、促销），将产品传递给目标市场，简化的运作流程如图 7-2 所示。

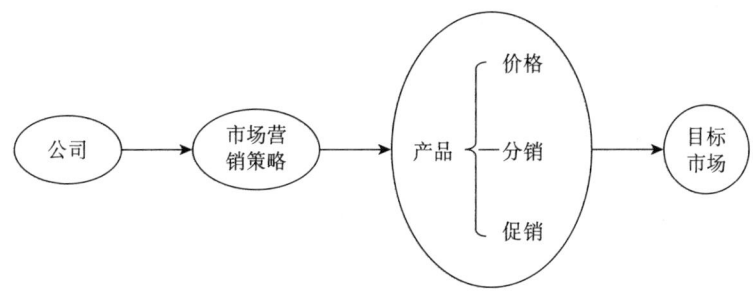

图 7-2 市场营销组合的运作流程

2. 市场营销组合的特点

市场营销组合的特点主要有四个，即可控性、动态性、层次性以及整体性。其中，可控性主要体现为市场营销组合的构成部分属于可控的因素，企业可以通过采取相应的措施来对市场营销进行有效的控制；动态性主要指市场营销组合的构成部分会随着政治、经济环境的变化而发生相应的变化；层次性主要体现为市场营销组合的每一个组成部分都是由诸多次一级因素构成的，比如产品由质量、特性、包装、附件等因素组合而成；整体性主要体现为市场营销组合的各构成部分之间不是相互

---

① 市场营销组合中的产品 (Product)、价格 (Price)、分销 (Place)、促销 (Promotion)，又称为 "4P"。

独立的，而是相互配合、相互补充的，从而发挥"1 + 1 > 2"的整体效应。

3. 市场营销组合的演变与创新

市场营销组合大致经历了"4P"→"6P""7P""10P"→"4C"→"4R"的演变与创新过程。其中，"6P"是在"4P"的基础上增加了"Politics（政治）"和"Public relations（公共关系）"，"7P"即为"Product（产品）""Price（价格）""Place（分销）""Promotion（促销）""Physical evidence（有形展示）""Process（过程）""People（人员）"，"10P"是在"6P"的基础上增加了"Probing（研究）""Partitioning（划分）""Prioritizing（优先）""Positioning（定位）"；"4C"主要包括"Customer（顾客）""Cost（成本）""Convenience（便利）""Communication（沟通）"四个构成部分；"4R"即为"Relevance（关联）""Response（反应）""Relationship（关系）"和"Return（回报）"。市场营销组合演变的过程也是人们根据市场变化不断对市场营销组合进行创新的过程，目的在于能够为企业、市场的发展提供有益的帮助。

（三）市场营销观念的创新与发展

市场营销观念是随着社会发展不断创新与发展的。20世纪80年代至90年代初，占据主体地位的市场营销观念主要有大市场营销观念、社会责任营销观念、关系营销观念等；20世纪90年代中叶后期，随着全球经济一体化的纵深发展，市场营销观念发生了巨大的改变。这一阶段在市场上有较大影响力的营销观念有大市场营销观念、社会责任营销观念、关系营销观念、全球营销观念、整合营销观念、绿色营销观念等。下面对这几种市场营销观念进行简要的阐述。

1. 大市场营销观念

大市场营销观念由科特勒提出，其核心主要包括两方面内容，其一是企业要具备快速适应环境的能力，其二是企业要具备在一定程度上影响外部环境的能力。

2. 社会责任营销观念

社会责任营销观念最早由美国运通公司提出，其内涵可以从两方面来理解：从狭义的角度来讲，社会责任营销观念强调企业基于对消费者负责的态度，通过产品制造、服务提供等方式满足社会及消费者的多样化需求，从而实现社会、企业、消费者三者的利益最大化目的；从广义的角度来讲，社会责任营销观念强调企业要承担相应的社会责任，为社会整体品质的提高贡献力量，最终实现企业与社会的共同发展。

3. 关系营销观念

关系营销观念最早由美国学者白瑞提出，之后经过杰克逊、皮尔恩等人的发展逐渐在市场上流行起来。具体来说，关系营销观念要求企业在具体的营销过程中，处理好以下六方面的关系：①企业与内部员工之间的关系；②企业与消费者之间的关系；③企业与竞争者之间的关系；④企业与供应商之间的关系；⑤企业与分销渠道的关系；⑥企业与社会的关系，这一关系主要包括两方面的内容，其一是企业与社会相关机构（如工商部门等）之间的关系，其二是企业与社会公众（如媒体、社会团体等）之间的关系。

4. 全球营销观念

全球营销观念是在20世纪90年代中期出现的一种全新的营销观念，强调企业在营销实践中，要将全球视为一个整体，采取全球营销战略。全球营销战略是一种基于全球视野的营销战略，在整合全球资源、利用全球市场营销机会、提高企业的竞争力等方面都有着重要的作用。在全球营销观念下，企业常采取的全球营销战略及坚持的全球营销管理导向如图7-3所示。

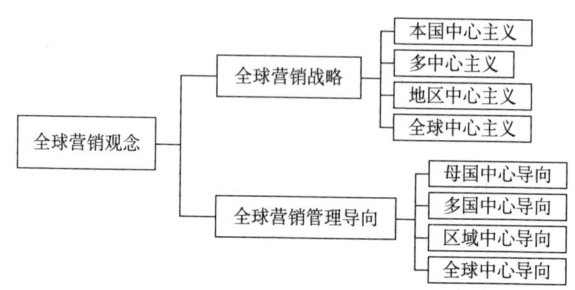

图 7-3　全球营销观念下的营销战略与管理导向

5. 整合营销观念

整合营销观念的核心是企业基于消费者的消费需求,在相应的营销策略的指导下,将各种营销要素合一,发挥合力作用,为最终的营销目标服务。整合营销的过程如图 7-4 所示。

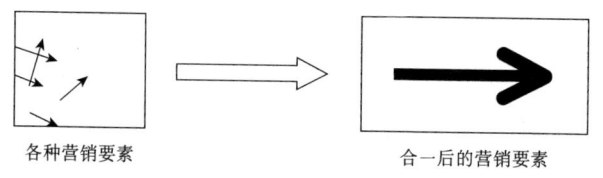

图 7-4　整合营销过程

6. 绿色营销观念

绿色营销观念强调企业在营销实践过程中,遵循可持续发展原则,以实现企业与环境的统一协调发展为目标,有计划、系统地开发产品来满足市场的需求。相较于其他的营销观念,绿色营销观念的特点主要体现在三个方面:①以人类社会的可持续发展为导向;②注重企业经济效益与社会效益的统一;③企业的责任感和社会道德意识强。

第二节　市场营销的现实基础分析

市场营销活动的开展是基于相应的现实基础的,只有充分分析、研究各种影响市场营销的现存因素和潜在因素,才能为最终的营销成功奠定良好的基础。本节主要基于市场调研与市场预测,对市场营销环境、消费者购买行为、组织市场购买行为等市场营销的现实基础进行了分析。

一、市场调研与市场预测

(一) 市场调研

1. 市场调研的概念

市场营销学中的市场调研,主要体现为企业的相关部门基于科学的方法和客观的态度,收集、分析与市场营销相关的各种信息,从而为制定有针对性的营销战略提供依据。

2. 市场调研的程序

市场调研的程序主要由四部分构成,具体分析如下。

(1) 确定问题和调查目标。确定问题和调查目标是市场调研的第一步,要求企业在明确自身存在且急需解决的问题的基础上,确立调查目标,以增强市场调研的针对性。

(2) 制订调查计划。制订调查计划是市场调研的第二步,企业在确定问题和调查目标后,需要制订详细可行的调查计划,并上报相关部门审批。一般来说,调查计划需要包括以下几个方面的内容:①数据来源;②调查方法;③所需设备;④样本计划;⑤取得数据的手段。

(3) 执行调查计划。执行调查计划是市场调研的第三步,要求调查者根据指定的调查计划收集、整理和分析信息。需要注意的是,调查计划是在活动执行前制订的,难免存在不合理的地方,因此,企业在执行调查计划的过程中,可以根据具体的情况,灵活调整调查计划,保证调研工作的顺利进行。

(4) 解释并报告调查结果。解释并报告调查结果是市场调研的最后一步,要求调查者将市场调研的结果以结论的形式报告给管理部门,并做出详细的解释,从而为管理者做出正确的决策提供支持。

3. 市场调研的方法

企业在市场调研过程中,常用方法主要有以下几种:文案调查法、实地调查法、网络调查法。具体分析如下。

(1) 文案调查法。文案调查法,是指在查阅相关资料的基础上,通过统计、分析、甄别、筛选等系列过程得到所需信息或资料的一种调查方法。一般来说,文案调查法的程序主要由四部分构成,即明确所需调查资料、寻找资料信息来源、分析筛选资料、撰写调查报告。具体的文案调查方法主要包括以下几种:①文献资料筛选法;②报刊剪辑分析法;③情报联络网法。

文案调查中资料的来源渠道主要有两种,其一是内部资料,其二是外部资料。其中,内部资料来源包括业务资料、统计资料、财务资料等;外部资料是由外部机构所提供的资料,主要来源如图 7-5 所示。

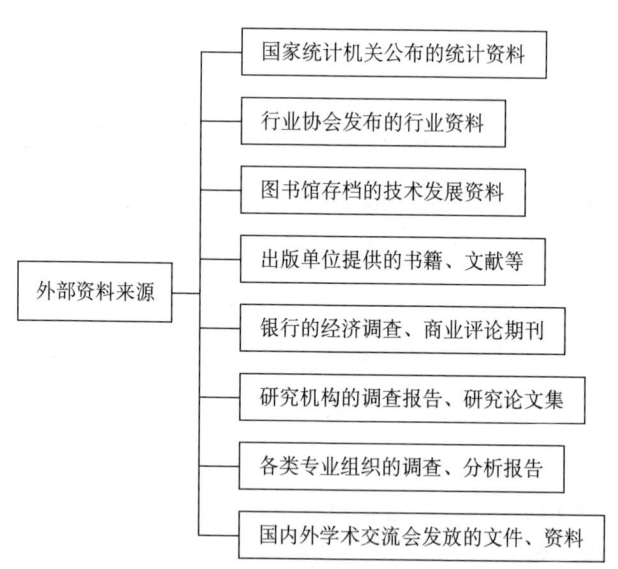

图 7-5 外部资料来源

（2）实地调查法。实地调查法是企业开展市场调研工作时常采用的一种方法。实地调查法主要包括访问法和现场观察法两种。

访问法主要指调查者基于拟定好的调查事项，以面对面、电话、书面等形式，询问被调查者，从而获得所需资料的一种方法。访问法主要包括直接访问法、堵截访问法、电话访问法、邮寄访问法等，具体内容如表7-3所示。

表7-3 访问法的主要类型

类型	优点	缺点
直接访问法	①直接性强 ②灵活性强 ③拒答率低 ④调查有深度	①调查成本高 ②调查时间较长 ③调查易受外界因素干扰
堵截访问法 （街头访问法）	①访问地点比较集中 ②有效节省调查成本 ③有效克服入户访问的不足	①回答的可参考性有待商榷 ②调查具有偶然性 ③拒访率较高
电话访问法	①调查成本低 ②节省时间 ③可控性高	①调查深度不够 ②回答的真假性难以辨别
邮寄访问法[①]	①调查范围广 ②回答问题准确度高 ③被调查者受影响小 ④调查成本低	①调查资料回收率低 ②回答的可靠程度有待商榷 ③调查时间长

现场调查法，即调查者借助摄录像器材等设备，记录正在发生的市场行为，以获取相关资料的一种调查方法。现场观察法主要包括直接观察法和间接观察法两种。其中，直接观察法包括顾客观察法和环境观察

---

① 邮寄访问法，是指将调查资料寄给被调查者，完成后再由调查者寄回的调查方法。

法两种，间接观察法是通过观察现场遗留物或痕迹来判断曾经的市场行为的调查方法。调查者在采用现场调查法进行市场调研时，需要注意以下几方面的问题：①选择具有代表性的观察对象；②尽量不让被调查者发现，以增强调查的真实性；③坚持实事求是原则，不夸大、不歪曲调查结果。

（3）网络调查法。网络调查法，是企业借助网络技术获取所需资料的一种调查方法。互联网调查的优势主要包括以下几方面：调查成本低；无时空界限；调查周期短；调查的可靠性高。

网络调查法的实施过程主要包括五个步骤：选择搜索引擎、确定调查对象、查询相关调查对象、确定运用信息服务、分析市场变化。

（二）市场预测

1. 市场预测的含义

所谓市场预测，指的是企业基于市场调查，运用一定的预测理论与方法，对市场未来可能的发展态势所做出的估计和预测。市场预测在企业的市场营销活动中具有重要的意义，能够为企业做出科学、合理的营销计划和发展战略提供参考依据。

2. 市场预测的作用

科学的市场预测对企业的发展具有重要作用，主要体现在以下几个方面：

（1）为企业做出正确的营销策略提供依据；

（2）更好地满足消费者的消费需求；

（3）充分发挥市场的调节作用；

（4）提高企业资源的配置效率；

（5）增强企业的市场竞争力；

（6）提高企业的创新能力，推动企业经营管理结构的不断完善。

3. 市场预测的分类

根据不同的划分标准，可以将市场预测分为不同的类型，具体内容如表 7-4 所示。

表 7-4　　　　　　　　　　市场预测的分类

划分标准	类型
时间长短	短期预测
	中期预测
	长期预测
预测要求	定量预测
	定性预测
预测目的	单项商品预测
	同类商品预测
	总量预测
预测主题	微观预测
	宏观预测
预测结果	条件预测
	无条件预测
预测的空间层次	国内市场预测
	国际市场预测

4. 市场预测的原则

企业在进行市场预测时，并不是随心所欲的，而是遵循一定原则的。通常来说，企业所遵循的市场预测原则主要包括四种，即关联性原则、取样原则、可控性原则、投入-产出原则。

（1）关联性原则。关联性原则主要体现为不同事物之间是存在诸多联系的，或直接或间接，或紧密或疏远，其要求企业在进行市场预测时，除了分析市场因素外，还要分析预测与市场相关联的其他事物，以增强预测的科学性。

（2）取样原则。取样原则主要体现为基于样本分析预测一类事物的发展趋势。取样原则要求企业在进行市场预测时，要选取具有代表性、能反映事物本质的样本，从而使预测的结果更加真实。

（3）可控性原则。可控性原则主要体现为所预测事物未来发展的过程在一定程度上是可以控制的。可控性原则要求企业在进行市场预测时，对影响预测对象发展的因素进行分析，在确定这些因素是否可控的基础上，充分利用可控性因素，采取相应的措施，有效避免不可控因素可能给预测目标带来的不利影响。

（4）投入－产出原则。从某种意义上来讲，市场预测工作是一种目的性较强（追求高"产出"就是其一）的超前性研究工作，它的开展需要一定人力、物力、财力的投入和支持，这就要求企业遵循投入－产出原则。具体来说，企业需要注意以下几方面的问题：①合理选择预测样本；②合理挑选工具设备；③科学确定预测模型；④保证预测工作的精确度，但不可过于追求预测目标的精确度。

二、市场营销环境分析

（一）市场营销环境的含义与特点

1. 市场营销环境的含义

所谓市场营销环境，就是能够影响企业与目标顾客建立、保持互利关系等营销管理能力因素的总和。市场营销环境是一个涵盖范围相对宽泛的概念，大体上主要分为两大类型：其一是市场营销微观环境，其二是市场营销宏观环境。

2. 市场营销环境的特点

市场营销环境的特点主要体现在以下几个方面：①客观性，主要体现为市场营销环境具有不以人的意志为转移的特点；②动态性，主要体现为市场营销环境会随着社会环境等的变化而变化；③不可控性，主要体现为市场营销环境受多方面因素的影响，其中部分因素是企业无法有效掌控的；④可影响性，主要体现为企业通过有效调控内部环境，从而对外部的市场营销环境产生一定的影响。

(二) 市场营销微观环境

市场营销微观环境，即为直接影响企业服务能力、服务质量的各方面因素之和。具体来说，市场营销微观环境主要由五部分构成，如图7-6所示。

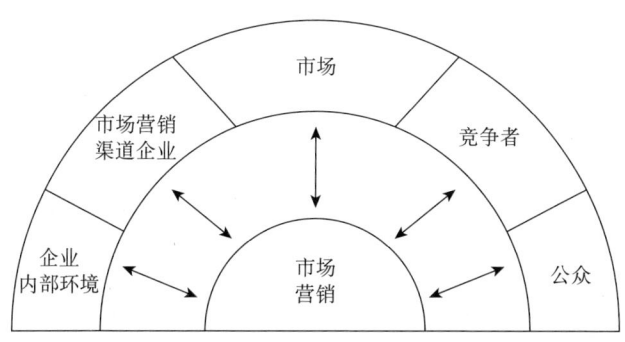

图7-6 市场营销微观环境

1. 企业内部环境

企业内部环境主要指推动企业发展、提高企业市场竞争力、实现企业利润目标的内部诸因素的总和。具体来说，企业内部环境主要由四部分构成，即企业家精神、企业组织结构、企业物质基础、企业文化，这四部分之间相辅相成，共同推动企业的长远发展。

2. 市场营销渠道企业

市场营销渠道企业主要包括以下几种类型：①供应商，即为企业提供各种生产要素的企业或组织；②商人中间商，即对经营商品具有所有权的中间商，如批发商；③代理中间商，即对经营商品没有所有权的中间商，如经纪人；④辅助商，即辅助执行中间商某些职能的企业、机构等，如广告公司。

3. 市场

市场营销微观环境中的市场类型主要有五种，具体内容如图7-7所示。

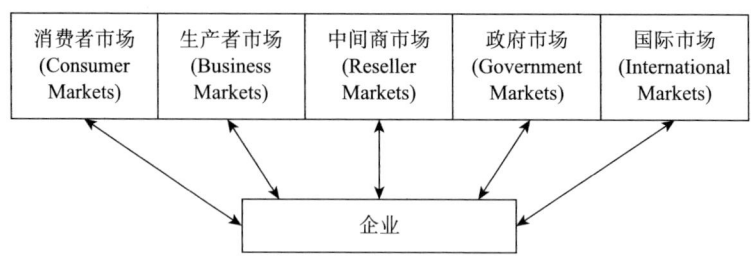

图 7-7 市场类型

4. 竞争者

竞争者主要指在产品制造、服务提供等方面，与本企业相似的其他企业。根据菲利普·科特勒的相关论述，可以将竞争者分为四种类型，即愿望竞争者、产品形式竞争者、一般竞争者和品牌竞争者。

5. 公众

公众主要指影响企业市场营销目标实现的一切团体的总和。具体来说，主要包括以下几种类型：①企业内部公众；②一般公众；③地方公众；④政府公众；⑤群众公众；⑥媒体公众；⑦金融公众。

（三）市场营销宏观环境

市场营销宏观环境，主要指一方面能够给企业带来市场机会，另一方面又能给企业造成潜在威胁的主要社会力量。具体来说，市场营销宏观环境主要包括六方面内容，如图 7-8 所示。

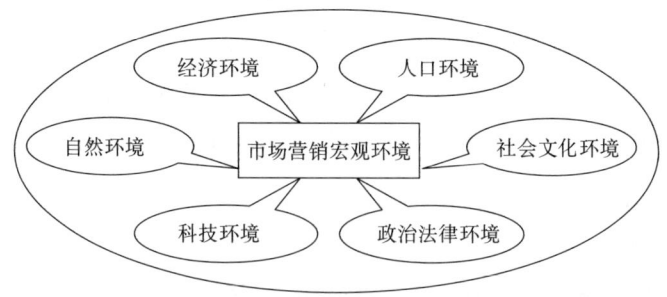

图 7-8 市场营销宏观环境

1. 经济环境

经济环境主要指影响企业开展相关经营活动的外部经济因素的总和，其既能对企业的营销活动产生直接的影响，也能产生间接的影响。因此，企业在进行市场营销时，要密切关注经济环境的发展态势。具体来说，企业要重点关注以下几方面内容：①社会的整体经济发展水平；②消费者收入的构成与变化；③消费者支出模式的变化；④消费者储蓄情况的变化；⑤消费者的信贷情况变化。

2. 自然环境

自然环境主要指作为生产投入或受营销活动影响的自然资源。自然环境对企业市场营销活动的影响主要体现在两个方面，其一是带来机会，其二是造成负面影响。企业在进行市场营销时，要在充分分析自然环境的基础上，发挥自然资源能给市场营销带来的最大价值，并最大限度地避免自然环境带来的不利影响。当下，可能对市场营销产生影响的自然环境的主要动向体现在以下几个方面：①部分资源呈现短缺的危险；②环境污染现象严重；③国家和政府对自然资源管理的力度呈加强的发展趋势。

3. 科技环境

科技环境对企业市场营销的影响主要体现在两个方面：一方面，科学技术的发展能够为企业市场营销活动的开展提供助力，如电子宣传平台能够提高企业营销活动的影响力；另一方面，科学技术的发展也给一些企业带来了冲击，比如晶体管的出现极大地冲击了真空管企业。因此，企业在进行市场营销活动时，要密切关注科技环境的变化，并采取及时、恰当的应对举措，发挥科技环境在市场营销方面的最大价值。

4. 人口环境

人口环境是影响企业市场营销的重要因素，主要由四部分内容构成，即人口规模、人口地理分布密度、人口结构、人口增长。从某种程度上来讲，人口环境直接决定着市场营销的最终成果，因此，企业要将人口环境置于重要的位置。当下，全球人口环境的发展动向主要体现在以下几个方面：①世界人口持续增加；②人口老龄化趋势明显；③发达国家人口出生率明显下降；④许多国家的人口流动性大。

5. 社会文化环境

社会文化环境主要体现为影响企业市场营销的诸因素（如社会价值观念、风俗习惯、民族特征、教育水平等）的总和。社会文化环境对市场营销的影响不是直接的，而是通过影响消费者的观念、行为的方式等影响市场营销活动。因此，企业在进行市场营销时，要重视社会文化环境的重要作用，并基于充分的社会文化调查研究，制定出科学合理的营销战略。

6. 政治法律环境

（1）政治环境。政治环境主要体现为企业在开展市场营销活动时所依凭的外部政治形势。良好的政治环境能够为企业的发展、市场营销活动的开展提供良好的环境支持，而政治混乱、社会动荡则会给社会经济的发展、人们生活的安定造成不良影响，进而影响企业相关活动的开展。

（2）法律环境。法律环境是企业在开展市场营销活动时所依凭的法律保障。法律对企业活动的影响主要体现在两个方面，其一是明确企业享有的权利，为企业行使相关权利提供支持；其二是明确企业的义务，确保企业、市场等有序发展。鉴于此，企业在开展市场营销活动时，要明确自身所享有的权利和应履行的义务，保证企业合法经营。需要注意的是，对跨国企业而言，其不仅要了解本国的相关法律，还要熟知目标市场国家的法律以及国际法则、惯例等，从而为自身在国际营销中占据有利地位提供保障。

（四）市场营销环境分析的过程

市场营销环境分析的过程主要包括三个方面的内容：环境扫描、环境评价、确定市场营销环境分析方法。

1. 环境扫描

环境扫描,是指企业基于充分的调查与研究,明确市场环境中可能对企业经营活动造成影响的事件。市场环境是不断发展的,在发展的过程中会出现各种事件,但并不是所有的事件都能够对企业的市场营销产生影响,这就需要企业通过必要的环境扫描,对这些事件进行识别,明确哪些事件能够对企业的发展产生影响,为企业做出正确的营销策略提供依据。

2. 环境评价

环境评价是市场营销环境分析的第二步,主要指企业基于环境扫描,对影响企业市场营销事件的影响程度、方式等进行评价。环境评价的作用主要体现为企业能够在分析、研究环境评价结果的基础上,明确企业在市场营销过程中的优势和不足,从而使企业制定出有效的竞争战略,提高企业的市场竞争力。

3. 确定市场营销环境分析方法

从整体方面来讲,影响市场营销环境发展趋势的因素主要包括两方面内容:其一是环境威胁,其二是市场营销机会。面对这两方面的影响因素,企业往往会采取威胁分析矩阵和机会分析矩阵(如图7-9所示)两种市场营销环境方法,来进行科学分析和研究,帮助企业制定合理的市场营销战略。

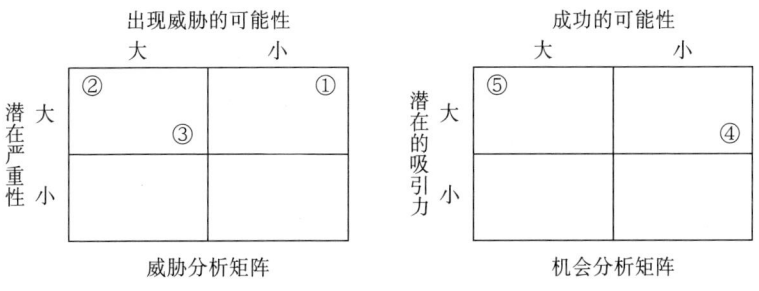

图7-9 威胁分析矩阵和机会分析矩阵图示

在威胁分析矩阵中，横轴表示市场营销环境中出现威胁的可能性，纵轴表示潜在严重性。图中①②③代表企业市场营销环境中的三个"威胁"，其中，②③表示出现威胁的可能性与潜在严重性都比较大，是企业在营销过程中所要面对的主要环境威胁，需要企业认真对待；而①表示在企业营销过程中，这一环境威胁虽然潜在严重性大，但出现的可能性较小，企业采取相应举措，提前做好准备即可。

在机会分析矩阵中，横轴表示成功的可能性，纵轴表示潜在的吸引力。图中④⑤代表企业市场营销环境中存在的两个"机会"，其中，⑤表示成功的可能性和潜在的吸引力都很大，是企业市场营销环境中最好的机会，企业要尽力把握；④表示潜在的吸引力较大，但成功的可能性却较小，企业可在有余力的情况下可进行机会性的尝试。

用威胁分析矩阵和机会分析矩阵这两种方法分析市场营销机会，一般情况下会出现四种结果，即理想业务、成熟业务、冒险业务以及困难业务。这四种结果的机会水平和威胁水平如图7-10所示。

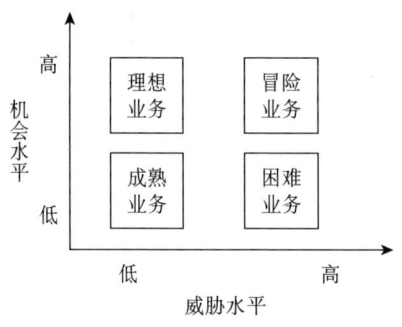

图7-10 市场营销环境分析的四种结果

（五）市场营销环境分析报告的撰写

撰写市场营销环境分析报告在企业开展市场营销活动中具有重要的意义，其不仅是对营销环境分析、研究结果的最终呈现，也是企业制定相应营销战略的重要依据。因此，企业要科学、合理地撰写市场营销环境分析报告，并将报告置于重要的位置。

通常来说，市场营销环境分析报告的撰写主要包括以下几方面内容：

（1）影响企业开展市场营销活动的因素，以及这些因素的变化态势；

（2）企业未来可能面对的市场营销环境，以及这些环境所能带来的机会或存在的威胁；

（3）企业抓住机会或应对威胁的初步设想。

需要注意的是，市场营销环境分析在很大程度上是对企业未来发展环境所做出的预测和分析，因此报告需兼顾充足的事实论证和数据支持，而且力求简明扼要。

三、消费者购买行为分析

（一）消费者购买行为的类型与决策过程

1. 消费者购买行为的类型

根据不同的标准，可以将消费者购买行为分为不同的类型，具体内容如表7-5所示。

表7-5　　　　　　消费者购买行为的类型

品牌差异程度购买参与程度	高	低
大	复杂型购买行为	多变型购买行为
小	协调型购买行为	习惯型购买行为

（1）复杂型购买行为。复杂型购买行为主要指消费者基于大量的产品信息收集、分析、评估等，所做出的购买决策的行为。这种购买行为的发生往往需包含两方面因素：其一是消费者有较高的参与度，其二是相关产品的品牌差异度大。

（2）多变型购买行为。多变型购买行为主要体现为虽然相关产品的品牌差异度大，但消费者基于各方面原因不愿意在品牌选择上花费过多的时间，他们往往会根据实际的需要和市场的潮流、趋势等进行产品的购买。

（3）协调型购买行为。一般来说，协调型购买行为的发生需要包含两方面因素：其一是消费者的参与程度高；其二是相关产品的品牌差异度小。这种购买行为模式下，消费者往往不关注产品的品牌，而是关注产品的价格、产品是否便宜、售后服务是否合理等。

（4）习惯型购买行为。习惯型购买行为主要指消费者不需要花费大量的时间对产品的信息进行收集、分析、评估等，而是直接进行产品购买的一种行为。一般来说，这种购买行为的发生需要包含两方面因素：其一是产品的价格低、品牌差异度小；其二是消费者经常购买，无须进行购买前的一系列复杂活动（如收集、分析信息等）。

2. 消费者购买行为的决策过程

消费者购买行为的决策过程主要由五部分构成，这五部分之间的关系是顺承关系，具体如图7-11所示。

图7-11　消费者购买决策过程

（1）引发需求。一般来说，消费者的消费需求主要是由内部和外部刺激引发的。因此，企业在进行营销活动时，一方面要关注消费者的消费需求和兴趣，重视对消费者的内部刺激；另一方面要重视外部氛围的营造，形成能够刺激消费者消费欲望的外部环境。

（2）收集信息。消费者的消费需求与欲望被激发之后，他们大多时候不是立即进行消费，而是通过多渠道收集信息，确保消费行为的合理性。通常，消费者收集信息的渠道主要包括四个，即个人来源（如亲朋好友的相关推荐）、商业来源（如广告推销）、公共来源（如消费者评审组织)、经验来源(如使用相关产品的心得)。

(3) 产品评价。消费者在收集好产品的相关信息之后,会对可供选择的产品进行具体的比较和评价,并以此为基础,决定之后的购买行动。一般来说,消费者对产品的评价主要包括以下几方面内容:①产品的属性及属性权重;②产品的品牌及品牌信念;③产品的购买途径及售后。

(4) 购买行动。消费者在对可供选择的产品进行比较和评价之后,会对某类(个)产品产生偏好,进而在购买欲望的刺激下产生购买行为。需要注意的是,在实际的消费过程中,消费者的购买行为还会受到其他因素的影响,而且这些因素往往会打消消费者的购买念头,如由意外情况导致的消费者收入的急剧减少等。

(5) 购后行为。购后行为主要包括两方面内容:其一是感受,即消费者在使用某产品之后所形成的主观感受;其二是如何处理,即消费者在使用某产品后是否会再次使用。通常来说,购后行为主要体现为两点,即重复购买、不再购买。决定消费者购后行为的主要因素是消费者是否满意,当产品能够有效满足消费者的需求,使消费者满意,消费者就会在很大程度上进行重复购买;而如果产品不能有效满足消费者的消费需求,不能使消费者满意,不仅会使同一消费者不再购买,而且会在一定程度上影响其他消费者购买。

(二) 影响消费者购买行为的因素

影响消费者购买行为的因素主要包括四个,即文化因素、社会因素、个人因素、心理因素,具体内容如图 7-12 所示。

1. 文化因素

(1) 文化。从某种意义上来讲,文化主要指人们通过学习获得的区别于其他群体行为特征的集合,包括价值观、伦理道德、习惯风俗等。文化是影响消费者购买行为最基础、最广泛、最深远的因素,它不仅影响着消费者对特定商品的购买,而且会对消费者的信息收集、产品

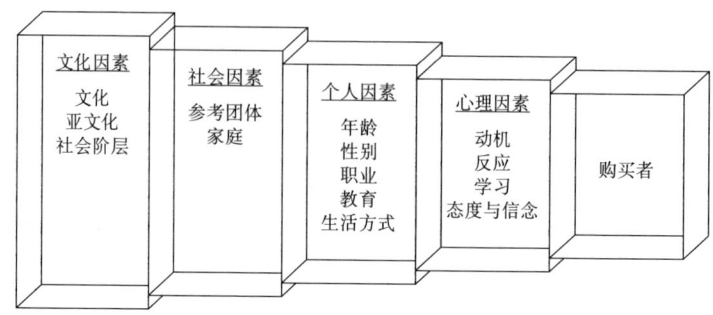

图 7-12　影响消费者购买行为的因素

评价、购后行为等产生一定的影响。

（2）亚文化。所谓亚文化，是指基于主文化而形成的属于某一集体所特有的文化，比如民族文化、宗教文化等。亚文化背景下，人们既具有主文化所倡导的价值、观念等，也具有亚文化所特有的价值、观念等。人们在进行消费时，往往会基于主文化，并以亚文化为核心进行消费。

（3）社会阶层。社会阶层是由相同或类似社会地位的成员组成的相对持久的群体，比如产业工人阶层、专业技术人员阶层等，不同阶层的人在社会地位、经济状况等方面都有明显的差别，在具体的消费活动中，消费者往往会基于自己所处的阶层进行消费。

2. 社会因素

（1）参考团体。参考团体又称为相关群体，在这里主要指能够直接或间接影响消费者购买行为的群体。根据对消费者购买行为的影响的不同，可以将相关群体分为直接相关群体和间接相关群体，如图 7-13 所示。

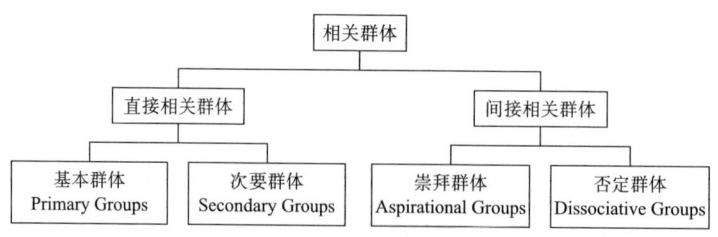

图 7-13　相关群体的类型

相关群体对消费者购买行为的影响主要体现在三个方面：其一，示范性，即相关群体的消费行为影响消费者的购买行为；其二，仿效性，主要体现为相关群体的消费理念、态度等影响消费者的购买行为；其三，一致性，即基于示范性、仿效性，消费者在购买行为方面所体现出的与相关群体趋于一致的特性。

（2）家庭。家庭对消费者购买行为的影响主要体现在两个方面，其一是家庭的整体收入水平，其二是家庭其他成员的意见或建议。其中，整体收入水平是影响消费者购买行为的直接因素，家庭其他成员的意见、建议等是影响消费者购买行为的间接因素。

3. 个人因素

个人因素也是影响消费者购买行为的重要因素，受年龄、性别、职业、教育、生活方式等多方面因素的影响，消费者在进行购买活动时往往呈现出较大的差别。需要注意的是，这些差别并没有实质上的优劣，它只是个人消费理念、购买习惯等的具体呈现。

4. 心理因素

对消费者购买行为产生影响的心理因素主要体现在四个方面，即动机、反应、学习、态度和信念。其中，动机是影响消费者购买行为最直接的心理因素，消费者的购买行为往往是基于强烈的需求动机而形成的；反应又被称为知觉反应，其主要通过选择性注意、曲解和记忆三种方式影响消费者的购买行为；学习主要体现为消费者购买的过程也是不断学习、适应市场营销环境的过程；态度和信念与学习之间有着密切的关系，一方面消费者基于学习形成相应的态度和信念，另一方面消费者所形成的态度和信念又会影响消费者的购买行为，促使消费者继续保持自己的学习状态。

（三）网络时代消费者购买行为的新趋势

网络时代消费者购买行为的新趋势主要体现在三个方面：第一，消费者角色的转变，即消费者由传统单一的消费主体，转变为消费与再生产的统一体；第二，信息搜集方式的多元化、快捷化、立体化；第三，购物过程简易化，消费者足不出户就可以完成购物。

四、组织市场购买行为分析

（一）组织市场和组织市场购买行为

1. 组织市场

所谓组织市场，主要指由某种组织（团体）为购买单位的购买者所组成的市场。一般来说，组织市场主要包括两大类：其一是产业市场，如保险业市场、水产业市场等；其二是中间商市场，如批发市场和零售市场。

2. 组织市场购买行为

所谓组织市场购买行为，即是类组织、机构基于一定的需要，对可供选择的产品、供应商所进行的识别、评价、挑选的过程。一般来说，组织市场购买行为主要由产业市场购买行为和中间商购买行为两部分构成。

组织市场购买行为的特点主要包括以下几点内容：①具有较高的派生需求；②提供专门的服务（如人员培训、技术支持等）；③多人参与决策；④过程具有一定的复杂性。

（二）产业市场购买行为

1. 产业购买决策的参与者

顾名思义，产业购买决策的参与者就是参与购买决策过程的所有成员，具体来说，主要包括以下几种成员：①决定者；②影响者；③使用者；④采购者；⑤信息控制者。

2. 产业购买者的行为类型

产业购买者的行为类型主要包括三种，即直接重购、修正重购、全新重购。其中,直接重购主要体现为产业购买者基于先前的购买经验,在供应者、购买对象、购买方式等不变的前提下,直接重新订购先前采购的同类型产品;修正重购,主要体现为产业购买者出于一定的目的(如寻求更低价格等),变更产品的购买条款或重新选择供应商等;全新重购,是企业第一次购买某类产品。

3. 影响产业购买者决策的主要因素

影响产业购买者决策的因素主要体现在以下几个方面,即环境因素、组织因素、人际因素、个人因素,具体内容如图7-14所示。

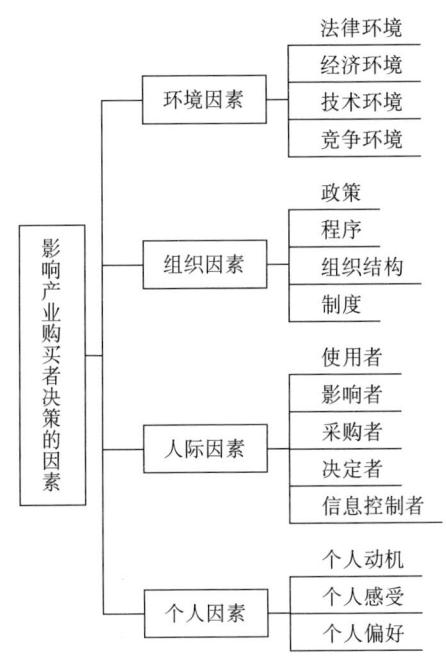

图7-14 影响产业购买者决策的因素

4. 产业购买者决策过程

通常来说,一个完整的产业购买者决策过程主要包括八个阶段的内容:认识需要、确定需要、说明需要、物色供应商、征求建议书、选择供应商、签订合约、绩效评价。

(三) 中间商购买行为

1. 中间商购买行为的类型

中间商的购买行为主要包括购买全新品种、选择最佳卖主、寻求更佳条件三种类型。

(1) 购买全新品种。购买全新品种即为第一次购买某类产品。中间商在购买全新品种时需要着重考虑以下几个方面的因素：①产品的市场前景；②消费者的需求状况；③产品获利的可能性。

(2) 选择最佳卖主。选择最佳卖主也可称为选择最佳供应商，即中间商在确定购买某种产品后，基于多方面因素的综合考量，需要选择最佳的供应商。一般来说，最佳供应商需要满足以下几个方面的条件：①供应顺畅、品质稳定、交期准确；②具备良好的管理制度、团队；③具备良好的设施、设备条件。

(3) 寻求更佳条件。寻求更佳条件主要体现为中间商出于不更换供应商，又试图获取最佳供货条件等目的，通过采取相应的措施，以获取更佳的条件（如更及时的供货等）。

2. 中间商的主要购买决策

中间商的主要购买决策有三种：其一，配货决策，主要包括独家配货、广泛配货、专深配货等；其二，供应商组合决策，主要指决定与之进行商品交换活动的各有关供应商；其三，供货条件决策，主要指决定具体采购时所要求的价格、相关服务等条件。

(四) 网络时代的组织购买

网络时代的组织购买是基于电子信息技术等手段而形成的购买行为。相较于其他购买行为，网络时代的组织购买具有较大的优势。具体来说，主要体现在以下几个方面：其一，能够有效节省交易双方的成本；其二，能够在很大程度上减少产品订货与运输之间的时间；其三，能够有效提高采购系统的效率；其四，能够减少大、小型供应商之间的竞争差异；其五，能够加深采购商与供应商之间的联系。

第三节　市场营销策略的制定

市场营销策略是企业在统筹考量自身内外部因素的基础上制定的，目的在于最大限度地发挥企业的各方面优势，提高企业的市场竞争力，获得最大的经济效益的一种策略。本节主要从产品策略、价格策略、分销渠道策略三个角度出发，对市场营销策略的制定进行简要阐述。

一、产品策略

(一) 产品概述

1. 产品的概念

从市场营销学的角度讲，产品主要指市场所提供的，能够有效满足人们各方面需求的有形产品和无形产品的总和，具体来说，主要包括如图 7-15 所示的五个层次的内容。

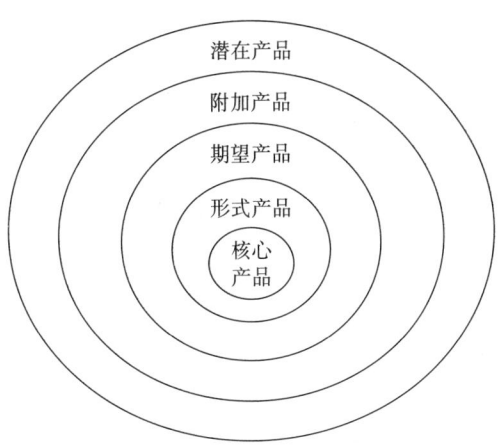

图 7-15　产品的内容

核心产品是产品中最基本、最主要的构成部分,主要体现为产品所能够给予消费者的效用或利益。人们购买核心产品的目的很大程度上不是为了占有某产品,而是为了获得某产品所能带来的效用或利益。比如,购买电视机能够有效满足消费者自身的娱乐需求。

形式产品是核心产品的载体,核心产品通过借助形式产品的方式,来实现满足消费者特定需求的目的。以电视机为例,其形式产品主要体现在电视机的品牌、质量、式样、特色、包装等层面。

期望产品主要指消费者在购买产品过程中期望得到的与产品相关的一整套属性和条件。比如,人们在购物时,期望商场能够提供优雅的购物环境和优越的服务。

附加产品主要指消费者购买产品所能获得的相关附加利益,它能够在很大程度上提高消费者的满意度。以电视机为例,其附加产品包括送货、安装、维修等。

潜在产品,简单来说就是产品在未来发展过程中可能出现的改变或附加值的延伸。比如,彩色电视可发展成为放映机等。

2. 产品的分类

根据不同的划分标准,可以将产品分为不同类型。我们这里主要从需求对象、社会分工、耐用性及有形性三个角度,对产品进行分类,具体内容如表7-6所示。

表7-6　　　　　　　　　　　产品的分类

划分标准	分类	举例
需求对象	生产资料	建材、化工、机械等
	消费品	食品、服装等
社会分工	农产品	农、林、牧产品等
	工业产品	机械设备、纺织品等
耐用性及有形性	耐用品	冰箱、轿车等
	非耐用品	香烟、水杯等
	服务	美容美发等

(二) 产品组合策略

产品组合策略是企业基于自身所生产、经营的多种产品,以获取最大的经济效益、提高产品市场竞争力为目的而制定的营销策略。一般来说,企业所制定的产品组合策略主要包括三个方面的内容,即扩大产品组合策略、缩减产品组合策略、产品延伸组合策略。

需要注意的是,企业所制定的产品组合策略并不是一成不变的,它需要企业根据自身以及市场的变化进行及时调节,以最大限度地发挥产品组合的优势。通常来说,企业可以通过市场分析法、三维分析法、产品项目市场地位分析法、产品系列平衡法来对产品组合策略的效用进行分析和研究,从而为企业营销组合策略的调整提供可靠的参考依据。

(三) 产品生命周期策略

产品生命周期,是产品从进入市场到退出市场的全过程。一般来说,产品的生命周期主要包括四个阶段,即引入期、成长期、成熟期、衰退期。在不同的时期产品的销售额和利润额是有较大差别的,具体如图7-16所示。

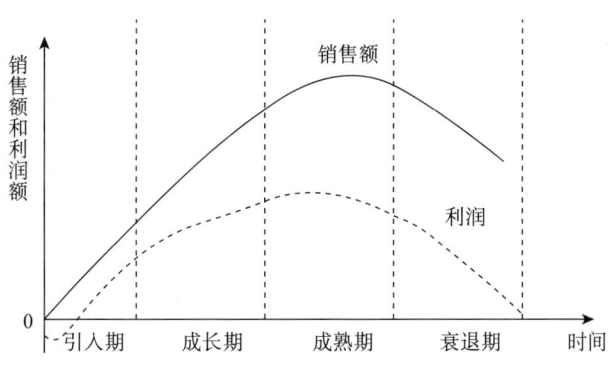

图7-16　产品的生命周期

产品的生命周期说明了任何产品都是有一定发展时间的(生命限度),而且在发展的不同阶段有不同的特征,这就要求企业基于产品的生命周期特点制定或调整营销策略,以发挥产品在不同阶段的最大价值,具体分析如下。

1. 引入期

(1) 引入期产品的特点。引入期,是产品第一次进入市场且在较大范围内被销售。这一时期产品的特点主要表现在以下几个方面:①产品的知名度低、销量小;②产品质量、性能都不太稳定;③产品单位成本高,销售利润低;④生产该产品的企业数量少;⑤产品技术含量低,难以形成竞争优势。

(2) 引入期市场营销策略。基于引入期产品的特点,企业可采用如表7-7所示的几种市场营销策略。

表7-7　　　　　　　　　引入期市场营销策略

促销水平 \ 价格水平	高	低
高	快速掠取策略	缓慢掠取策略
低	快速渗透策略	缓慢渗透策略

2. 成长期

(1) 成长期产品特点。成长期产品的特点主要体现在以下几个方面:①产品的知名度有一定的提升;②产品趋于稳定;③产品单位成本降低,销售量增加。

(2) 成长期市场营销策略。企业在产品成长期可采取以下市场营销策略:品牌策略、市场细分策略、广告营销策略、质量保障策略等。

3. 成熟期

(1) 成熟期产品特点。成熟期分为成长成熟期、稳定成熟期、衰退成熟期。其中,成长成熟期的特点是产品销售趋于饱和、增长缓慢等;稳定成熟期的特点主要体现为产品价格、销售量、顾客来源等要素稳定;衰退成熟期的特点主要包括产品销量下降、替代产品出现、同类产品过剩。

(2) 成熟期市场营销策略。在成熟期,企业常采用的市场营销策略主要有三种,即市场改进策略、产品改进策略以及营销组合改进策略。

4. 衰退期

(1) 衰退期产品特点。衰退期产品的特点主要包括以下几点:①产品销量大幅下降;②产品价格降到最低水平;③产品的性能、质量等不能满足消费者的需求;④同类产品的竞争者开始陆续退出市场。

(2) 衰退期市场营销策略。产品在衰退期可采用的市场营销策略主要有五种,即维持策略、收缩策略、放弃策略、集中策略以及重新定位策略。

(四) 产品包装策略

1. 包装的作用与分类

(1) 包装的作用。所谓包装,主要指企业设计、制作的,用于保护产品、方便产品运输等的容器、辅助物等的总和。包装的作用主要体现在以下几个方面:①保护产品;②便利顾客;③方便运输;④促进销售;⑤形象宣传;⑥增加附加值。

(2) 包装的分类。根据不同的划分标准,可将包装分为如表7-8所示的几种类型。

表7-8　　　　　　　　　包装的分类

划分标准	类型
形态	小包装
	内包装
	外包装
流通过程	运输包装
	销售包装
包装材料	木质包装
	金属包装
	玻璃容器
	纸质包装

续表

划分标准	类型
包装对象	固体包装
	液体包装
	粉状包装

2. 包装策略的选择

作为产品策略的组成部分，包装策略对企业的市场营销具有重要的意义，选择科学、合理的包装策略，能够在很大程度上提高企业的市场营销效益。一般来说，企业可采用的包装策略包括类似包装策略、差异包装策略、更新包装策略、再使用包装策略、组合包装策略、等级包装策略、附赠品包装策略等，具体选择哪一种包装策略，企业要根据产品特征、市场情况、消费者偏好等因素而定。

二、价格策略

（一）价格确定的客观依据与定价程序

1. 价格确定的客观依据

企业在确定产品价格时需要考虑内部和外部两个方面的因素，内部因素主要包括某企业的营销目标、产品成本，外部因素包括市场需求、市场竞争状况、政府干预程度。

2. 定价程序

通常来说，企业确定产品价格的程序主要包括六个步骤，具体内容如图 7-17 所示。

（二）定价策略

企业在确定产品价格时常用的定价策略主要包括以下几种：新产品定价策略、产品组合定价策略、心理定价策略、地理定价策略以及折扣价格策略，具体分析如下。

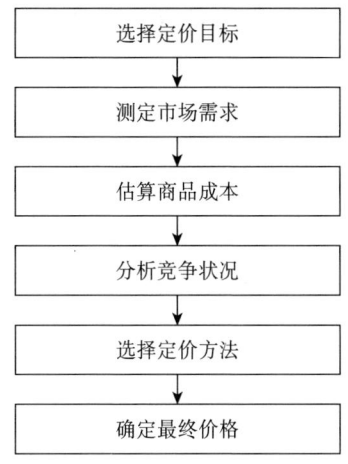

图 7-17 定价程序

1. 新产品定价策略

企业对新产品进行定价是企业经营活动的重要组成部分，对企业的市场营销具有重要的意义。选择恰当的新产品定价策略，不仅能够有效推动新产品进入市场，而且对新产品自身的发展、企业良好经济效益的获取等也会产生积极的影响。通常情况下，企业常采用的新产品定价策略主要包括以下几种：撇脂定价策略、渗透定价策略、满意定价策略。

2. 产品组合定价策略

所谓产品组合定价策略，就是企业基于消费者的购买行为、产品的最终用途等，对具有一定关联性的商品进行联合定价的一种定价策略。产品组合定价策略的优势主要体现为其能够在很大程度上提高组合产品的销售量，从而提高企业的经济效益。在具体的经营活动中，企业常采用的组合定价策略主要有以下几种，即系列商品定价策略、替代商品定价策略、互补商品定价策略。

3. 心理定价策略

心理定价策略，即企业基于消费者的心理对商品进行定价的一种定价策略。心理定价策略在一定程度上能够有效迎合消费者的消费需求，激发消费者的购买欲望，企业常采取的心理定价策略包括整数定价策略、尾数定价策略、习惯定价策略、期望定价策略、安全定价策略、招徕定价策略等。

4. 地理定价策略

地理定价策略，就是企业基于商品销售的地理位置而进行的一种有差别或无差别的定价策略。地理定价策略的常见形式主要包括以下几个方面的内容：FOB 原产地定价、分区定价、基点定价、统一交货定价、运费免收定价。

5. 折扣价格策略

折扣价格策略，就是企业为了刺激消费者做出有利于企业的购买行为而进行的一种定价。折扣价格策略是企业经营中常用的一种策略，它能够在很大程度上调动一切有助于企业产品促销的因素，提高企业市场营销的效益。一般来说，企业常采用的折扣定价策略主要包括现金折扣、数量折扣、业务折扣、季节折扣、转让等。

三、分销渠道策略

(一) 分销渠道的功能和类型

1. 分销渠道的功能

所谓分销渠道，主要指企业所生产的产品、提供的服务等到达消费者手中（即为消费者所用）所经过的由众多中间商联结而成的整个通道。其功能主要体现在以下几个方面：调研、接洽、促销、配合、谈判、物流、融资以及风险承担等。

2. 分销渠道的类型

(1) 环节层级类型。环节层级类型，是企业根据产品流通过程中所经历的环节层级对分销渠道所进行的分类。一般来说，环节层级的分销渠道包括直接渠道和间接渠道，如图 7-18 所示。

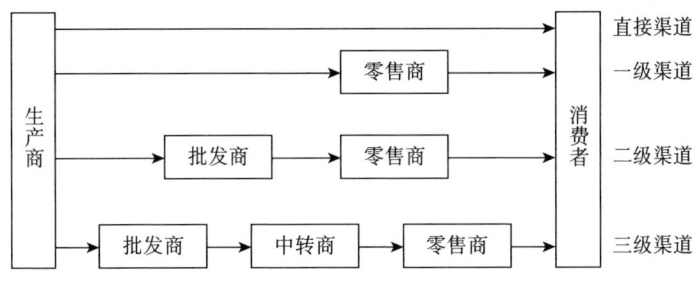

图 7-18　环节层级分销渠道

（2）成员密度类型。成员密度类型，是企业基于特定区域成员密度（中间商数量）所进行的分销渠道分类。具体来说，根据成员密度，可以将分销渠道分为密集分销、选择分销、独家分销三种类型。

（3）成员关系类型。成员关系类型，是企业根据渠道系统内部成员之间的关系所进行的分销渠道分类。具体来说，根据成员关系，可以将分销渠道分为直营、代理、加盟、合资、经销等几种类型。需要注意的是，因为企业内部成员之间的关系具有较大的变动性，所以相较于其他类型的分销渠道，基于成员关系所划分的分销渠道也具有较大的变动性。这种变动性主要体现为随着成员关系类型的增多，分销渠道也会逐步增多。

（4）活动空间类型。活动空间类型，是企业根据自身活动的具体空间所进行的分销渠道分类。一般来说，基于活动空间类型形成的分销渠道主要有两种，其一是实体渠道，其二是互联网渠道。

（二）分销渠道策略设计

分销渠道策略设计主要指企业为了实现市场营销目标、获得良好的经济效益，在分析、研究、评估备选渠道的基础上，开发新渠道或改进现有渠道的过程。图 7-19 为分销渠道设计的过程。

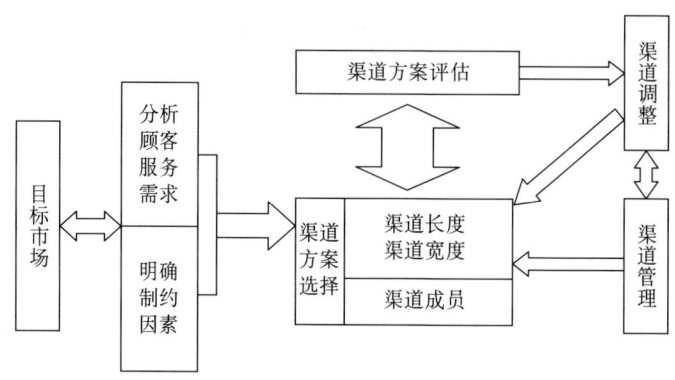

图 7-19 分销渠道设计的过程

1. 分析顾客服务需求

分析顾客服务需求是分销渠道策略设计的第一步。只有充分地分析顾客的服务需求，所设计的分销渠道策略才能更好地满足顾客的需求，才能取得良好的营销效果。通常来说，顾客的服务需求包括五个方面的内容：其一是批量，主要体现为顾客可一次性购买产品的数量；其二是等待时间，主要体现为顾客从预订到拿到产品的平均时间；其三是空间便利，主要体现为分销渠道所能给顾客带来的方便度；其四是产品品种，主要体现为分销渠道所能够提供产品组合的宽度；其五是服务支持，主要体现为分销渠道所能够给顾客提供的服务（多指附加服务，如安装、维修等）。

2. 明确制约因素

明确制约因素是分销渠道策略设计的第二步。制约因素的存在会在很大程度上阻碍企业市场营销的顺利开展，进而影响企业的长足发展，因此，企业应重视并明确经营过程中存在或可能出现的各种制约因素。具体来说，制约分销渠道策略设计的因素主要包括以下几点内容：顾客特性、产品特性、中间商特性、竞争特性、企业特性、环境特性等。

3. 渠道方案选择

企业渠道方案的选择主要是基于渠道结构（如图 7-20 所示）进

行的。渠道结构是渠道成员（中间商）在市场的空间分布，主要由渠道长度、渠道宽度、渠道成员三部分构成。

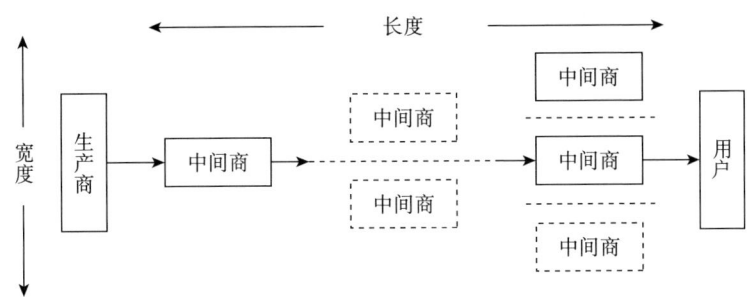

图 7-20　渠道结构

（1）渠道长度。所谓渠道长度，主要指企业所生产的产品在流通过程中所经历的中间环节。根据经历中间环节的多少，可以将渠道长度分为五种类型，即零级、一级、二级、三级、多层分销渠道。在具体的经营过程中，渠道长短的选择是由多方面因素共同决定的，比如产品的通用性、中间商的集中度等。

（2）渠道宽度。渠道宽度主要体现为企业在某一市场上所能够并列使用的中间商的数目。通常来说，根据级别的不同，可以将渠道宽度分为三种类型，即独家分销、密集分销以及选择性分销。需要注意的是，企业渠道宽度的选择主要是由顾客对服务水平的要求决定的，所以不同级别的渠道宽度没有优劣之分，能够有效满足顾客需求的就是适当的渠道宽度。

（3）渠道成员。渠道成员主要指各类中间商，他们是渠道结构中最活跃的因素，对企业市场营销的结果有着重要的影响。因此，企业要重视中间商的选择。具体来说，企业在选择中间商的过程中，要遵循以下几个方面的原则：战略匹配原则、市场匹配原则以及资源匹配原则。

4. 渠道方案评估

渠道方案评估即企业基于相应的评估标准，对所选择的渠道方案进行全方位的评估。一般来说，企业评估渠道方案的标准主要包括三方面内容，即经济性标准、控制性标准、适应性标准。

（1）经济性标准。从根本上讲，企业是以追求利益的最大化为最终目标的，因此，经济性标准是企业评估渠道方案时所坚持的最重要的标准。经济性标准要求企业在评估渠道方案时，要将分销渠道决策所能带来的经济收入同方案实施所需的成本相比较，这种比较一般包括三方面内容，即静态效益比较、动态效益比较以及综合效益比较。

（2）控制性标准。控制性标准主要体现为企业能够对分销渠道方案的实施过程进行有效的控制。控制性标准在渠道方案评估中的重要作用主要包括以下几点内容：其一，能够有效维持企业的市场份额；其二，能够保证企业渠道方案的有效实施；其三，能够为企业的长远发展助力。

（3）适应性标准。适应性标准也是企业在评估渠道方案时需要坚持的重要标准之一，主要体现为企业所具有的适应内外部环境变化的能力。具体来说，适应性标准主要包括三方面内容，即地区适应性、时间适应性以及中间商适应性。

（三）分销渠道管理

企业对分销渠道的管理主要包括五方面内容，即选择渠道成员、激励渠道成员、控制渠道成员、评估渠道成员、调整渠道成员，具体分析如下。

1. 选择渠道成员

简单来说，选择渠道成员就是企业在完成渠道设计后，选择自己所要合作的中间商。受企业文化、产品类型等因素的影响，不同企业在选择渠道成员方面会存在一定的差异，但总的来说，企业在选择渠道成员时应坚持相互认同原则、进入目标市场原则、产品销售原则、形象匹配原则。

2. 激励渠道成员

激励渠道成员主要体现为企业通过采取各种有效激励措施，促进渠道成员高效完成分销目标。通常来说，企业激励渠道成员的形式有两种：其一是直接激励，比如补贴、价格折扣、设立奖项等；其二是间接激励，比如库存保护、市场开拓、技术支持等。

3. 控制渠道成员

控制渠道成员主要体现为企业通过采取相应的举措，最大限度地使渠道成员能够切实贯彻价格政策和销售政策，从而实现双赢。企业控制渠道成员的方法主要有：①考察渠道成员资格；②形成关系规范；③进行绩效考核管理；④加强彼此之间的沟通与交流。

4. 评估渠道成员

评估渠道成员，是企业通过系统化的手段、措施等对渠道成员的绩效进行考核，并根据考核的结果决定是否继续合作。具体来说，企业评估渠道成员所依据的内容包括以下几点：①销售业绩；②平均库存水平；③为顾客提供服务的情况；④装运时间；⑤处理问题的能力。

5. 调整渠道成员

调整渠道成员，是企业根据自身的发展状况及市场的变化情况，对渠道成员进行适当调整，以促进营销活动的顺利开展，推动企业的持续发展。具体来说，企业对渠道成员的调整主要体现为增加或减少渠道成员的数目。

四、促销策略

促销策略主要指企业基于内外部环境的分析和研究，制定或采取的各种促销手段。科学、合理的促销策略对企业的市场营销活动的顺利开展具有重要的推动作用，因此企业要重视促销策略的制定和选择。一般来说，企业市场营销的促销策略包括人员促销、广告促销、公共关系、整合营销传播、营业推广、互联网传播与网上营销等,我们这里主要对前四种促销策略进行详细分析。

(一) 人员促销

1. 人员促销的概念及特点

(1) 人员促销的概念。人员促销,是指企业通过指派促销员与消费者直接接触的形式,来传递企业产品信息,以激发消费者购买欲望的一种促销策略。一般来说,人员促销的具体方式有以下几种:①磋商式促销;②研讨式促销;③一对一促销(即一个促销员对一个消费者);④一对多促销(即一个促销员对一群消费者);⑤多对多促销(即一小组促销员对一群消费者)。

(2) 人员促销的特点。人员促销的特点主要体现在以下几个方面:①注重人际关系;②灵活性较大;③针对性强;④无效劳动较少,实际销售率较高;⑤多适用于市场竞争激烈的情况;⑥能够为企业更深入地了解顾客需求、做出正确决策提供依据。

2. 人员促销策略

人员促销策略,是企业基于内部资源条件、外部环境变换等,设计、管理促销队伍的过程。一般来说,人员促销策略的内容主要体现在以下四个方面:①制定合理、有效的促销活动组合;②确定促销队伍的规模;③合理分配资源和时间;④对促销活动进行激励和控制。

人员促销策略主要包括两种类型,即策略决策和管理决策。其中,策略决策包括促销队伍规模的设计、访问计划的制订等;管理决策主要体现为对促销人员的挑选、培训、激励、控制等。

3. 人员促销策略决策

人员促销策略决策主要包括三方面内容,即促销队伍规模设计、促销工作安排、销售区域设计。其中,促销队伍规模设计的常用方法有分解法、工作量法、销售百分比法;促销工作安排主要包括时间安排

(顾客方面)和资源分配(产品方面);销售区域设计需要注意三方面内容:①销售区域便于管理;②区域销售潜力容易被估计;③区域销售成本较低(如促销旅途的时间、花费等)。

4. 人员促销管理决策

人员促销管理决策主要包括两方面内容:第一,促销人员的挑选、招聘与训练;第二,促销人员的激励与评估,其中,常见的激励促销人员的方式包括薪金制、佣金制、复合制等,评估促销人员的方法主要包括横向比较和纵向比较两种。

(二)广告促销

1. 广告促销的概念与类型

(1)广告促销的概念。广告促销,是企业借助大众媒体的形式,来刺激消费者进行相关产品购买活动的一种促销方式。广告促销的优点主要体现为涵盖面广、信息容量大、传阅范围广。

(2)广告促销的类型。根据不同的分类标准,可以将广告促销划分为不同的类型,具体内容如表7-9所示。

表7-9　　　　　　　　广告促销的类型

标准	类型
广告目标	信息性广告
	说服性广告
	提醒性广告
广告对象	消费者广告
	工业用户广告
	商业批发广告
广告诉求方式	理性诉求广告
	感性诉求广告

2. 广告媒体及其选择

广告媒体,是企业在开展广告促销活动时所选择的载体,表7-10

是企业常采用的广告媒体。

表 7-10　　　　　　　　　　广告媒体

广告媒体	优点	缺点
电子网络	①成本低；②范围广；③互动性强	①使用群体有限；②信息停留时间短
电视	①触角广泛；②视、听、动作结合紧密，引人注意	①绝对成本高；②信息停留时间短
广播	①成本低；②范围广	仅有音响效果，吸引力不足
报纸	①弹性大；②可信度高	①时效短；②读者少

企业在选择广告媒体时，要着重考虑以下几个方面的问题：其一，目标对象的媒体习惯，即要求企业明确目标顾客习惯使用哪一种广告媒体；其二，产品特性，即要求企业根据产品的特性选择恰当的广告媒体，如手机的广告促销可通过电视、电子网络完成；其三，成本，即要求企业在统筹考虑各种广告媒体所需成本的基础上，选择最佳的媒体。

3. 广告设计与效果评价

（1）广告设计。根据产品的生命周期，可以将广告设计分为四种类型，即导入期的广告设计、成长期的广告设计、成熟期的广告设计、衰退期的广告设计。

在产品导入期，受产品影响力等因素的制约，广告对象主要局限在收入高、乐于接受新事物的顾客群。所以，这一时期的广告设计应重视以下几点：产品形象的塑造、产品性能与特点的展示、产品使用方法的说明等。

产品成长期是企业树立产品形象的关键时期，要求企业在进行广告设计时，将重心放在如何有效激发顾客对产品的兴趣和爱好上，既要"取势"，又要"攻心"。

产品进入成熟期，企业最重要的经营目标之一就是普及产品，因此，企业在设计广告时，要将刺激需求、促进销售作为重要目标。

在产品衰退期，广告对象为少数"落伍者"，要求企业在进行广告设计时，从顾客最在意和最担心的问题着手，以理性诉求的方式，坚定顾客对该产品的消费欲望。

（2）效果评价。广告效果评价主要包括两个方面的内容，即事前评价和事后评价。其中，事前评价常采用的方法包括实验室测试法、消费者评定法等；事后评价主要包括广告的销售效果评价和认知效果评价。

（三）公共关系

1. 公共关系的概念、特点与基本方法

（1）公共关系的概念。公共关系简称"公关"，在这里主要指企业基于多样化的传播手段，通过与社会公众建立良好的关系，来实现相应的营销目标的一种促销方式。构成公共关系的要素主要有三个，即企业、传播手段以及社会公众。

（2）公共关系的特点。公共关系的特点主要体现在四个方面：广泛性、全面性、长期性、多面性。其中，广泛性主要体现为公关对象的广泛性，公关对象既包括现实顾客和潜在顾客，也包括供应商、中间商等；全面性主要体现在信息传播层面，企业通过全面信息的传播，来实现具体的促销目标；长期性主要体现为企业的公共关系是长期存在、不断发展的；多面性主要体现为成效的多面性，即企业通过公共关系能够在很多方面取得成效，比如产品促销、吸引投资等。

（3）公共关系的基本方法。公共关系的基本方法主要分为直接调查法和间接调查法两种类型。其中，直接调查法又可分为个人接触法、深度访问法、公众代表座谈法三种，间接调查法主要包括观察法、抽样调查法、网络调查法、文献分析法、问卷法等。

2. 公共关系活动模式

公共关系活动主要包括调研活动、专题活动、媒体传播、事件策划、外联协调等。根据不同的划分标准,可以将公共关系活动的模式划分为不同的类型,具体内容如表7-11所示。

表7-11　　　　　　　　公共关系活动模式

标准	模式	表现形式（举例）
工作方法特点	宣传型公关	广告宣传
	服务型公关	售后服务
	社会型公关	周年庆典
	征询型公关	直接面访公众
组织与环境适应程度	建设型公关	新产品展销
	进攻型公关	社会舆论引导
	防御型公关	措施准备与调整

（四）整合营销传播

1. 整合营销传播的内涵

整合营销传播是企业基于内部、外部环境的分析和研究，以消费者为核心，重组企业、市场行为，协调使用多元化的传播方式，传递一致的产品信息，并迅速树立产品在消费者心目中的形象，从而达到广告传播和产品营销目的的一种促销方式。

2. 整合营销传播的阶段

通常来说，一个完整的整合营销传播包括四个阶段，如图7-21所示。

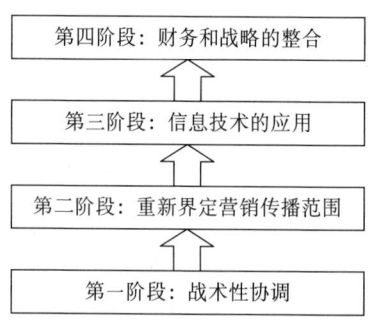

图7-21　整合营销传播阶段

在战术性协调阶段，企业需要通过制订品牌管理计划、整合广告信息等，来形成整合营销传播所需的协同效应。

在重新界定营销传播范围阶段，企业应将工作的重点放在扩大传播活动范围方面，目标顾客不仅限于企业内部员工，还应包括中间商、业务伙伴、社会大众等。

在信息技术的应用阶段，企业应通过运用各种现代化信息技术的方式，在整合各种营销传播形式的基础上，选择恰当的营销传播方式，为企业营销活动的开展提供有力的支持。

在财务和战略的整合阶段，企业往往会通过评估顾客、市场等的现有价值和潜在价值，在整合财务和战略的基础上，进行营销传播投资。

3. 整合营销传播的功能

整合营销传播对企业营销活动的顺利开展，以及企业自身的长足发展等具有重要的意义。具体来说，整合营销传播在企业市场营销活动中的功能主要体现在以下几个方面：整合传播工具、优化传播效果、减少交易费用、节约经营成本、聚焦目标受众、提升企业品牌形象、提高企业利润等。

第八章 电子商务实践

电子商务是互联网发展过程中的新兴产物，是 21 世纪全球经济发展的新方向。本章主要对电子商务的内容进行分析，首先对电子商务进行了概述；其次对电子商务支付、电子商务物流等展开详细讲解；最后对电子商务在消费者和企业中的应用进行重点分析，期望为关注电子商务发展的学习者提供新的理论认知。

第一节 电子商务概述

一、电子商务的定义

当前，电子商务已经渗透到人们生活的各个角落，但学界对电子商务的定义仍没有统一的说法。不同的学者因所处地位、学识背景等的差异，对电子商务存在不同的见解。下面列举了几种比较有代表性的电子商务定义。

联合国经济合作与发展组织认为，电子商务是出现在开放的网络上的企业与企业之间、企业与消费者之间的商业交易。

全球信息基础设施委员会则表示，电子商务是将电子通信作为一种经济手段,使人们能够对具有经济价值的产品和服务进行宣传、购买和结算的工具。

加拿大电子商务协会将电子商务定义为通过数字通信进行商品或服务的买卖、资金的转账的一种方式。

欧洲议会在《电子商务欧洲动议》中将电子商务定义为各参与方之间以电子方式,而非以物理交换或直接物理接触方式完成的任何形式的业务交易。其中,电子方式包括电子支付手段、电子订货系统、电子邮件、传真、电子公告牌、图像处理、智能卡等①。

国际商业机器公司,即IBM(International Business Machines Corporation)公司,指出电子商务是利用数字化电子方式开展商务数据交换和开展商务业务的活动。

根据上述电子商务的定义,我们可以将电子商务看作是利用已有的计算机硬件设备、软件以及网络基础设施,在通过一定的协议连接起来的电子网络环境中开展各种各样商务活动的一种经济方式。

二、电子商务的功能

电子商务的功能包括基本功能与服务功能两个方面,下面进行具体分析。

(一)电子商务的基本功能

1. 内部管理

内部管理指的是企业通过对需要在网络上发布的各类信息进行管理,来提升品牌价值,扩大企业的影响,具体包括以下四个方面。

第一,企业的信息传播,如在企业内部网上发布企业的新政策、招聘或各类通知。

---

① 杜江萍、郭蒙、冯丹萍:《电子商务概论》,上海财经大学出版社2019年版。

第二，发布与品牌宣传有关的信息，如产品供货、服务和策略等信息。

第三，提供保护及管理关键数据的服务，包括对公司的财务数据、客户数据、产品信息的保护与管理。

第四，提供存储和利用复杂的多媒体信息的服务，包括照片、录音等。

2. 协同处理

协同处理主要体现为电子商务能够支持群体人员开展协同工作，建立自动处理业务系统，降低成本与缩短开发周期。协同处理的内容主要包括邮件和信息共享、写作与发行、人事和内部工作管理与流程等。

（二）电子商务的服务功能

电子商务的服务功能主要体现在以下五个方面。

1. 广告宣传

电子商务可利用企业的 Web 服务器和客户的浏览器，在网络上发布各类商业信息。客户可以利用网络检索系统迅速找到自己所需的产品或服务，而商家则可以利用网上主业或是电子邮件在全球范围内进行广告宣传。与一般的地面广告相比，网络中的广告的传播范围更广，价格也更为低廉，且能够获得较好的宣传效果，客户能够直接接收到有关信息。

2. 咨询交谈

电子商务可以利用电子邮件、新闻组、实时讨论组等方式帮助企业了解市场变化与商品信息，为企业进行商业洽谈提供给方便。网络上的直接咨询打破了时间和空间的限制，能够让交谈双方获得满意的结果。

3. 网上订购

电子商务可以利用 Web 中的邮件交互实现网上订购。网络上的产品订购页面上有商家提供的订购信息和订购交互格式框，当消费者填写完订购单后，系统会直接回复确认单。此外，订购信息也会通过网络加密技术保证消费者个人信息和商家商业信息不被泄露。

4. 网上支付

网上支付是电子商务的一个重要环节。消费者与商家使用信用卡账号进行在线支付与在线收账，能够简化付款程序。当然，网上支付需要安全、科学的信息传输控制系统，以对可能存在的危险进行拦截。

5. 网络调查

电子商务能够通过网页上的问题选择、问题填空的方式来获得用户对销售服务的反馈意见，这有助于企业更好地进行市场运营。客户在网络上反馈的意见能够使企业有针对性地进行整改，同时也能够使企业精准把握市场脉搏，发现新的商业机会。

三、电子商务的分类

一般来说，电子商务的参与方包括四个，分别是企业、个人消费者、政府以及中介方。其中，中介方主要为电子商务的实现和开展提供技术、管理与服务支持，其余三个主体则是直接参与电子商务活动。根据不同的分类标准，电子商务可以分成不同的类型，具体包括以下三种。

（一）按照电子商务参与交易的对象分类

按照电子商务参与交易的对象进行分类，电子商务可以分为企业与消费者之间的电子商务、企业与企业之间的电子商务、企业与政府之间的电子商务、消费者与消费者之间的电子商务、消费者与企业之间的电子商务五种，具体分析如下。

1. 企业与消费者之间的电子商务（B2C）

企业与消费者之间的电子商务是消费者直接通过互联网参与经济活动的一种形式。当前，科学技术的发展使得越来越多的虚拟商店和虚拟企业出现，它们为消费者的网络消费提供了便利。在网络上，消费者既可购买书籍、服装等实体物件，也可购买音乐、电影、软件等数字化知识商品。

2. 企业与企业之间的电子商务（B2B）

企业与企业之间的电子商务是电子商务应用中最重要且最受企业重视的形式。企业可以利用网络寻找最佳合作伙伴，从产品订购到最终结算中间的每个环节都可利用电子商务完成。企业与企业之间的电子商务经营额一般较大，所需的各类硬件和软件环境也比较复杂，但发展速度要快于其他电子商务形式。

3. 企业与政府之间的电子商务（B2G）

企业与政府之间的电子商务覆盖了企业与政府组织间的各项实物。例如，企业与政府之间开展的各类手续报批，政府利用互联网发布采购清单，企业以电子化的方式响应，政府通过电子交换方式实现对企业的政务管理。

4. 消费者与消费者之间的电子商务（C2C）

消费者与消费者之间的电子商务是双方利用一个在线交易平台，卖方在平台上提供需要出售的商品，买方自行选择自己需要的物品并与卖方进行竞价。常见的 C2C 平台有淘宝、咸鱼等。

5. 消费者与企业之间的电子商务（C2B）

消费者与企业之间的电子商务是对企业与消费者之间的电子商务（B2C）传统模式的逆转，这种电子商务多表现为网络团购。处于消费者和企业之间的平台能够利用网络优势，将分散的消费者及不同消费者的购买需求集合起来，形成数量较大的订单，以数量优势与源头厂商进行价格谈判，将价格主导权从企业转移到消费者手中，使消费者获得较大的利益，从而提升消费者的参与感。

（二）按照电子商务交易涉及的商品内容分类

按照电子商务交易涉及的商品内容进行分类，电子商务可分为间接电子商务和直接电子商务，具体分析如下。

1. 间接电子商务

间接电子商务也称为不完全电子商务，这种形式的电子商务仅在网络上进行订货、支付和部分售后服务，商品的配送依旧需要物流配送公司完成。间接电子商务中运输系统是重要的外部要素，一般来说，这种形式的电子商务适用于实体产品，例如餐饮、服装等。

2. 直接电子商务

直接电子商务指的是商家将无形商品与服务产品内容数字化，无须利用某种物质形式或特定的包装，直接在网上以电子形式传送给消费者，并收取相应的交易费用。直接电子商务在网上交易的主要内容是无形商品和各种服务，例如计算机软件、音像制品、网上咨询服务、网上证券交易等。

（三）按照电子商务使用的网络类型分类

按照电子商务使用的网络类型，电子商务可以分为 EDI 网络电子商务、互联网电子商务、内联网电子商务、外联网电子商务四种类型，具体分析如下。

1. EDI 网络电子商务

EDI 网络电子商务是根据一个既定的标准和协议，将商务活动中与标准化、格式化有关的文件，通过计算机网络系统同贸易伙伴进行自动的数据交换与处理的一种商务形式。EDI 网络电子商务主要适用于企业与企业、企业与批发商、批发商与零售商之间的业务往来。早在 20 世纪 90 年代，EDI 网络电子商务就已经获得了较大发展，技术上也已经趋于成熟，但是这种电子商务类型对企业有较高的管理、资金、技术要求，所以目前依旧没有得到大范围的普及。

2. 互联网电子商务

互联网电子商务主要体现为在因特网开放的环境背景下，买卖双方可以在任意的能够连接网络的地点进行商务活动，实现两个或多个交易者之间的生产资料交换，这是一种融合了金融活动和有关综合服务活动的商业运营模式。

3. 内联网电子商务

内联网电子商务指的是一种企业将自己内部的网络有限度地对商业合作对象开放，允许现有的商业合作对象或是潜在的商业合作对象通过互联网进入自己的内部电脑网络，从而在最大程度上实现商业信息传输与处理的自动化的商业运营模式。

4. 外联网电子商务

外联网作为一种互联网的应用形式，是对内联网的扩展与延伸。外联网能够将各个企业内部网络通过访问控制与路由器连接起来，组成一个虚拟网络，由此形成企业外部网。外联网能够使企业和有关的参与方实现互相联通，能够更好地方便贸易主体进行商业交流。外联网电子商务的优势包括两点：第一，外联网有外部防火墙的保护，能够拒绝一切非法外来访问，保证商务活动的安全性；第二，外联网是通过互联网实现与内联网之间的连接，其覆盖面较广且成本低廉，更受企业的青睐。

四、电子商务的优势

与传统商务形式相比，电子商务的主要优势体现在能够帮助企业树立良好的社会形象，增强企业的成本竞争优势，为企业创造新的市场机会，使企业缩短产品产出周期，提高消费者的满意程度，下面具体分析这五点优势。

（一）帮助企业树立良好的社会形象

当前市场经济变化多端，良好的企业形象能够帮助企业实现长远的发展。在传统的商业模式中，企业要想在消费者心中建立良好的企业形象需要很长的时间。在电子商务背景下，企业能够在最短的时间内树立良好的社会形象，这主要体现在以下几点。

第一，企业能够通过网络建立自己的网站，在网站上充分展示企业的产品、服务的优势，同时也能够将企业的经营理念、宣传重点及未来发展走向全都展现在消费者面前，这能够使消费者对企业形象有清晰的认识。

第二，企业能够利用网络或企业网站了解消费者的需求，与消费者进行实时沟通，从而及时调整企业产品与服务策略，为消费者提供精准服务，赢得更多消费者的信赖。

第三，企业通过电子商务树立良好的企业形象，也能够为企业带来更多的潜在消费者，为企业未来的市场拓展提供坚实基础。

（二）增强企业的成本竞争优势

1. 降低企业采购成本

企业在日常运营过程中，信息的获取与传递是主要的工作内容。网络为企业工作的信息传输提供了便利，这既降低了大企业在采购过程中电子数据的交换费用，也使规模较小的企业能够利用网络进行采购。此外，参与网络竞争的企业数量的增加能够使企业通过网上招标的形式，寻找最佳合作商或供应商，实现以最低价格完成企业物资与劳务采购任务。

2. 做到无库存生产

企业的日常库存成本在企业的总成本中占有较高比例，包括仓库场地占用费、建造费、维护费、仓库保管人员工资等。大量的库存会占用企业大量的资金，且这笔资金不能为企业的日常运作提供支持。利用电子商务能够帮助企业减少库存，使企业做到无库存生产，实现资金的最大化运转，这也是增强企业成本竞争优势的重要因素。

3. 降低营销成本

企业的日常营销活动内容有市场营销研究、市场需求预测、新产品开发与定价、产品分销与物流、产品广告推广与售后服务。当前市场竞争日趋激烈,越来越多的企业开始认识到市场影响对企业生产发展的积极作用。

企业可以通过网络建立自己的营销渠道与营销网站,利用网站发布企业信息,如产品的广告、产品服务承诺、产品知识普及、企业业绩报告等。同时,企业还能够利用网站了解消费者对企业产品营销的意见,针对消费者需求进行产品营销策略调整。

4. 减少企业组织管理费用

电子商务能够有效减少企业的组织管理费用,这主要体现在以下四个方面。

(1) 减少交通和通信费用。对于业务覆盖面较广的国际大公司来说,这些公司的管理者和业务人员需要随时随地与各个地区的业务工作者保持密切联系。互联网络为他们之间的沟通提供了方便,如 E-mail、微信、QQ、网络电话等,这些沟通工具能够打破时间和空间的距离,实现两端沟通者的直接交流,为企业减少了交通和通信费用。

(2) 减少人工服务费用。在传统的商务管理中,多数业务都需要由专门的人员进行特殊处理。在电子商务的环境下,许多业务已经转变为线上操作,仅需计算机按照既定的程序进行规范化自动操作,省去了人工步骤,减少了企业的人工服务费用。

(3) 减少企业财务费用。企业利用互联网实现了企业管理的科学化、系统化、信息化、网络化发展。这能有效减少企业在员工工资、固定资产的投入、日常运转费用开支等方面的费用支出。

(4) 减少办公场所租金费用。对部分小企业来说,若仅使用互联网开展日常业务沟通,就可以进行无店铺经营,这能够直接减少办公场所的租金费用。对仍需要场所进行经营的企业,电子商务模式在减少其他方面费用支出的过程中,也能简化办公流程,从而节省办公场所的租金费用。

（三）为企业创造新的市场机会

1. 突破时间限制

企业利用互联网可以进行"7×24（每周7天，每天24小时）"的营销，并且这种全方位的营销无须支付额外的营销费用，因为通过互联网访问企业的顾客可以进行自主下单与采购，不需要企业服务人员24小时在线进行业务咨询。

2. 吸引新顾客

作为一种新的营销渠道，电子商务能够提供方便快捷的网络购买渠道，产品或服务在价格方面也更有优势，从而吸引了更多的顾客到网络上进行订购。同时，顾客在消费的过程中也不受时间与地理位置的限制，这对顾客形成了极大的吸引力。

3. 进一步细分和深化市场

企业利用电子商务能够实现精准营销，可最大限度地细分市场，满足市场中每个顾客的需求。例如，当前多数公司为了能够扩大产品销量，都会按照消费者的特定需求提供新的额外产品服务。

（四）使企业缩短产品产出周期

21世纪是信息化时代，企业的竞争从某种程度上来说也是企业管理层对信息的把控能力的竞争，电子商务作为提升企业综合实力与市场竞争力的一个手段，它能够推进企业管理的发展，缩短企业产品的产出周期，这主要体现在以下两个方面。

1. 企业层面

从企业层面来看，企业研发和生产出一种新产品都会有一笔固定的开销，这个开销包括管理费用、设备折旧费、公用设施费等。这些费用不受企业产品产量与销量的影响，仅受时间的影响。假设产品研发和生产周期时间很短，那么这件产品的固定开销也会降低。在电子商务的环境中，企业过去需要一个月才能完成的产品生产，现在可能仅需一周就能完成，极大地缩短了产品产出周期，使企业能够更精准地满足客户需求，提升生产效率。

2. 消费者层面

信息化时代中，人们会面临海量的信息。随着信息承载力的不断加重，人们的耐心度逐渐降低，对一个产品的服务要求不断增加。不同的消费者可能想要获得不同的个性化服务，企业需要在竞争激烈的市场中，以高超的技术和优质的产品吸引顾客。此外，电子商务活动可以使企业更了解消费者的需求，消费者向企业提出建议，能够加快企业的生产与研发进度，从而推动企业的快速发展。

（五）提高消费者的满意程度

1. 实现消费者的自我选择

通过互联网技术，企业将自己产品的介绍、技术规格、订货情况等直接展示在网上，消费者能够根据需要随时随地了解产品信息，这种自助式购物方式能够为消费者提供便利，让消费者有更大的自主权，使消费者进行自我选择，同时企业也能够提升服务的效率，消费者的满意度也会直线上升。

2. 满足消费者的个性化需求

电子商务能够满足消费者的个性化需求，主要体现在以下三个方面。

（1）电子商务以消费者为导向进行营销。从消费者方面来看，电子商务是一种以消费者为主要导向，关注消费者消费个性化的营销方式。与传统购物模式相比，电子商务能够为消费者提供更大的选择空间，消费者完全按照自己的需求在广阔的消费平台中选择最适合自己的产品，这个过程中并不存在地域、时间的限制。

（2）电子商务的互动性为全程营销提供平台。传统的产品营销看重的是产品、价格、渠道、促销的结合,而现代营销则看重顾客、成本、方便、沟通的结合。在网络世界中,企业可以通过发布网络公告的方式,以较低的宣传成本实现对消费者的全方位广告投放。此外,消费者还可利用网络对企业产品的设计方式、价格、配送方式等提出建议。这种双向互动有效地调动了消费者的参与积极性,降低了企业的营销成本,为企业捕捉消费者需求提供了最佳平台。

(3)电子商务能够满足消费者对价格的要求。电子商务有助于企业节约高额的促销费用以及线下销售费用,这为企业调整产品成本与价格提供了更大的空间。对于比较看重价格的消费者来说,他们可以在网络中寻找价格最合适的产品,这极大地提升了产品交易率。

第二节　电子商务支付与电子商务物流

电子商务作为一种新的商务模式,对企业和消费者的经营与消费产生了重要影响。下面重点对电子商务的网上支付与电子商务的物流配送进行重点讲解。

一、电子商务的网上支付

电子商务的网上支付在一定程度上促进了电子商务的发展与普及。在此,我们重点对网上支付的定义、特点、功能、模式进行阐释。

(一)网上支付的定义

电子商务模式与业务流程中存在三个环节,分别是信息流、资金流以及物流。这三个环节对电子商务的发展具有重要的推动作用。网上在线支付是当前电子商务流程中交易双方比较关心的问题,这个环节若不能保证安全、有序,则电子商务的发展也会受到阻碍。

一般来说，我们将网上支付定义为电子商务交易的当事者，如消费者、电商、金融机构，通过计算机和通信技术手段，以电子信息传递形式实现货币支付和资金流通的交易方式。

（二）网上支付的特点

网上支付是以网络作为基础进行的，其具备以下三个特点。

1. 安全性

安全性是网上支付的主要特点之一，网上支付需要以开放的互联网进行网络传输，即消费者需要使用互联网将自己的资金传输出去。若没有相应的许可，消费者的利益则无法得到保证。因此，网上支付一般会采用数据加密、数字摘要、数字签名等技术，确保传输信息的安全性。

2. 认证性

网上支付系统虽然实现了交易双方整个资金交易过程的无形化，但是交易双方本来在线下具有的面对面信用关系也随之消失。在电子商务的支付结算关系中，网络中的某些数据会代表网络交易双方。在交易过程中，网络会对这些数据身份及身份的真实性进行验证，保证交易双方的安全。认证是保证网上支付顺利进行的重要条件，认证需要第三方机构的参与。当前，网上支付认证体系多由基于证书的认证进行搭建。

3. 信用性

网上支付中所使用的手段都需要得到权威机构的支持与认定，同时要依托某种信用形式。例如信用卡一般是由银行发行且由银行提供信用额度，电子支票也需要以银行信用为依托。在第三方支付平台模式下，第三方平台负责保证交易双方的权益，交易双方进行的网上支付也是对第三方平台的信任。

（三）网上支付的功能

网上支付的功能主要包括以下几个方面。

1. 认证交易双方、防止诈骗功能

交易双方在进行网上支付之前，第三方机构会通过数字签名、数字证书等形式对网络上的交易主体进行认证，通过认证的交易主体才能进行后续涉及资金支付的交易。网上支付的认证能够在一定程度上解决支付诈骗等违法问题。

2. 即时结算功能

网上支付系统的主要目的是实现交易双方的网上即时交易，这既是网上支付系统存在的前提，也是电子商务支付系统的基本功能。即时结算功能要求网上支付系统在保证安全的前提下，以最快的速度处理交易信息，缩短交易时间，从而使交易双方感受到电子商务的便利，促进更多人加入网上支付的行列。

3. 安全保密功能

安全可靠是交易双方对网上支付系统的基本要求，也是网上支付的主要功能。电子商务系统需要保证交易双方支付过程的安全可靠，还需要通过信息流的加密保证数据服务的绝对安全。一般情况下，网上支付系统会采用单密钥体制或双密钥体制对信息进行加密和解密，同时使用数字信封、数字签名等技术对数据传输的保密性和完整性进行强化。

4. 信用评估功能

网上支付系统是一种为交易双方提供金融服务的系统，其需要向消费者提供有关商家的信用评估，还需要向商家提供有关消费者的消费信息记录，这样才能保证消费者和商家的利益。

5. 金融业务功能

网上支付系统的主要功能是为交易双方提供交易渠道，同时网上支付还具有其他的金融业务功能，例如账户查询、交易清单查询、转账操作等。总之，网上支付系统不仅能满足网上购物的即时支付需求，同时还能够为交易双方提供其他金融服务。

（四）网上支付的模式

当前，网络上已有的支付系统大约有十几种，这些支付系统可划分为五种模式：①支付系统没有安全措施的模式；②通过第三方经纪人进行支付的模式；③电子现金的支付模式；④支付系统使用简单加密的模式；⑤通过网络安全电子交易协议的银行卡支付模式，即 SET 模式。对上述五种模式的分析如下。

1. 支付系统没有安全措施的模式

支付系统没有安全措施的模式是用户直接从商家订货后，信用卡信息会通过电话、传真等非网上传送手段传输，具体的模式流程如图 8-1 所示。

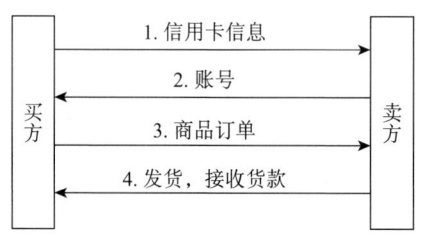

图 8-1 支付系统没有安全措施的模式流程

2. 通过第三方经纪人进行支付的模式

通过第三方经纪人进行支付的模式是用户在第三方付费系统服务器上开设一个账号，然后通过这个账号进行付费。这种模式的交易成本低，适用于小额交易，具体的模式流程如图 8-2 所示。

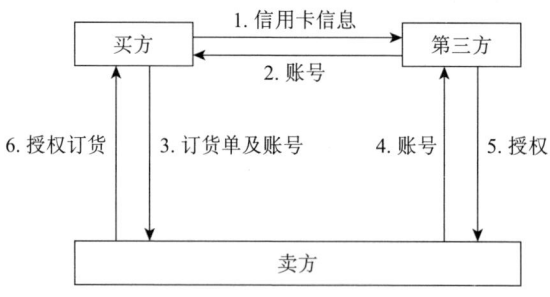

图 8-2 通过第三方经纪人进行支付的模式流程

3. 电子现金的支付模式

电子现金的支付模式是用户使用现金服务器账号，且在账号中存入一定的金额来购买电子货币，然后用电子货币进行支付的一种模式。这些电子货币具有一定的价值，能够在商业领域进行流通交易。这类电子货币的优势是具有匿名性，缺点是需要拥有一个大型的数据库对用户已经完成的交易和 E-Cash 序列号进行全部存储，电子现金的支付模式流程如图 8-3 所示。

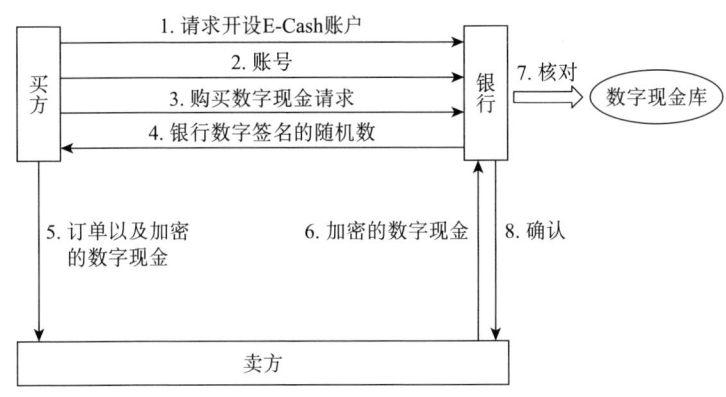

图 8-3 电子现金的支付模式流程

4. 支付系统使用简单加密的模式

支付系统使用简单加密的模式是采用信息技术对用户信用卡号码进行加密，经过加密的信息只有业务提供商或者第三方付费处理系统能够进行重新识别。用户在进行在线购物时，仅需一个信用卡号，支付极为方便。图 8-4 为支付系统使用简单加密的模式流程。

5. 通过网络安全电子交易协议的银行卡支付模式（SET 模式）

SET 模式与实际线下购物流程具有高度相似性，不同之处在于 SET 模式的操作是通过互联网进行的。图 8-5 展示了 SET 交易支付模式流程。

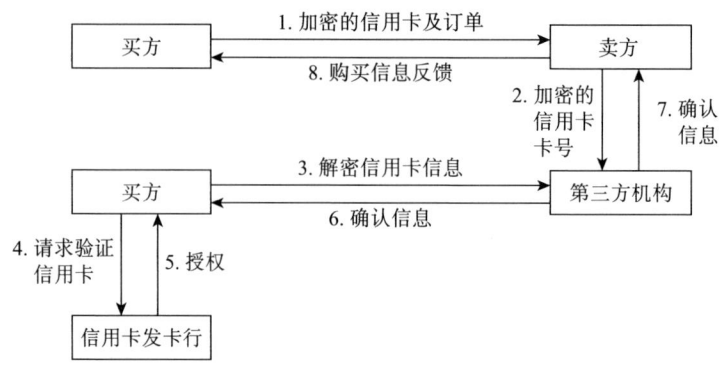

图 8-4 支付系统使用简单加密的模式流程

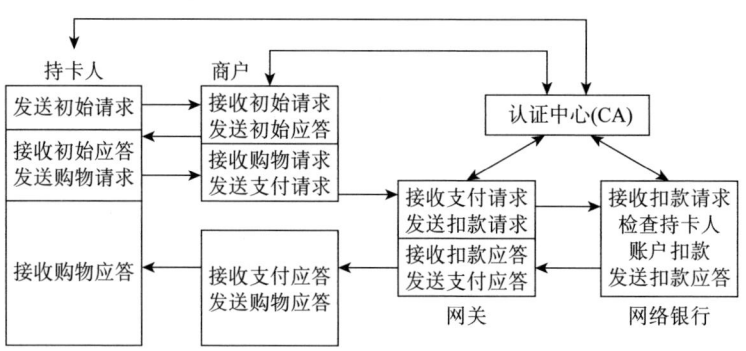

图 8-5 SET 交易支付模式流程

二、网上银行概述

(一) 网上银行的内涵

从机构层面来说,网上银行指的是通过信息网络开办业务的银行;从业务层面来说,网上银行能够通过信息网络提供有关的金融服务,包括传统银行业务和因信息技术应用而产生的新兴业务。具体来说,我们可从以下三个方面对网上银行的内涵进行认识。

1. 银行提供服务的载体

在传统金融服务中,客户需要亲自到银行办公场所,与银行业务人员进行面对面接触，并填写各类纸质凭证，例如申请表、传票等，填写完毕后，工作人员才能为客户办理业务。而在网上银行的服务中，客户无须亲自到场，不用跟银行业务人员进行面对面接触，只需根据网络空间中的步骤提示，即可完成自己需要办理的业务。

2. 银行服务的场所

在传统金融服务中，银行一般会租用或购买地段繁华、交通方便、外表体面的办公楼，同时配备各种办公设备，为顾客提供相应的银行服务。在网上银行服务中，银行只需设计好方便用户使用的操作页面，用户用个人电脑、手机即可完成银行业务，原本传统金融服务中的服务前台完全被取代。

3. 银行服务的内涵

银行服务是顾客利用网上银行就可以享受到传统银行中所提供的"存、放、汇"等服务，还可以享受到传统金融服务中没有的信息服务。当前，网上银行在信息技术的支持下，业务范围不断拓宽，逐渐向证券、保险等行业渗透。

（二）网上银行的特点

网上银行的特点主要体现在以下四个方面。

1. 跨越时空性

网上银行是利用网络开展业务的，它不受时间的限制，可以全天运行，具有明显的跨越时空性。开放的网络银行能够将全球银行联系起来，这加快了银行全球化的进程，世界金融市场的相互依存性愈加明显。

2. 虚拟性

网上银行是在网络中存在的，具有一定的虚拟性。互联网将世界中的经济活动集聚在一个虚拟世界中，这个虚拟世界能够使网络经济在网上与网下同时并存。同其他行业相比，金融产品的交易以虚拟资本为主要交易对象，并非进行实物交换，这在一定程度上增强了银行服务的无纸化程度。此外，虚拟性特点还重塑了银行在人们心中的概念及形象，客户现在及未来主要面对的是计算机或手机屏幕上的虚拟银行柜台，而不是传统意义上的高楼大厦。

3. 创新性

创新性是网上银行的主要特点之一，具有创新性的网上银行是将技术创新、制度创新、产品创新相结合的新型网络金融服务工具。随着科学技术的不断发展，市场中对银行所提供的服务和产品要求也不断提高，银行要进行不断的创新，才能促进自身的长远发展。

4. 个性化

与传统银行相比，网上银行的客户分布较分散，传统的营销方式不适用于当前新的客户结构。网上银行要想在激烈的市场竞争中存活下来，就需要根据客户的实际需求，进行个性化服务。例如，网上银行可以利用对客户行为偏好的分析，细化服务市场，进行一对一精准服务，设计个性化的营销策略与服务内容，从而提升顾客对服务的满意度。

（三）网上银行的基本业务流程

一般来说，网上银行的业务品种包括银行基本业务、网上投资、网上娱乐、个人理财、企业银行等服务。具体来看，网上银行的基本业务流程如图 8-6 所示。

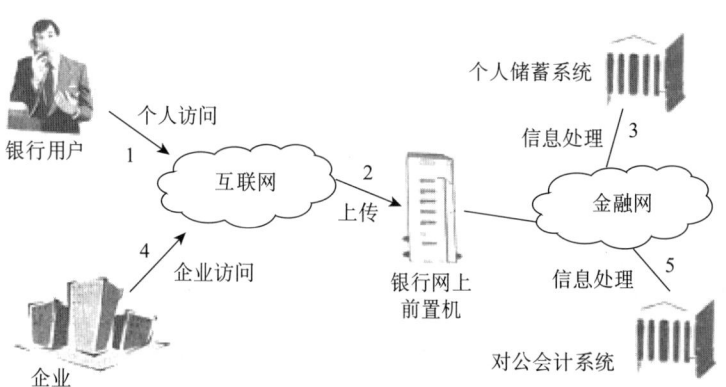

图 8-6　网上银行的基本业务流程

（四）网上银行的影响

1. 网上银行打破了传统银行的经营模式

网络信息技术与银行的深入结合打破了传统银行的经营模式，对传统银行的日常经营形成了冲击。网上银行能够全天为客户处理事务，同时能够利用有关技术对客户信息数据进行分析，为客户提供更精准的业务服务。与传统银行相比，网上银行的经营成本更低，服务效率更高，收益率也高于传统银行，经营模式也与传统银行完全不同。

2. 网上银行优化了传统银行的营销方式

网上银行在为客户提供方便的同时，也能利用大数据捕捉客户的敏感需求。网上银行通过算法分析，对客户的未来理财、投资趋向进行预判，为客户提供更合适的理财服务项目。此外，网络上与客户的沟通不受时间、地点的限制，客户的自主性更强，主动权完全掌握在客户手中，这能更好地满足客户的多样化金融需求。

3. 网上银行细化了用户群体

网上银行通过数据统计，能够将客户分为不同的类型与群体。针对不同的群体，网上银行能够进行不同金融服务推荐。例如，接纳网上银行业务的多是年轻人，他们受过良好的教育，爱好新潮，渴望探寻新事物，是当前社会财富创造的主力军，网上银行可以针对这类群体的特性，向他们推荐相应的金融产品，从而提高金融服务业带来的利润。

4. 网上银行降低了银行的经营成本

网上银行服务方式的不断优化将网上银行的发展重点从单一提高办公自动化程度，转变为通过先进的信息技术来引导整个银行业务流程和经营管理模式的运行，从而实现提高效率、降低成本的目的。银行无须在繁华的商业中心租用店面和购买大量工作设备，仅需通过网络即可与客户进行业务沟通，人工成本与店面成本降低，银行的经营成本也大幅下降。

三、电子商务的物流配送

物流是商业贸易中的关键环节，在电子商务中，物流依旧具有重要作用，电子商务的不断发展使得其自身对物流产生了更高的要求。下面主要对电子商务物流的基本流程、电子商务物流配送的定义、电子商务物流配送中心等内容进行重点分析。

（一）电子商务物流的基本流程

完整的电子商务包括信息流、资金流以及物流三个方面，电子商务物流也是以普通物流体系为基础发展起来的。在普通的商务物流流程中，物流作业流程会与信息流、资金流的作用集合在一起，共同为企业价值链的延长而努力。

电子商务的发展以及电子商务对物流配送服务体系的要求，在一定程度上促进了电子商务物流的发展。电子商务物流流程与普通的商务物流流程在企业内部的微观物流流程上具有相同性，都有"从送货到配送"的物流体系。但在宏观方面，电子商务物流则要求配送体系能够与用户相联通。电子商务物流的基本流程如图8-7所示。

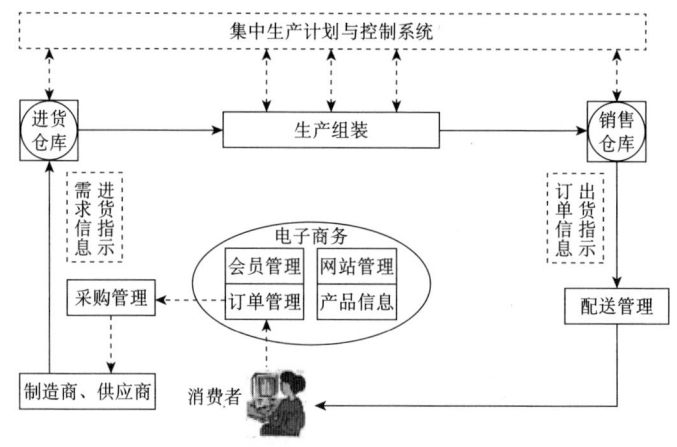

（注：实线箭头表示物流，虚线箭头表示信息流）

图8-7 电子商务物流的基本流程

（二）电子商务物流配送的定义

电子商务物流配送指的是电子商务企业按照电子商务的特点，对整个物流配送体系实行统一的信息管理和调度，为电子商务的客户提供服务。它的基本过程是按照用户的订货要求，在物流基地进行相应的理货工作，最后将配好的货物交给收货人。电子商务物流配送对提升电子商务企业的服务质量、降低物流成本、优化社会库存配送具有重要意义。

（三）电子商务物流配送中心

1. 物流配送中心的含义

物流配送中心指的是提供配送业务的物流场所或组织，其既是配送活动完成的场所，同时也是配送活动的承担者。物流配送中心能够简化流通环节，在满足顾客需求的基础上实现高效供货。电子商务通过物流配送中心能够将众多小批量的物流需求集中起来，形成一定的规模经济，这能够有效降低物流费用。

2. 物流配送中心的特点

物流配送中心的特点主要体现为以下几点。

（1）物流配送速度的快速化。在当前市场经济不断发展的条件下，电子商务对物流配送的速度提出了更高的要求。多数物流配送中心能够通过有效的配送系统，对上游、下游的物流配送需求进行合理分配，物流配送速度不断加快，商品周转的次数也越来越多。

（2）物流配送功能的集成化。电子商务物流配送中心能够将物流与供应链上的其他环节进行集成，例如物流渠道与商流渠道的集成、物流渠道之间的集成、物流功能的集成、物流环节与制造环节的集成等。

（3）物流配送服务的系列化。电子商务物流配送不仅提供传统意义上的储存、运输、包装、流通加工等服务，同时还对服务业务进行了拓展，如市场调查与预测、采购与订单处理、物流配送方案的选择与规划、库存控制策略等，使得物流配送服务呈现系列化的特点。

（4）物流配送作业的规范化。电子商务物流配送一般进行的是大规模、数量种类较多的业务配送，只有按照一定的作业流程和运作标准，物流配送才能保证准确率。规范化的物流配送作业能够使复杂的作业内容按照简单、易推广的运作模式进行归类。

（5）物流配送组织的网络化。为了使产品拥有快速、全方位的物流支持，电子商务物流配送需要建立完善、系统、科学的物流配送网络体系。在这个网络配送体系中，系统能够自动实现点与点的对接，使物流配送活动具有系统性与一致性，这样才能够将较为分散的物流配送单体连接成一个网络，从而使整个物流工作都能为现代社会生产与发展增添动力。

3. 物流配送中心的类型

根据不同的分类标准，物流配送中心可分为两大类，具体如图8-8所示。

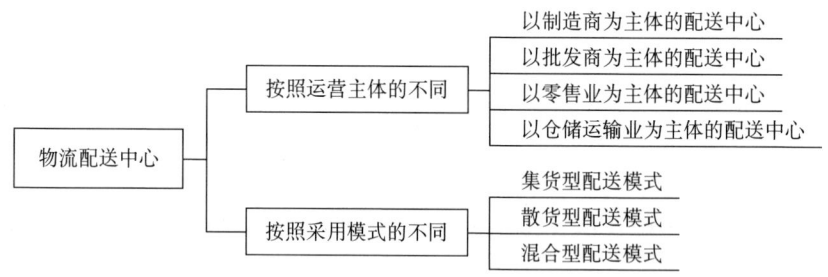

图8-8 物流配送中心的类型

第三节 消费者及企业的电子商务应用

一、消费者的电子商务应用

根据中国电子商务研究中心发布的数据，2019年中国国内市场的网络零售交易额为 10.32 万亿元，相比于 2018 年的 8.56 万亿元，同比增长了 20.56%，同时中国国内市场的零售用户数量达到 7.32 亿，比 2018 年的 5.7 亿增长了 28.42%。中国国内电子商务规模的不断扩大与零售用户数量的不断增加，都为我国的电子商务产业发展提供了动力。下面重点对消费者电子商务中的网上购物、网上拍卖、网络团购等进行分析。

(一) 网上购物

在商品经济时代，人们的生活离不开消费与购物，而信息化技术的发展为人们的消费与购物提供了便利，网上购物开始成为越来越多人进行消费的首要选择。

1. 网上购物的含义

网上购物是电子商务的重要组成部分，简单来说，网上购物就是消费者通过网络将自己需要的产品或服务购买回家。在这个过程中，消费者与商家并不需要实际的见面。换句话说，网上购物是一种交易双方从沟通、签约、货款支付，最后到交货通知，都是通过网络进行的新型购物方式。

2. 网上购物的特点

对网上购物特点的分析可从购买人群、购买原因、购买物品、购买地点、购买时间、支付方式六个方面进行。

(1) 购买人群。网上购物需要使用电脑、手机等网络终端设备。一般来说，青年人在接受新事物方面比较积极，更乐于进行网上购物。

(2) 购买原因。网上购物群体选择进行网上购物的主要原因是网络上的物品价格要比实际线下更为低廉。在网上售卖的产品因没有实际的店面运营支出，在价格设置方面会更加灵活，能够以较低的价格吸引更多的网上消费者。

(3) 购买物品。网上市场与传统市场具有不同之处，同时，网上消费者的消费需求特点也与传统市场中消费者的消费需求特点存在明显区别。根据有关调查数据，当前网上购物中最受消费者欢迎的物品是服装鞋帽类，其次是化妆品与护肤品，这与购买人群多为青年人具有明显的联系。

（4）购买地点。当前我国国内网上购物的网站可以分为两类，一类是纯虚拟型，另一类是网络加传统企业型。其中，纯虚拟型的网站代表有淘宝网、当当网、京东商城等；网络加传统企业型代表有国美电器、苏宁易购等。

（5）购买时间。在传统线下购物中，消费者需要在购物场所关门之前完成购物，这对大多数忙于日常工作的现代人来说具有时间上的压迫性。而网上购物则为这些消费者提供了随时随地进行购物的可能性，对消费者来说，网上购物不存在任何的时间限制。

（6）支付方式。当前，网上购物的支付方式主要有网上支付、货到付款、邮局汇款或是银行转账等，最为常见且使用频率最高的是网上支付。网上支付工具主要有支付宝、微信等。在付款金额大或是购物者担心支付安全的情况下，消费者一般会选用货到付款的方式。

3. 网上购物的优势

网上购物的优势主要体现在消费者和商家两个方面，具体分析如下。

（1）消费者方面。对消费者来说，进行网上购物没有时间、地点的限制，只要自己产生了需要，就可上网进行购物。同时，大多数网络购物网站上都有搜索功能，通过输入自己想要的产品的关键字，网上就会将相关产品一一罗列出来，消费者可以进行快速寻找。此外，网上商品的价格也相对较低，消费者的下单率更高。

（2）商家方面。对商家来说，进行网上销售能够有效减小库存压力，对资金的把控程度也有所加强。因为多数商家会在顾客下单后再进行商品的调配，这不需要商家挤压库存，资金的灵活性更大。同时，商家也可及时对商品信息进行更新，消费者几乎会在同一时间收到更新信息，这对于扩大市场占有率具有积极作用。

4. 网上购物未来的发展

（1）提高技术安全性。网上购物需要以网络安全与网络发展为基础。为此，网络技术人员要不断提高网络技术安全性，为消费者打造安全的消费环境，有效解决消费者资料泄露、密码被盗等问题。

（2）增强服务人性化。商家要准确把握消费者的需求走向，以优质服务吸引消费者，使消费者感到物有所值，实现双方的长久交易。当前，多数电子商务网站在提供基础的产品信息和交易平台服务的基础上，还拓展了个性化与系统化服务，这些新增服务让消费者拥有了更好的消费体验，消费者能够感受到自我的实现。

（3）进行诚信建设。当前，困扰电子商务发展的一大障碍就是诚信问题。诚信问题的发生既有消费者方面的原因，也有商家方面的因素。解决好诚信问题则是为电子商务行业净化市场环境，更有助于交易双方的后续交易。诚信建设既需要政府、行业、企业的努力，同时也需要消费者自身的积极参与，由此，诚信观念才能传播到每一个角落，深入每一个人的心中。

（二）网上拍卖

伴随着电子商务的发展，网上拍卖逐渐成为一种新的交易机制，越来越多的人开始关注网上拍卖。

1. 网上拍卖的定义

网上拍卖指的是交易双方通过互联网进行的价格谈判的交易活动，是卖者通过互联网在网站上发布有关拍卖信息，各个买家通过竞争投标的形式获得最后的购买权。从本质上来看，网上拍卖的核心是价格竞争，是拍卖网站通过在生产者和消费者之间建立沟通与交流机制，从而确定价格与数量，实现交易均衡的一种市场经济过程。

网上拍卖既是网络时代中消费者定价原则的体现，同时也是拍卖网站为消费者和生产者搭建的交易场所，是一种比较典型的中介型电子商务形式。值得注意的是，网上拍卖利用互联网将过去仅有少数人才能参与的贵族式的物品交换形式转变为每个拥有上网机会的网民都能参与的平民化交易方式。

2. 网上拍卖的主要方式

当前常见的网上拍卖方式主要有英式拍卖、荷兰式拍卖、封标拍卖、双向拍卖、逆向拍卖、多属性拍卖等。下面将对英式拍卖、荷兰式拍卖、双向拍卖、逆向拍卖进行重点讲解。

（1）英式拍卖。英式拍卖也称为公开拍卖或增价拍卖，是目前较为流行的一种网上拍卖形式。具体流程是买家浏览到自己感兴趣的物品，可看到当前的最高出价，并自由决定是否要出更高的价格。在买家提供投标价后，拍卖状态会自动更新，并显示此时该买家是否成为最高出价者。

（2）荷兰式拍卖。荷兰式拍卖是一种比较公开的减价拍卖，一般适用于比较容易腐烂的物品，如鲜花、食物等。荷兰式拍卖的流程是物品刚开始处于一个比较高的价格，之后价格持续下降，投标者能够看到当前价格，然后决定是在这个价格下购买物品，或是继续等价格下降。但是，对某个价格的第一个应价的买家成为该次拍卖的获胜者。

（3）双向拍卖。双向拍卖指的是买卖双方同时上线，在对同类拍卖物品的成交价格进行一定时间的观察后，买卖双方同时提出公开或秘密的买卖价格，进行实时交易，最终由拍卖商会宣布投标价格与出清价格。同类拍卖物品的成交价格即为当时的市场价格。

（4）逆向拍卖。在传统拍卖中，是卖家直接公布出售的物品，想要的买家进行投标。而在逆向拍卖中，是买家直接列出想要的产品，卖家对买家进行投标。

3. 网上拍卖与现实拍卖的主要区别

作为一种在网络上进行的交易模式，网上拍卖与现实拍卖具有较大的不同，主要表现为以下四点。

（1）拍卖标的范围不同。在传统的现实拍卖中，拍卖的物品多为艺术品、不动产或是大型设备等，这些物品的价格高昂。而在网络拍卖中，物品的价格区间波动较大，从几元到上千万都有可能，拍卖的物品范围也比较广泛，既有小物件，也有大物件，可供拍卖者选择的内容很多。

（2）参与拍卖活动的空间不同。传统意义上的拍卖会选择在特定的场所和环境中进行，拍卖者与投标者处于同一空间，进行实时投标。在网络拍卖中，参与拍卖的投标者来自世界各地，拍卖者与投标者并不处于同一空间，进行的是异步投标，给予双方较大的时间自由。

（3）拍卖活动的结束方式不同。一般情况下，传统拍卖中在拍卖师连续询问三声无人应和后，拍卖师即会宣布拍卖结束，出价最高的拍卖者获胜。但在网上拍卖中，一般系统会自动规定一个截止时间，在截止时间前出价最高的拍卖者成为获胜者。

（4）拍卖活动的成本不同。网上拍卖不需要买卖双方同时到场，节约了大量的时间成本与地点成本，双方的参与成本几乎趋于零。但是，传统拍卖中，买卖双方都需要提前进行准备，并根据规定时间到场参与拍卖，这对双方来说都需要一定的参与成本。

（三）网络团购

1. 网络团购的定义

从字面意思上来说，团购就是一个团队向商家进行集体购买，国际上称为 B2T，这是一种电子商务模式。网络团购则指的是一定数量的消费者，利用互联网自发或有组织地成团，以较为合适的折扣价格购买一种商品，这种电子商务模式称为 C2B（Consumer to Business）。C2B 与传统意义上的 B2C、C2C 模式具有明显的不同，它需要多个消费者的聚合才能完成后续交易，需要在即时通信和社交网络的支持下进行。

随着电子商务的不断发展，网络团购也迎来了新的发展机遇，团购产品从过去的单一化逐渐走向多元化，图书、玩具、家具、手机、房产、汽车等皆可团购，网络团购的覆盖领域不断扩大。

2. 网络团购的分类

网络团购的主体包括消费者、销售者、组织者三类，根据三类主体结合方式的不同，网络团购可分为以下三种类型。

（1）消费者主导的网络团购。以消费者为主导的网络团购是消费者作为组织者，直接利用网络将需要该商品的消费者组织起来，借助组织团体的优势与销售者进行价格及购买方式的谈判，从而获得比单个消费者购买更为划算的团购模式。

（2）销售者主导的网络团购。以销售者为主导的网络团购是销售者自己通过网络发布商品信息，吸引需要该商品的消费者参与到团体购买中，销售者自己主动降低价格吸引更多消费者的参与。这种网络团购形式能够为销售者扩大销量，利润空间也会更大。

（3）组织者为主导的网络团购。以组织者为主导的网络团购是由一个专业的团购组织开展的团购活动。专业的团购组织的本质既不是消费者，也不是销售者，他们仅是连接消费者和销售者之间的纽带，他们可以代表消费者向销售者提出团购建议，也可以代表销售者去吸引消费者进行团购。

3. 网络团购的优势

网络团购是对传统购物的颠覆，也是对网上购物的新升级，其核心优势在于商品价格更加优惠。一般来说，参与团购的人数越多，团购商品的价格也会越低。下面详细列举了网络团购的两大优势。

（1）交易成本更低。团购的价格低于一般的市场零售价，团购能够实现的前提是消费者数量达到一定的标准。通常情况下，销售者会设定一个门槛，当消费者数量达到这个门槛后，团购即可完成。因为消费者通过团购获得的商品价格远低于单独购买的价格，销售者可以获得更多的客源，这使得双方的交易成本有所降低。

（2）产品质量和服务能够得到保障。团购的发起者会提前对团购的商品进行考察，同时消费者也可利用网络与处于各地的消费者进行商品意见的沟通，这能够使消费者了解商品的信息，在购买过程中能够更从容。此外，因为团购的数量较多，所以当消费者遇到商品问题时，可以组团进行维权，维权能力要远大于单个消费者，团购消费者的后续服务也能够得到保障。

二、企业的电子商务应用

电子商务的发展对企业的商业运作模式等进行了优化，这使得传统企业中的采购、生产、管理、销售、支付、客户服务等环节都面临新的改变。下面主要对企业在电子商务发展过程中的客户关系管理、采购管理、供应链管理三个方面进行详细分析。

（一）电子商务客户关系管理

电子商务使得企业从过去的"一对多"消费服务模式转变为"一对一"消费服务模式，企业对客户关系的管理在一定程度上会直接影响企业在电子商务环境下的长远发展。

1. 对客户管理的认识

众多企业的客户关系管理实践证明，在电子商务环境下，企业能够实现对客户关系的高效管理，从而为企业的长久发展提供动力。客户关系管理的成功与否，在某种意义上直接决定了企业在当前市场竞争日益激烈的经济环境中能否实现健康、有序的发展。

企业生存的核心是有稳定的客户群体，电子商务的发展使得客户的搜索成本与消费成本逐渐降低。如何使客户在众多企业中选择自己，增加客户与企业的交易机会，是当前电子商务企业发展中追求的重点内容。

2. 电子商务客户关系管理的内涵

电子商务客户关系管理是一种对客户关系进行管理的思想和技术。从本质上来看，对客户关系进行管理是"以客户为中心"的经营理念。企业通过对电子商务客户关系管理，能够改善与优化企业与客户的关系，从而使企业的服务更加个性化，使客户的满意率更高。由此，企业不仅能够实现留下老客户、获得新客户的成本最低化，而且使自身的市场适应能力和竞争能力得到强化。

3. 电子商务客户关系管理系统的主要功能

不同行业、不同企业对客户关系管理系统具有不同的要求。一般来说，客户关系管理的功能主要包括五个方面，如图8-9所示。

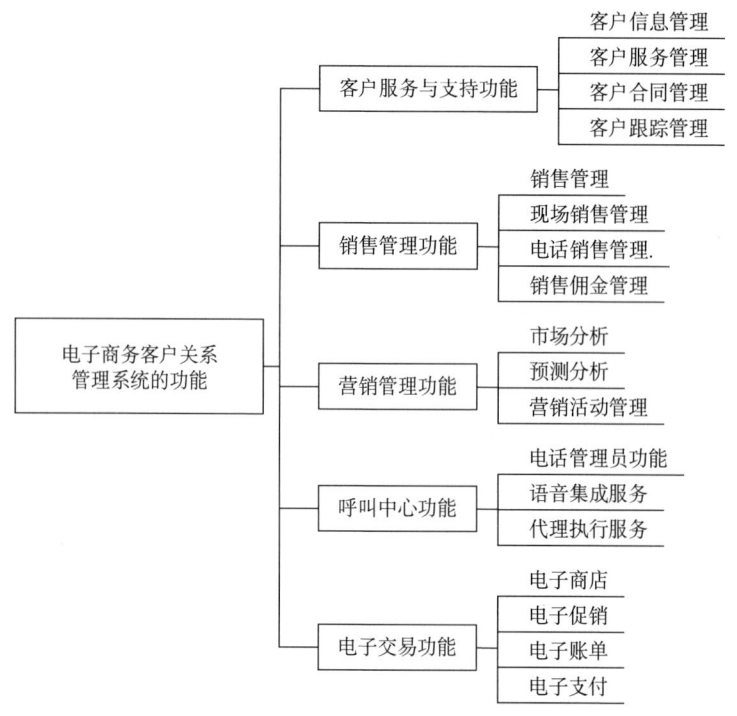

图8-9 电子商务客户关系管理系统的功能

4. 电子商务客户关系管理的实施

在电子商务环境下，企业对客户关系管理包括四个步骤，具体分析如下。

（1）识别客户。企业要想精准进行客户关系管理，首先需要充分了解客户的需求，并对客户可能产生的购买行为进行预先分析，找到企业潜在客户。众多企业的实践证明，企业能够精准识别客户是保证客户关系管理有效性实现的关键。若是企业不能精确识别客户，就不能进行科学的电子商务客户管理。

（2）对客户进行差异化分析。不同的客户有不同的消费特点和消费喜好，由此产生的消费倾向也有较大不同。另外，同一位客户在不同的时期，消费倾向也会发生改变。因此，企业在精准识别客户后，需要对客户进行差异化分析，找到客户重点关注的内容，充分发挥电子商务具有的个性化优势，为客户提供一对一服务。

（3）与客户保持良好的沟通。企业的销售、营销及后勤服务部门可通过上门拜访、电话语音、电子邮件、微信视频、调查问卷等形式从客户手中得到第一手的资料，并对这些资料进行分析整理，为客户关系管理实施团队进行管理策略制定提供依据。此外，企业也可通过组织座谈会、研讨会等邀请客户代表到企业中与企业关系管理人员进行交流沟通，从而更好地了解客户需求。

（4）调整产品或服务满足客户需求。企业在了解到客户需求后，需要重新制定目前企业的产品或服务发展计划，同时有针对性地调整电子商务发展目标，争取满足每一位客户的需求，实现与客户的双赢。

（二）电子商务采购管理

随着电子商务的发展，企业采购管理也产生了新的变化，电子化采购应运而生。电子商务环境下的企业采购管理能够实现采购业务与企业内部的生产、营销、研发等业务协同发展。同时，企业利用电子化采购能够与业务伙伴产生更密切的联系,这强化了企业对外部资源的控制,能够增强企业的应变能力。未来,电子化采购将成为企业采购管理的主要表现形式,下面我们将重点对电子商务采购管理中的电子化采购进行分析。

1. 电子化采购的内涵

所谓电子化采购,指的是企业通过互联网,利用计算机对企业的采购业务进行科学化管理,从而实现采购信息的共享。从操作方面来看,电子化采购改变了企业采购管理的过程,同时优化了采购流程,并有效降低了成本,提高了生产效率,这能够使采购企业和供应商都获得相应的利益。

2. 电子化采购的流程

企业在进行电子化采购时,需要借助一定的软件,不同的软件有不同的运行方案,但总的来看,这些方案都包括以下五点流程,如图 8-10 所示。

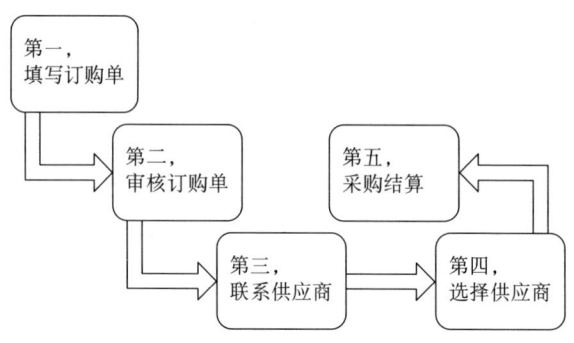

图 8-10 电子化采购的流程

3. 电子化采购的优势

电子化采购的优势主要体现在以下几点。

(1) 降低采购成本,提高采购效率。企业在使用电子化采购时,会预先生成采购名单,并对采购物品进行提前记录,后续只需直接进行采购即可，这极大地降低了采购成本。同时，电子化采购能够使企业在较短的时间内得到更全面、更准确的采购信息，采购的效率得到有效提升。

（2）赢得采购的主动权。电子化采购是电子商务企业自己选择的商业行为，企业自己能够提前了解采购价格，掌握市场行情，同时可以直接跟供货商进行谈判，这省去了传统采购过程中的很多环节，也使企业更能掌握采购的主动权。

（3）保证采购质量。利用电子化采购，企业可以在全球范围内选择自己想要的原材料，也可以在考虑价格的基础上，选择最适合自己且质量最好的产品，以此保证采购质量，摒弃伪劣产品，杜绝产品质量事故的发生。

（4）适应电子商务发展趋势。企业要想在当前纷繁复杂的商业市场中站稳脚跟，需要顺应市场的发展。企业采用电子化采购，迎合了电子商务的发展潮流，这对于提升企业的市场竞争力与经济效益都有很大的推动作用。

（三）电子商务供应链管理

供应链管理能够帮助企业提升运作效率，降低运行成本，对供应链进行科学管理是当前企业发展过程中提升市场适应能力和竞争能力的主要方式之一。电子商务的发展为企业供应链管理创造了良好的条件，但同时也对企业的供应链管理提出了新的要求。未来，电子化供应链管理将成为企业供应链管理的主要内容，下面将主要对电子化供应链进行分析。

1. 电子化供应链的构成

企业的电子化供应链主要由互联网搭建而成，互联网在企业中的应用则包括内联网（Intranet）和外联网（Extranet）两个部分。内联网一般应用在企业内部的供应链管理中，外联网一般应用在企业外部的产业供应链管理中。

2. 电子化供应链的优势

电子化供应链与传统的供应链相比,具有独特的优势,这主要表现在以下两个方面。

(1)提升供应链企业间的工作效率。企业通过电子化供应链,能够快速找到新的供应商,并寻求潜在合作客户。在这个过程中,企业仅进行单方面的自主操作即可完成。此外,供应链上各个企业的配送信息等都可以被其他企业所共享,这也能够方便其他企业根据实际情况调整自己的工作计划,有效提升企业间的工作效率。

(2)降低企业的运行成本。电子化供应链在降低企业运行成本方面主要是降低交易成本、存货成本、采购成本,具体分析如下。

第一,网络能够使供应链内各个环节的交易更直接、更简便,这缩短了交易时间,降低了交易成本。

第二,供应商与需求商均可通过网络共享内部库存信息,这有利于供应商供货,也有助于需求商及时调整库存,这对双方来说都能够降低存货成本。

第三,各个交易主体均利用网络展开交易,不存在线下的实体交易,这种无纸化交易减少了采购人员的数量,提升了采购效率,采购成本也会相应降低。

3. 电子化供应链的职能

电子化供应链的运行得益于网络技术的发展,在优化与提升传统供应链的基础上,电子化供应链的职能主要表现七个方面,分别是:①订单处理;②采购管理;③库存管理;④生产管理;⑤运输管理;⑥客户服务;⑦需求预测。

第九章　企业管理实践

企业管理在企业的经营实践活动中具有重要的意义,是推动企业稳定持续发展的重要因素和保障。本章主要从三个层面、六个角度阐述企业管理实践的重要性,分别是企业生产与质量管理实践、企业人力资源与财务管理实践、企业战略与文化管理实践,以期为相关的企业管理研究提供参考。

第一节　企业生产与质量管理实践

企业的生产管理与质量管理在企业的可持续发展中扮演着重要的角色,对企业占据有利的市场地位也具有重要的意义。因此,企业在日常管理实践中,要重视生产管理与质量管理,从而为企业的长远发展提供有力的保障。

一、企业生产管理

企业生产管理是企业管理的重要组成部分,对企业的正常运营与发展有着重要意义。企业要想在激烈的市场中站稳脚跟,获取最大的经济效益,就必须重视企业的生产管理,生产出符合市场标准以及能够满足消费者需求的产品。

（一）生产管理概述

1. 生产管理的概念

所谓生产管理，主要指企业在生产过程中对生产系统中的全部要素（资金、人力、技术、设备、产品、服务等）进行计划、组织、控制的一种管理活动，企业生产活动与生产管理关系如图9-1所示。

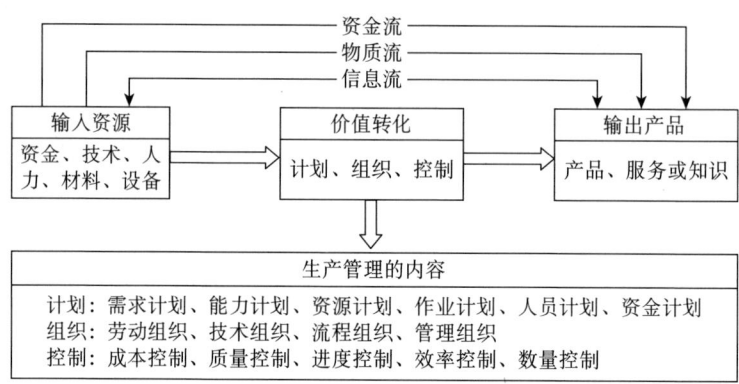

图9-1 企业生产活动与生产管理关系

2. 生产管理的目标与内容

（1）生产管理的目标。简单来说，企业生产管理的目标主要包括两方面内容，即"四适"和"三提高"。其中，"四适"主要指适当（时机）、适合（产品）、适宜（价格）、服务（合适），"三提高"主要指提高企业的竞争力、经济效益、社会效益。

（2）生产管理的内容。从生产管理的职能角度而言，企业的生产管理主要包括三个方面的内容，即计划方面的内容、组织方面的内容以及控制方面的内容，这三个方面的具体内容如图9-1所示。

3. 生产管理的基本原则

企业生产管理的基本原则主要有以下几个：以市场为导向原则、追求经济效益原则、科学管理原则以及安全生产原则。

（1）以市场为导向原则。以市场为导向原则是企业生产管理应坚持的首要原则。该原则要求企业在生产管理的过程中，一方面要具备强烈的市场意识（参与意识、竞争意识、抓住机遇意识等），另一方面要根据市场的变化及时调节企业的生产管理状况。

（2）追求经济效益原则。追求经济效益是企业发展的重要目的，因此企业的生产管理也应以追求经济效益为原则。具体来说，企业在生产管理的过程中，可以通过多种渠道来提高经济效益，比如以市场为导向、提高资源的利用效率等。

（3）科学管理原则。科学的管理能够在很大程度上提高企业的生产数量和质量，对企业的长远发展具有重要的意义。因此，在生产管理的过程中，企业要坚持科学管理的原则，比如合理地安排员工，使员工各尽其能，提高生产效率等，从而使企业在激烈的市场竞争占据有利的地位。

（4）安全生产原则。安全生产是企业生产管理的重中之重，在具体的生产管理实践中，企业必须认真贯彻、落实安全生产原则，从而为企业的发展、员工的安全生产等提供良好的环境。

（二）生产系统的类型

企业的生产系统由诸多要素共同构成，如图9-2所示。按照不同的标准，可以将生产系统分为不同的类型，具体内容如下。

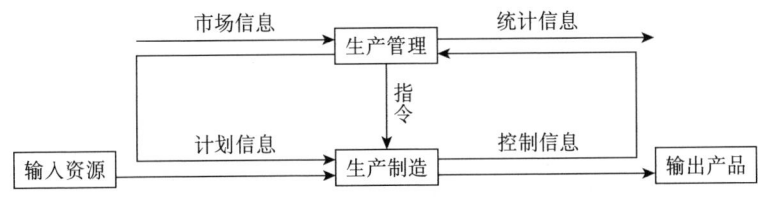

图9-2 企业的生产系统构成

1. 按产品特征分类

（1）单件小批式生产。单件小批式生产的特点主要包括以下几点内容：①生产专业化程度低；②产品的种类非常丰富；③产品的价格较低，产品数量少。

（2）批量式生产。批量式生产的特点主要包括以下几点内容：①产品的种类比较丰富；②生产具有较大的重复性。

（3）大量生产。大量生产的特点主要体现在以下几个方面：①生产专业化程度高；②产品的种类较为单一；③产品的生产量大、重复性程度高。

2. 按需求特征分类

（1）订货式生产。所谓订货式生产，主要体现为企业的生产活动是基于用户的订货清单（即客户需求）开展的。订货式生产模式下，企业需要在约定的时间到达前提交货物（企业生产管理的重点），所以企业基本上不存在库存的情况。

（2）存货式生产。存货式生产是指企业基于一定的客户预定以及有效的市场判断、预测等，系统地、有计划地生产产品（一般具有一定的产量）的生产模式。存货式生产模式下，企业往往会出现大量库存的现象，为了有效避免出现库存积压和脱销的情况，企业应将生产管理的重点放在"供、产、销"的有序衔接上，从而在保证"供、产、销"平衡的基础上，获取良好的经济效益。

3. 按工艺特征分类

（1）连续生产。连续生产的特点主要体现在以下几个方面：①时间上的连续性；②产品加工工序的连续性；③工序间没有在制品储存；④产品标准化程度高；⑤生产设备相对固定；⑥产品种类少、批量大。钢铁工业、化工工业等多采用连续生产这一生产模式。

（2）间断生产。间断生产主要体现为部分商品包含诸多零部件，而且这些零部件之间的加工过程往往是相互独立的，所以，企业在生产这类产品时，一方面要间断投入生产所需的零部件，另一方面要储备相应的在制品，从而保证产品组装的有序进行。玩具工业、电子工业等多采用间断生产这一生产模式。

(三) 生产计划与生产过程组织

1. 生产计划

(1) 生产计划的含义。所谓生产计划，主要指企业在生产管理过程中，基于需求预测、经营环境、企业战略等，制定企业生产的产品种类、数量等指标。通常来说，完整的企业生产计划系统主要包括三方面内容，如图9-3所示。

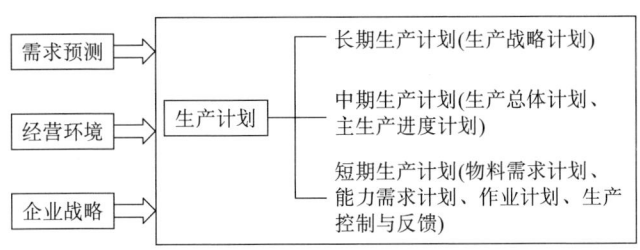

图9-3 企业生产计划系统

(2) 生产计划的指标。生产计划的主要指标包括四方面内容，即产品品种指标、产品产量指标、产品质量指标、产值指标。其中，产品品种指标主要包括产品品种、规格的名称及数目；产品产量指标主要包括成品/半成品数量、工业性劳动数量等；产品质量指标又可分为内在质量指标（如产品的性能、使用寿命等）、外在质量指标（如产品的式样、包装等）；产值指标主要包括三种类型，即总产值指标、商品产值指标以及净产值指标。

(3) 生产计划的主要内容。企业生产计划的主要内容包括以下几点。

第一，做好准备工作（即编制生产计划）。

第二，确定生产指标，即确定产品品种指标、产品产量指标、产品质量指标以及产值指标。

第三，合理设置生产进度。生产进度的设置主要包括三方面内容：①单件小批式生产企业生产进度设置；②批量式生产企业生产进度设置；③大量生产企业生产进度设置。

第四，组织和监督生产计划的实施。

2. 生产过程组织

（1）生产过程的含义。所谓生产过程，主要指企业从原料投入起，至最终形成产品的一系列过程的总和。通常来说，完整的企业生产过程主要由四部分构成，即基本生产过程、辅助生产过程、生产服务过程、生产技术准备。

（2）生产过程的要求及组织形式。科学、合理、有序的生产过程是企业生产活动顺利开展的重要保障，因此，企业在生产过程中遵循相应的要求和组织形式，如图9-4所示。

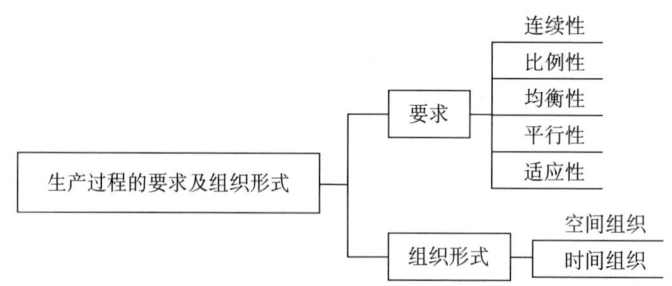

图9-4 企业生产过程的要求及组织形式

生产过程的连续性主要指生产环节、工序、阶段等之间的相互衔接；比例性主要体现为企业各生产要素能够平衡协调地参与生产；均衡性也称节奏性，就是企业能够有节奏（负荷匀称）地进行生产活动；平行性要求企业在不同的生产阶段生产不同的产品类型，实行平行作业；适应性即为企业能够适应市场，并根据市场的变化，灵活调整生产过程。

生产过程的空间组织形式主要包括两方面内容：其一是工艺专业化形式，即企业在生产过程中，按照生产工艺的特点进行生产活动的组织形式；其二是对象专业化形式，即企业在生产过程中，按照产品的类型进行生产活动的组织形式。生产过程的时间组织主要体现为在生产过程中，各生产单位与各工序之间在时间上的有序衔接。

（四）现代企业的生产运作管理方式

现代企业的生产运作管理方式主要包括以下几个方面，即大规模定制（MC）、精益生产方式（LP）、敏捷制造（AM）、计算机集成制造系统（CIMS）、企业资源计划（ERP）。具体分析如下。

1. 大规模定制（MC）

所谓大规模定制，主要指企业基于客户的需求（定制），大批量生产低成本、高质量产品或服务的运作管理方式，大规模定制的原理如图9-5所示。大规模定制的特点主要有四个，即产品设计模块化、产品制造专业化、生产组织系统化、合作关系伙伴化。

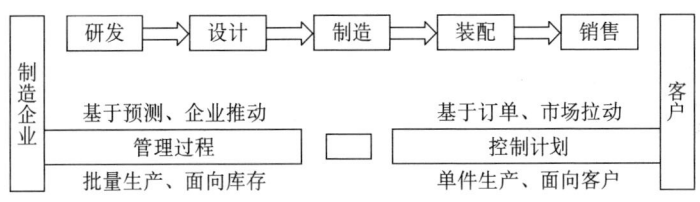

图 9-5　大规模定制的原理

2. 精益生产方式（LP）

精益生产是一种以客户需求为拉动，快速反应、及时制造，并在最大程度上保证产品零缺陷、零库存的生产方式。精益生产方式的特点主要包括以下几点：①能够对市场做出快速反应；②企业理念、生产工具、生产方式精益；③重视人力资源在生产过程中的作用；④追求产品的零缺陷和零库存；⑤以杜绝浪费、提高经济效益为核心思想。

3. 敏捷制造（AM）

敏捷制造主要体现在两个方面：一方面，企业的制造系统能够同时满足低成本和高质量的要求；另一方面，企业能够把握市场、技术等的变化，并及时调整自身的生产过程，获取最大经济效益。敏捷制造的特点主要包括以下几点：①重视速度、时间等因素在市场竞争中的重要作用；②以"客户第一"为核心竞争理念；③重视人才的培养；④合作意识强，并能通过合作提升自身整体的竞争力。相较于大规模定制和精益生产方式，敏捷制造的竞争优势主要体现在两个方面，即时间优势领先、技术和成本优势领先，具体内容如图 9-6 所示。

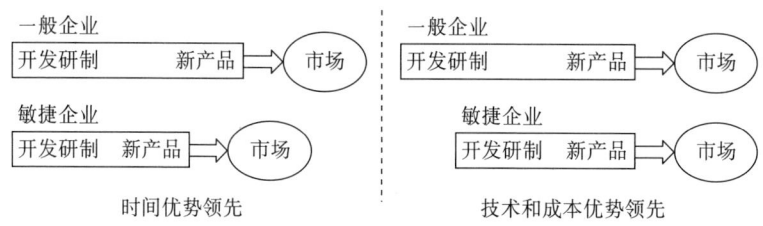

图 9-6　敏捷制造的竞争优势

4. 计算机集成制造系统（CIMS）

计算机集成制造系统主要体现为企业的生产运作管理过程，是一个数据采集、传递、加工处理的过程。在这一过程中，不同部分（设计、加工、管理、销售等）之间是密切联系、不可分割的。计算机集成制造系统由诸多部分构成，具体如图 9-7 所示。

5. 企业资源计划（ERP）

所谓企业资源计划，主要指企业基于信息、技术、资金、人力等要素，以系统化的管理思想为指导，为企业决策层提供决策运行手段的管理平台。企业资源计划的发展主要经历了四个阶段，即 MRP、MRPⅡ、ERP、新一代 ERP。在不同的发展阶段，企业资源计划的功能也有显著的差别，图 9-8 为企业资源计划的发展阶段及功能变化。

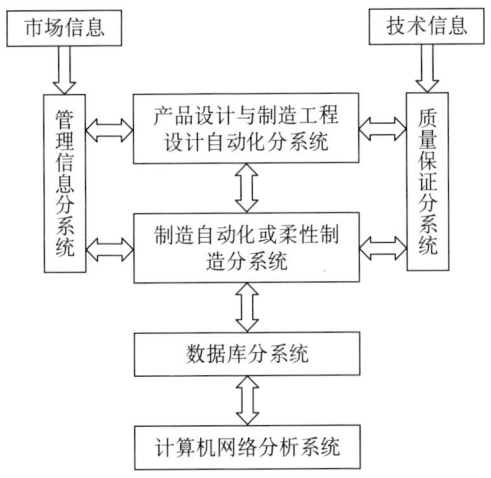

图 9-7 计算机集成制造系统的结构

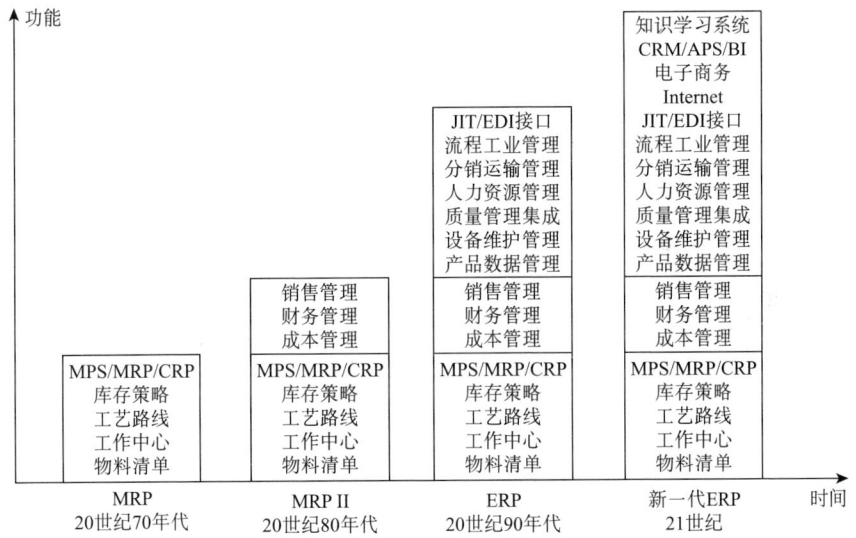

图 9-8 企业资源计划的发展阶段及功能变化

二、企业质量管理

企业质量不仅是企业提高其自身市场竞争力的重要因素,而且对企业的可持续发展具有重要意义。因此,企业在经营管理的过程中,应将企业的质量管理置于重要的位置。

(一)质量概述

1. 质量的概念

质量是现代质量管理学的基本概念,也是最难定义的概念之一,因此,到目前为止,学界对质量的概念依旧莫衷一是。为了便于行文叙述,我们这里主要介绍几个比较有代表性关于质量的定义,具体内容如表 9-1 所示。

表 9-1　　　　　　　　　国际学术界对质量的定义

学者/组织/其他	定义
国际化标准组织	质量是指产品、服务所具有的能用以鉴别其合乎规定与否的性能、特征等的总和
朱兰	质量是指产品、服务满足用户需求的程度,即产品、服务的适用性
克劳士比	质量即为"符合规格"
格鲁科克	质量是产品或服务各种特性的综合体
六西格玛管理①	质量是供应商、消费者基于商业关系各角度所形成的一种带有共同认知性的价值理念

2. 质量的特性

质量的特性主要包括以下六方面的内容:①性能,即社会、客户等对产品功能的规定,主要包括使用性能和外观性能两个方面;②可信性,其多用于对产品非定量因素的表述,比如可靠性、保障性等;③安全性,主要体现为将产品的风险控制在可接受的范围内;④适应性,主要体现为产品对各种影响因素的适应能力;⑤经济性,主要体现为产品寿命周期费用;⑥时间性,产品质量的时间性主要体现在两个方面,其一是规定时间内满足顾客对产品相关要求的能力,其二是满足顾客随时

---

① 六西格玛管理(Six Sigma Management)是 20 世纪 80 年代末在美国发展起来的一种新型管理方式。

间变化所形成的对产品新的要求的能力。

(二) 质量管理与质量管理体系

1. 质量管理概述

(1) 质量管理的概念。所谓质量管理，主要指企业在产品质量方面所组织的各种协调活动。具体来说，质量管理主要包括以下几方面的内容：质量方针和质量目标的制定、质量策划、质量保证、质量改进等。

(2) 质量管理的基本原则。质量管理的基本原则主要有八个：①以顾客为中心原则；②持续改进原则；③重视过程与方法原则；④领导作用原则；⑤坚持互利的供方关系原则；⑥全员参与原则；⑦基于事实进行相关决策原则；⑧系统管理原则。

2. 质量管理体系

(1) 质量管理体系的概念。顾名思义，质量管理体系即为推动企业质量管理有效运作的各种体系的总和。通常来说，一个完整的企业质量管理体系包括管理职责划分、产品实现、要素管理、市场分析、产品改进等内容。质量管理体系的作用在于将企业生产管理中各个相关因素有机组合起来，从而推动企业质量管理有效运作，为提高企业的市场竞争力奠定有利的基础。

(2) 质量管理体系的建立与实施。质量管理体系的建立与实施主要包括以下四个阶段。

第一，前期准备阶段。这一阶段的主要任务包括四个方面的内容：其一，思想准备；其二，组织培训；其三，建立贯标运行机构；其四，完善现有的管理体系。

第二，质量管理体系策划阶段。这一阶段的主要任务包括制定质量方针、制定质量目标、设计组织机构及职责以及配置资源等。

第三，质量管理体系建立阶段。这一阶段的任务主要包括两方面内容：其一，编制质量管理体系的相关文件；其二，审核、批准、发布质量管理体系的相关文件。

第四,质量管理体系试运行阶段。这一阶段的主要任务包括以下几点:其一,试运行质量管理体系;其二,内部质量审核和管理评审;其三,完善质量管理体系;其四,做好质量管理体系资格的认证准备。

(三) 全面质量管理

1. 全面质量管理含义

全面质量管理主要包括三方面内容:①以质量为中心;②以全员参与为基础;③以满足顾客的需求和追求最大的经济效益为目标。具体来说,全面主要指全员参与企业的质量管理,质量主要体现为能够使客户满意,管理主要指切实的质量管理工作。

2. 全面质量管理的主要方面

全面质量管理的主要方面有四点,即设计过程的质量管理、制造过程的质量管理、辅助过程的质量管理以及使用过程的质量管理。这四个方面又包含不同的内容,如图9-9所示。

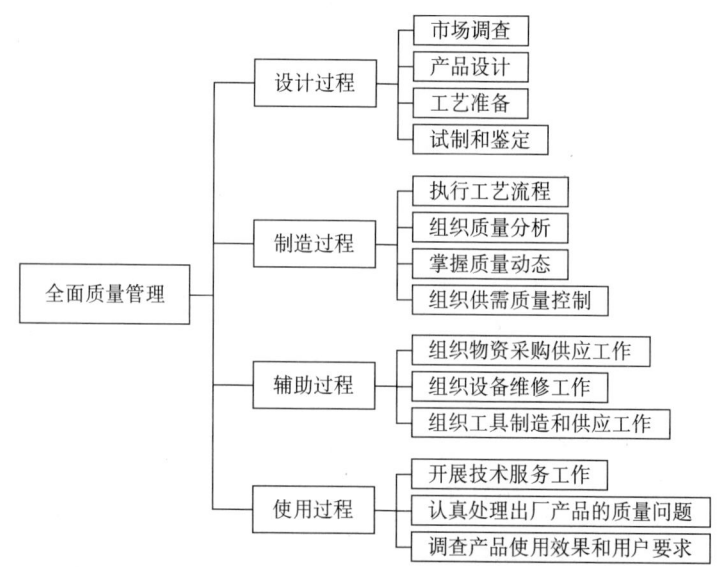

图9-9 全面质量管理的主要方面

3. 全面质量管理的统计技术

全面质量管理的统计技术主要指企业在全面质量管理过程中，用于收集、分析质量数据，提高质量管理水平的常用方法。这里我们主要介绍以下几种企业在全面质量管理活动中常用的方法。

（1）排列图。排列图是一种企业在全面质量管理过程中，为了寻找造成质量问题的原因所使用的统计技术。排列图由横轴、纵轴、数据等组成。其中，横轴为影响产品质量的因素，纵轴分左纵轴（表频数）和右纵轴（表累积频率）。图9-10为某厂铸造车间生产某一铸件质量问题的排列图。排列图的优势在于能够清晰地反映出不同因素对产品质量的影响，从而为企业改进质量管理提供条件支持。

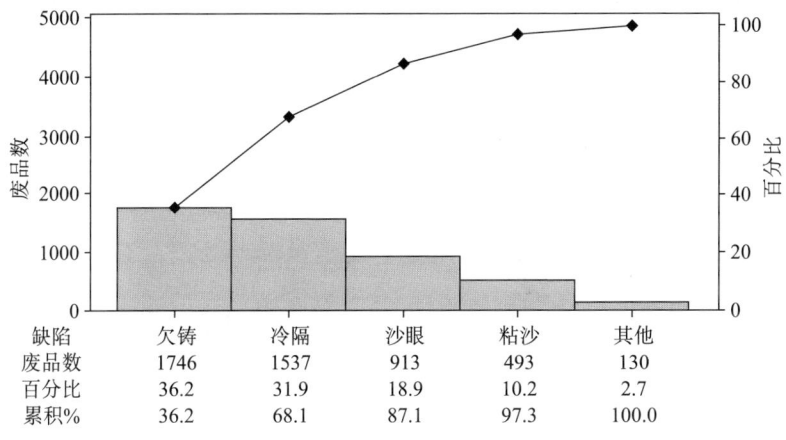

图9-10 某厂铸造车间生产某一铸件质量问题的排列图

（2）因果图。全面质量管理中的因果图是反映原因（影响产品质量的因素）与结果（描述、整理、分析质量问题）关系的图。因为因果图的形状与鱼刺比较相似，所以因果图也被称为鱼刺图，因果图的绘制思路如图9-11所示。

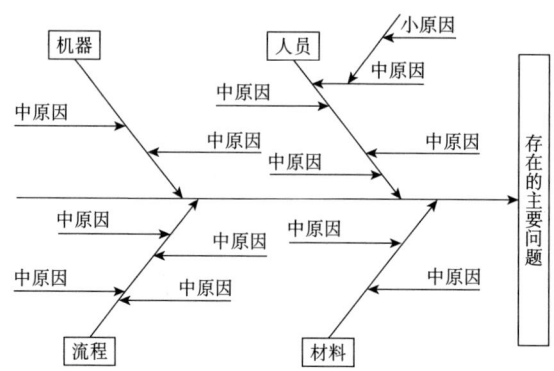

图 9-11　因果图的绘制思路

（3）散布图。散布图是一种描述两个因素之间相关关系的图形。通过对散布图中两个因素之间相关关系的分析，企业能够有效地发现并分析质量管理中存在的问题，进而找出解决问题的方法。一般来说，散布图中两因素之间的相关关系主要有四种，即正相关、负相关、无相关、非线性相关，如图 9-12 所示。

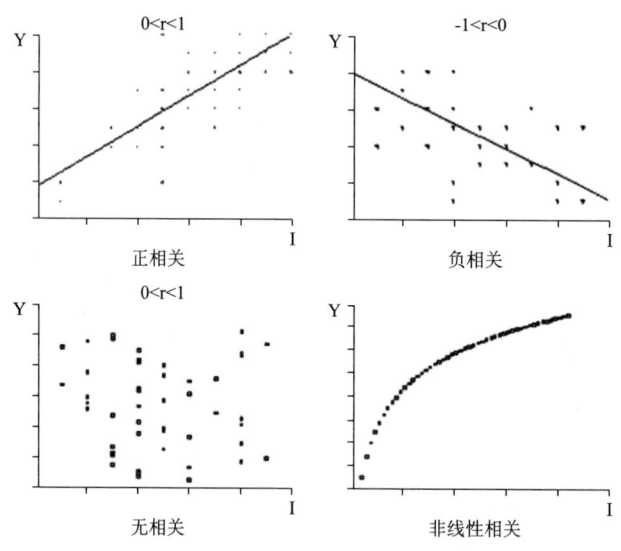

图 9-12　散布图中两因素之间的相关关系

除了排列图、因果图、散布图外，企业在全面质量管理过程中常用的统计技术还有直方图、分层法、调差表、控制图等。其中，常见的直方图主要有以下四种：①标准型直方图；②孤岛型直方图；③双峰型直方图；④偏锋型直方图。分层法主要包括以下几个方面的内容：①按照使用设备、使用条件分层；②按照工艺方法分层；③按照操作人员分层；④按照检查手段分层；⑤按照工作时间分层；⑥按照工作环境分层；⑦按照使用材料分层。调查表主要包括不良品分项检查表、频率分布表以及缺陷位置检查表等。控制图主要包括计量型控制图和计数型控制图两种。

第二节　企业人力资源与财务管理实践

企业的人力资源是企业的重要资源之一，能够为企业的发展提供优秀的人才保障，而财务则能够为企业的长足发展提供必需的资金支持，它们对企业的可持续发展具有积极意义。因此，企业在发展过程中，要重视企业的人力资源管理和财务管理，从而为企业的发展壮大奠定良好的基础。

一、企业人力资源管理

人力资源管理对企业发展的重要意义主要体现在其能够为企业的长远发展提供优秀的人才保障，从而为企业在激烈的市场竞争中占据优势，提供有力的人才支撑。

（一）人力资源管理的概念与职责

1. 人力资源管理的概念

人力资源管理是经济学常见的概念之一。从广义的角度来讲，其主要体现为影响员工工作行为、态度等的相关管理制度与政策；从狭义的角度来讲，其主要指企业为了实现相应的管理目标，应用管理学、心理学等学科知识与原理，对员工进行系列管理活动（如培训、考核等）的一种管理方式。

2. 人力资源管理的职责

人力资源管理的职责主要体现在以下几个方面，即工作分析、方案确定、员工招录、员工培训、绩效考评、薪酬管理、处理劳动关系和提供劳动保障。

（1）工作分析。工作分析的主要任务是企业基于对工作岗位、劳动条件、员工所需承担的岗位职责等的分析和研究，制定出有助于推动企业发展的各种人力资源管理文件，比如岗位规范说明书等。

（2）方案确定。方案确定即企业确定人力资源计划方案。通常来说，方案确定主要包括以下几个方面的内容：①对企业现有的人力资源现状进行必要的分析；②对企业未来的人力资源状况（如供需状况等）进行科学的预测；③制订员工招聘、培训等发展计划；④制定相应的措施与政策，以保障人力资源管理的可操作性。

（3）员工招录。员工招录主要体现为企业基于相应的人力资源规划和岗位要求，所进行的招聘、录用员工的一系列活动。

（4）员工培训。员工培训，即企业根据岗位要求对所招录的员工进行具体的培训，以提高员工工作技能、工作效率、对企业的归属感等。通常来说，企业的员工培训主要包括两方面内容，即入职培训和在职培训。

（5）绩效考评。绩效考评，即在相应的时间段内，企业对员工所取得的工作成绩进行考评。绩效考评不仅是员工晋升的重要依据，也是企业改进工作方法的重要参考。

（6）薪酬管理。薪酬管理主要体现为企业对员工基本工资、绩效工资、津贴等的管理。科学、合理的薪酬管理不仅能够有效激发员工工作的积极性，而且能够吸引和留住优秀员工。

（7）处理劳动关系和提供劳动保障。劳动关系的融洽与否，在很大程度上决定了企业人力资源管理能否有效开展，而劳动保障则是维护劳动者合法权益、提高劳动者工作积极性的重要因素。因此，企业在人力资源管理过程中，要重视劳动关系的处理、劳动保障的提供。

（二）工作分析

1. 工作分析的内容

一般情况下，工作分析的内容由六部分构成，简单来说就是"5w + 1h"，即"what""who""where""when""why""how"。其中，"what"主要指做什么，"who"主要指谁来做，"where"主要指在哪里做，"when"主要指什么时间做，"why"主要指为什么做，"how"主要指怎么做。具体来说，企业人力资源管理中工作分析的内容主要包括五个方面，如图9-13所示。

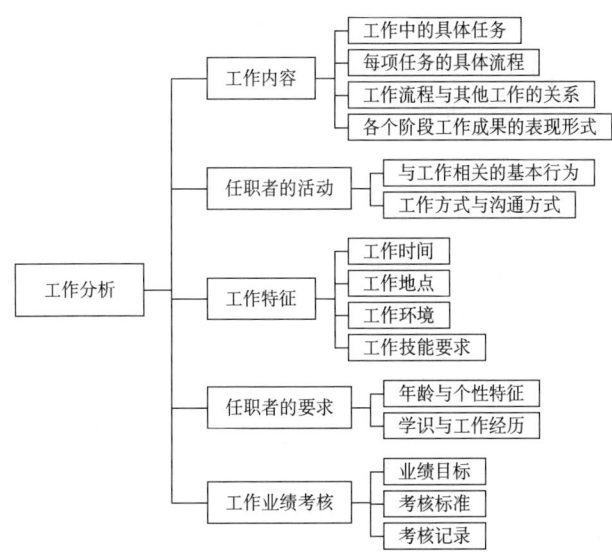

图9-13 工作分析的内容

2. 工作分析的实施过程

通常情况下，企业人力资源管理工作分析的实施过程主要由五方面内容构成，具体分析如下。

（1）成立工作组。成立工作组是实施工作分析的第一步。工作组主要由人力资源专家及工作人员构成。其任务主要包括三方面：一是对工作人员进行培训，提高工作人员的业务能力；二是确定工作分析的内容、目标等；三是做好员工的思想工作，在与员工建立良好合作关系的基础上，使员工能够欣然接受相关的工作分析。

（2）收集相关信息。收集相关信息是实施工作分析的第二步，主要指收集与工作相关的背景信息。通常来说，收集相关信息主要包括以下几方面的内容：①企业的状况；②企业管理系统图；③企业不同部门的关系图以及工作流程图；④不同部门下属岗位的责任制度及工作要求。

（3）进行职位调查。进行职位调查是实施工作分析的第三步。这一阶段的主要任务是基于相应的调查方案，在充分了解企业各部门职位的同时，收集与岗位职责、任职要求等相关的信息，从而为企业相应的职位说明书的编写提供便利。

（4）整理、分析所得的工作信息。整理、分析所得的工作信息是实施工作分析的第四步，主要包括三方面内容：其一，对调查所得的信息进行初步整理，剔除无效信息；其二，让主管部门的相关人员对初步整理的信息进行核对，以避免出现不必要的差错；其三，将整理、分析、确定之后的工作信息应用到具体的职位说明书的编写中。

（5）编写职位说明书。编写职位说明书是实施工作分析的最后一步。职位说明书编写得规范、合理与否，对企业的发展、员工职责的履行等具有重要的意义。因此，企业要重视职位说明书的编写。一般来说，企业职位说明书的主要内容如图9-14所示。

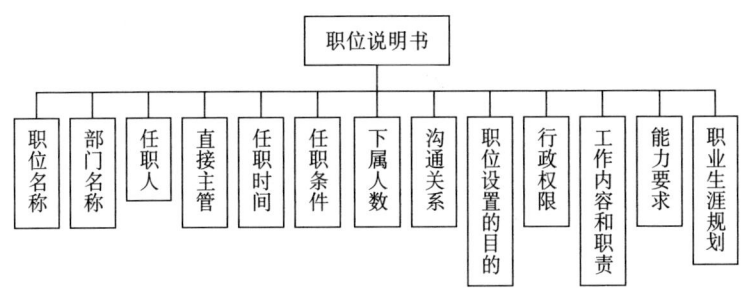

图 9-14　职位说明书的构成

(三) 人力资源计划

1. 人力资源计划的实施程序

人力资源计划的实施并不是毫无章法的，它是遵循一定程序的，具体程序如图 9-15 所示。

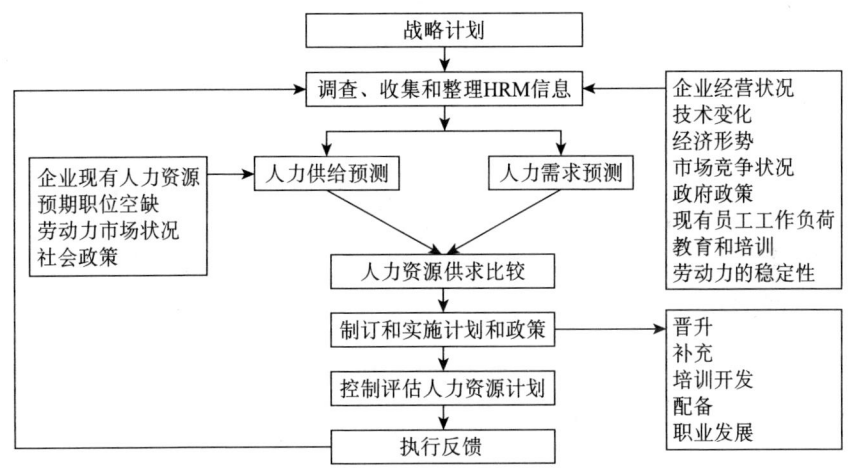

图 9-15　人力资源计划的程序

2. 人力资源的供需预测

(1) 人力资源的需求预测。人力资源的需求预测主要体现为基于发展的需求，企业对将来某一时期内所需员工的数量与质量进行预测，并确定人员更新、培训等方案，为企业的长远发展奠定了良好的基础。

要想做出科学的人力资源需求预测,就要准确把握影响人力资源需求的因素。通常来说,人力资源需求的影响因素主要表现在以下几个方面:①企业的经营状况;②社会经济的发展形势;③企业员工的流动状况;④政府政策的支持力度。

人力资源的需求预测的常见方法主要有四种,即经验推断法、比率分析法、德尔菲法以及回归分析法。

(2)人力资源的供给预测。人力资源的供给预测主要包括两方面内容:其一是人力资源的内部预测,其二是人力资源的外部预测。其中,人力资源的内部预测主要体现为基于现有人力资源的现状,预测未来的发展形势,常见的内部预测方法主要有人员技能核查法、管理人员替代法等。人力资源的外部预测主要包括以下几点内容:①经济形势预测;②失业预测;③当地劳动力供给预测;④行业劳动力市场供给状况预测。

(3)人力资源供需的综合平衡。人力资源供需预测的结果主要体现在三个方面:供过于求、供不应求以及供求总量平衡但结构不平衡。这三种供需状况都会对企业的可持续发展产生不利的影响,为此,企业要采取相应的措施,最大限度地降低这三种供需状况可能带来的不利影响,具体措施如表9-2所示。

表9-2　　　　　　人力资源供需综合平衡的具体措施

人力资源供需状况	应对措施
供过于求	①扩大经营规模 ②裁撤多余机构与消极员工 ③加强培训,鼓励员工自谋职业 ④鼓励提前退休

续表

人力资源供需状况	应对措施
供不应求	①内部人事调动 ②外部人员招聘（包括临时工） ③进行技术创新，提高劳动生产率 ④将部分工作承包给其他公司
总量平衡但结构不平衡	①内部调整，补充空缺职位 ②对员工进行针对性培训，再指派到所需岗位 ③可以安排人员流动，且吸收精英，释放冗员

（四）人员招聘与人员培训

1. 人员招聘

（1）人员招聘的途径。人员招聘的途径主要有两种，一种是内部招聘，另一种是外部招聘。

内部招聘，是指吸引组织内部现有人员前来应聘的招聘方式。内部招聘的优势主要体现在以下几个方面：①能够在一定程度上完善企业的内部竞争机制；②节省招聘费用；③能够有效保持企业政策的一致性。内部招聘的不足主要包括以下几点：①无法获取外界先进的经营、管理等理念，不利于企业的创新发展；②容易出现"近亲繁殖"的现象；③在一定程度上给竞聘失败者造成消极的影响。

外部招聘，是指面向社会吸引组织外部成员前来应聘的招聘方式。外部招聘的优势主要包括：①带来外部先进的经营、管理等理念；②提高内部员工的竞争意识；③节省培训费用。外部招聘的不足主要体现在以下几个方面：①招聘成本较高；②外聘人员进入角色、适应岗位需要较长的时间；③在一定程度上打击内部员工工作的积极性。

（2）人员招聘的程序。企业进行人员的招聘是遵循一定程序的，这里我们主要从企业和申请者（应聘者）两个层面来简要分析人员招聘，具体内容如图9－16所示。

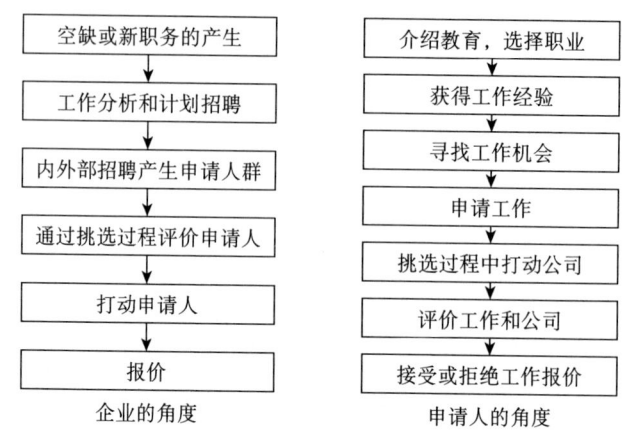

图 9-16 人员招聘的程序

2. 人员培训

根据不同的标准，可以将人员培训分为不同的类型，具体如表 9-3 所示。

表 9-3　　　　　　　　　人员培训的分类

划分标准	分类
是否离开组织	内部培训
	外部培训
是否离开岗位	在职培训
	脱产培训
培训目标与内容	知识与技能培训
	提升培训
	职务轮换培训
培训对象	新员工培训
	管理人员培训
	非管理人员培训

二、企业财务管理

企业财务管理，是指企业利用价值形式对生产经营过程进行管理的活动，它对企业的可持续发展具有重要意义。我们这里主要介绍企业的筹资和投资管理、成本费用管理、收入和利润管理。

（一）筹资和投资管理

1. 筹资管理

（1）企业筹资的动机。从某种意义上来讲，企业筹资的最终目的是为了给企业的发展提供充足的资金支持。在具体的筹资过程中，企业筹资的动机往往以不同的形式呈现出来，包括单一动机构成的筹资及多种动机结合在一起的筹资。具体来说，企业的筹资动机主要包括扩张筹资动机、偿债筹资动机以及混合筹资动机三种。

（2）企业筹资的原则、渠道。企业在进行筹资时需要遵循的原则主要包括以下四个，即规模适当原则、筹措及时原则、来源合理原则、方式经济原则。

企业筹资的渠道主要有四种：①企业内部积累的资金；②接受企业外部投入的资金；③借入资金；④结算资金。

2. 投资管理

（1）投资的类型与基本要求。投资的类型主要有六种，即对内投资与对外投资、长期投资与短期投资、直接投资与间接投资。

投资的基本要求主要包括以下几个方面的内容：①具备市场调研、敏锐捕捉投资机会的能力；②具备搜集、整理、分析资料的能力；③具备编制资本预算、进行相关投资活动的能力；④能够对投资风险进行适当的控制。

（2）影响投资的因素。影响企业投资的因素主要包括以下几个方面的内容：①资金成本；②现金流量；③投资风险；④货币的时间价值；⑤通货膨胀。

（二）成本费用管理

1. 成本费用的分类

根据不同的分类标准，可以将成本费用分为不同的类型。

就经济用途而言，成本费用可分为生产成本与期间费用。其中，生产成本主要包括直接材料、直接人工、其他直接支出、制造费用；期间费用包括财务、管理、销售三个方面的费用。

就产品产量之间的关系而言，成本费用主要包括三种类型，即变动成本费用、固定成本费用、混合成本费用。

2. 成本费用的管理要求

成本费用的管理要求主要包括三方面内容：

（1）基于相应的规定与要求，合理划分不同类型费用支出的界限，从而最大限度地保证成本计算的有效性与准确性。

（2）做好成本费用管理的基础工作，比如建立健全记录、检测体系，完善结算价格模式等。

（3）实行全面成本费用管理，以降低企业的成本费用，增强企业的市场竞争力。

（三）收入和利润管理

1. 收入管理

（1）收入的构成。通常来说，企业的收入主要由主营业务收入和其他业务收入构成。其中，主营业务收入主要指企业通过经济活动所取得的收入，比如商品销售所取得的收入；其他业务收入，即主营业务收入之外的一切收入的总和。

（2）收入的管理。企业收入的管理主要包括三方面内容：收入预测、收入计划以及收入的日常管理。

收入预测，是指企业对自身经济活动所能取得的收入所进行的预计和猜测。科学、合理的收入预测对企业经营活动的有序开展具有重要的作用，因此，企业要重视收入预测。一般来说，企业进行收入预测的方法有以下几种：①经验分析法；②逻辑推理法；③加权平均法；④回归分析法等。

2. 利润管理

（1）企业利润构成。企业利润主要由三部分构成，即营业利润、投资净收益、营业外收支净额。这三部分的计算公式的表述如下（以工业企业为例）。

营业利润 = 产品销售利润 + 其他业务利润 -（管理费用 + 财务费用）

投资净收益 = 投资收益 - 投资损失

营业外收支净额 = 营业外收入 - 营业外支出

（2）利润分配。就分配内容、分配顺序而言，利润分配主要包括五方面内容：①计算可供分配的利润；②支付优先股股利；③提取法定盈余公积金；④提取任意盈余公积金；⑤支付普通股股利。

就分配原则而言，利润分配需遵循以下原则：①依法分配原则；②长短期利益兼顾原则；③保护债权人利益原则；④资本保全原则。

就影响因素而言，影响利润分配的因素主要有资本成本因素、现金能力因素、负债因素、股东构成因素、税收因素、法律因素、企业拓展因素等。

（3）利润的管理。在具体的经营过程中，企业所进行的利润管理主要包括两方面内容：其一是目标利润的制定；其二是增加企业利润的途径选择。

就目标利润的制定而言，企业常采用基期利润调整法和量、本、利分析法来制定利润。其中，基期利润调整法和量、本、利分析法的计算公式如下所示。

①基期利润调整法：

预期目标利润 = 上年实际利润 ×（1 ± 调整比率）

$$目标利润产销量 = \frac{固定成本 + 目标利润}{单位售价 - 单位变动成本}$$

$$目标利润销售额 = \frac{固定成本 + 目标利润}{1 - \dfrac{单位成本}{单位售价}}$$

②量、本、利分析法:

就增加利润的途径而言,企业常选择的途径主要有以下几种:①增加产品的销售量;②提高产品与服务质量;③优化产品结构,提高市场竞争力;④提高劳动生产率,降低生产成本。

第三节 企业战略与文化管理实践

企业战略与企业文化在企业的经营管理过程中具有重要的作用。比如,企业战略能够为企业做出长远性与全局性谋划提供依据,而企业文化则能够给企业的长远发展提供意识形态方面的保障。因此,企业在具体的经营实践过程中,要将企业战略管理与企业文化管理置于重要的地位,从而为企业的发展提供良好的条件支持。

一、企业战略管理

(一) 战略与战略管理

1. 战略的概念

就我国而言,战略一词历史久远,人们对战略的阐释多有不同,但基本上都包含"战争 + 谋略"的含义。就西方文化而言,战略一词最早源于希腊语,其本意为军事将领,后被引申为军事将领所做出的军事谋略。当下,战略一词的内涵更加丰富,除了军事领域外,政治、经济等领域也多使用"战略"一词。为了便于叙述,基于多年的相关研究,我们在这里将战略的概念界定为"战略是由国家、组织或个人基于相应的目标,所做成的一种具有统领性、全局性的谋略、方案或对策"。

2. 企业战略的特点

企业战略，即企业基于一定的目标所做出的长远性、全局性规划。企业战略的特点主要包括系统性、长期性、经济性、稳定性、指导性、风险性以及竞争性。具体分析如下。

（1）系统性。企业战略的系统性主要体现在以下几个方面：其一，企业战略的研究对象是所有与企业存在相关关系的因素；其二，企业战略的研究内容是企业的整体性、系统性的经济和社会活动；其三，企业战略的制定与实施遵循系统性的原则；其四，企业是否得到系统性发展是检验企业战略成功与否的重要依据。

（2）长期性。企业战略的长期性主要体现为企业战略是企业在统筹考虑各方面因素的基础上制定出来的，具有长远性、全局性与整体性的发展战略。企业战略的最终目的是为了推动企业的长远发展，获取良好的经济效益，所以企业会在相当长的一段时间内执行并不断完善企业战略。

（3）经济性。企业战略的经济性主要体现为企业基于一定的目标（多为获取最大的经济效益），对企业所拥有的各方面资源进行优化配置，挖掘各种资源的最大化价值，从而使企业的收益最大化。

（4）稳定性、企业战略是企业统筹各方面因素制定的，具有科学性、合理性、可操作性的发展战略。所以，企业战略一旦确定下来，就不能随意改变。需要注意的是，企业战略的稳定性是相对的，并不是一成不变的，在具体的经营管理过程中，企业还要根据市场、自身等因素的变化，及时调整企业战略，推动企业的长足发展。

（5）指导性。企业战略的指导性主要体现为其能够为企业的各方面活动提供相应的行动指南，从而使企业有条不紊地前进。

（6）风险性。企业战略的风险主要体现为企业战略是基于现实的因素，对未来企业发展的一种谋划或者一系列方针部署。未来具有很大的不确定性，可能存在影响企业发展的诸多因素。所以说，企业战略具有一定的风险性。

（7）竞争性。企业战略制定的重要目的之一，就是推动企业的可持续发展，提高企业的市场竞争力，所以竞争性也是企业战略的重要特点之一。

3. 战略管理的过程

战略管理的过程主要包括战略环境分析、战略选择与评价、战略实施与控制三个阶段的内容，具体分析如下。

（1）战略环境分析。战略环境分析是企业战略管理的第一阶段，要求企业在制定战略时，统筹考虑、分析影响企业发展的内部环境因素和外部环境因素。其中，内部环境因素主要包括企业自身的优势（如人力资源、条件设施等）与劣势（如市场知名度等）；外部环境主要指政治、经济等社会大环境。

（2）战略选择与评价。战略选择与评价是企业战略管理的第二阶段，要求企业从以下三个方面着手：第一，制订战略选择的方案（包括备选方案）；第二，对所制订的战略方案进行全方位、多角度评估；第三，根据评估结果，选择最佳的战略。

（3）战略实施与控制。战略实施与控制是企业战略管理的最后阶段。这一阶段企业的主要任务就是将制定的企业战略付诸实践，统筹企业各部门，合理配置企业的各种资源，提高企业的竞争力，推动企业的可持续发展。

4. 战略管理的基本类型

企业管理的基本类型主要有三种，即拓展型战略、稳健型战略和紧缩型战略，具体分析如下。

（1）拓展型战略。相较于其他战略，拓展型战略是企业所采取的一种积极的管理战略，目的是协调利用企业内部和外部一切有利因素，进一步提高企业的市场竞争力。一般情况下，拓展型战略多适用于具备一定市场影响力、需要投入大量资源以进一步提高自身市场竞争力的企业。

（2）稳健型战略。当企业面临内外部环境无法为其继续提供强有力的竞争优势的境地时，企业往往会采取稳健型的管理战略，以保证自身在不需要投入大量资源的基础上，能够最大限度地保持现有的市场影响力。

（3）紧缩型战略。当面临市场竞争力不足、经营状况惨淡等不利局面时，企业往往会采取紧缩型的管理战略。企业采取这一战略的目的是力图通过结构调整、技术创新等扭转不利的局面。

（二）企业战略目标制定与方案选择

1. 战略目标制定

（1）企业战略目标的特性。企业战略目标的特性主要包括以下几方面内容：①相对稳定性，即企业战略目标在相当一段时期内是不能随意更改的，特殊情况除外；②相对全面性，即企业战略目标涵盖但不限于市场、资金、产品、人力资源等；③可分解性，即企业的战略目标是由诸多子目标构成的；④可操作性，即企业的战略目标必须是基于一定的现实因素制定的，并且通过努力可以完全或部分达成；⑤可检验性，即企业的战略目标何时实现、实现的程度如何等，都是可以通过相应的量化处理加以检验的。

（2）企业战略目标的制定。企业战略目标的制定主要包括四个步骤。

第一，调查研究。调查研究即对影响企业发展的各方面因素进行系统的调查和研究，明确企业发展可能存在的机会与威胁。

第二，目标拟定。目标拟定主要包括两方面内容，其一是目标方向的拟定，即企业基于影响企业发展的内外部环境、资源等，拟定企业发展的目标方向;其二是目标水平的拟定,即企业基于自身的发展状况以及竞争对手的实力水平等,拟定企业所应达到的发展目标。

第三,评论修订。企业战略目标的评论修订是对所拟定目标的检验与判断,主要包括如图9-17所示的几点内容。

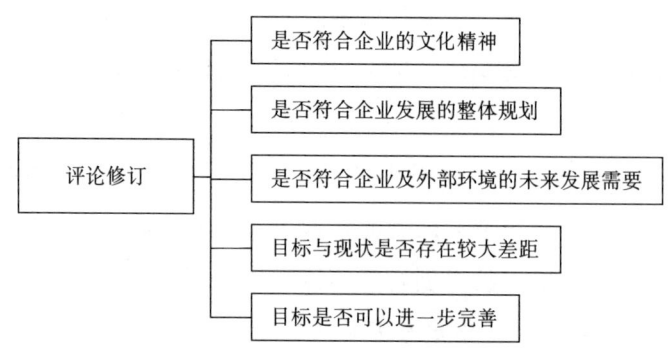

图9-17 评论修订的内容

第四,目标确定。目标确定是企业战略目标制定的最后一步,企业在进行完反复的评论修订之后,如果目标方向、预期实现程度、期望效益均具有较高的期望值,企业就可以将战略目标确定下来。

2. 战略方案选择

所谓战略方案,主要指企业为了实现战略目标所采取的计划与行动的总和。通常来说,企业常采用的战略方案有四种,即稳定型战略、增长型战略、紧缩型战略、混合型战略。这四种战略方案又可细分为更多的可执行的小战略方案,具体内容如表9-4所示。

表9-4　　　　　　　　企业常采用的战略方案

战略方案	具体内容
稳定型战略	有无变化战略
	谨慎实施战略
	暂停战略
	维持利润战略

续表

战略方案	具体内容
增长型战略	一体化战略
	密集增长型战略
	多元化战略
紧缩型战略	清算战略
	抽资转向战略
	放弃战略
混合型战略	同时型战略组合
	顺序型战略组合
	同一类型战略组合
	不同类型战略组合

在具体的实践活动中，除了上述四种常见的战略方案，企业也会根据自身的发展状况、市场的发展形势等，选择一些能提高自身竞争力、推动自身发展的战略方案，比如总成本领先战略、差别化战略以及专一化战略等。

（三）企业战略的实施、评价与控制

1. 战略实施

（1）战略实施过程。所谓战略实施，就是企业将制定的战略目标付诸实践的过程。这一过程主要包括三个阶段，即启动阶段、计划阶段、运作阶段。

第一，启动阶段。启动阶段也被称为"革新"阶段，这一阶段的主要任务是去旧革新、实现资源的优化配置，从而为企业战略的实施创造有利的环境。具体来说，该阶段的任务包括制定新的企业观念、制度，优化企业的组织结构，将企业的战略目标发展成为员工的目标。

第二，计划阶段。计划阶段也被称为"分解"阶段，即将企业的战略目标分解为若干子目标，并通过合理规划、统筹安排来推动子目标的实行，进而为战略总目标的实现提供有力的支持。

第三,运作阶段。运作阶段是企业战略实施的关键阶段,从某种程度上来讲,战略运作的成功与否,直接决定着企业能否在激烈的市场竞争中站稳脚跟。因此,企业要将战略运作阶段置于重要位置。通常,影响战略运作的因素有六个,具体内容如图 9-18 所示。

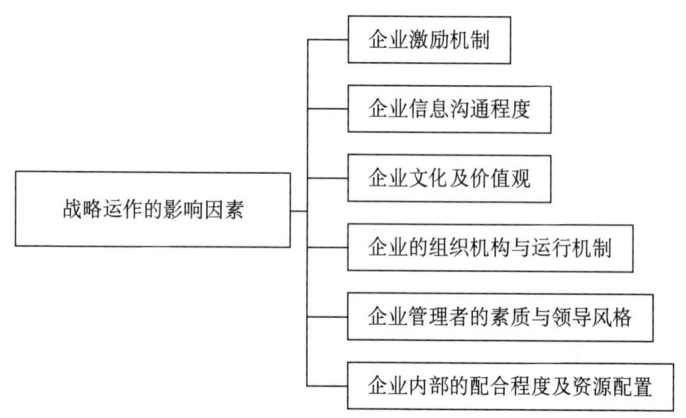

图 9-18 战略运作的影响因素

(2) 战略实施的原则。战略实施的原则主要有三个,即合理性原则、统一性原则以及权变原则,具体分析如下。

第一,合理性原则。合理性原则要求企业在战略实施的过程中,根据具体的情况合理调整战略。受社会环境变化、信息不对称、未来发展不确定性大等因素的影响,在具体的战略实施过程中,企业往往会发现先前制定的战略目标可能存在一些不合理地方,这时就需要企业在遵循合理性原则的基础上,对原有的战略目标进行适当的调整,从而推动企业的稳定发展。

第二,统一性原则。统一性原则主要体现为企业的高层管理者在战略实施的过程中,对企业进行统一的领导和指挥。统一性原则能够有效地统筹企业的各方面资源,为企业的发展提供可靠的保障。

第三,权变原则。权变原则要求企业在战略实施的过程中,根据内外部环境的变化，合理调整战略目标，以发挥战略目标的最大价值。

2. 战略评价

（1）战略评价内容。所谓战略评价，主要指对企业战略执行情况以及完成目标情况的评价。具体来说，战略评价主要包括三方面内容，即绩效评价、环境监测、调整措施，具体分析如下。

第一，绩效评价。绩效评价是指对企业战略实际业绩与预期业绩进行评价。其作用主要体现在两个方面：其一是有效判定实际业绩与预期业绩之间是否存在偏差，其二是检验企业战略的选择是否合理。

第二，环境监测。环境监测是指通过监测企业战略实施的内外部环境，明确现存的和未来可能出现的影响战略实施的环境因素，从而为企业做出相应的应对措施提供依据。

第三，调整措施。调整措施是指企业基于绩效评价、环境监测等，所做出的一系列应对措施。企业进行措施调整的目的在于有效清除影响企业发展的各方面因素，提高企业的整体竞争力。

（2）战略评价准则。战略评价的准则主要体现在三个方面，即适应性、竞争性、经济效益，具体分析如下。

第一，适应性。适应性是指企业所制定的战略能够较好地适应内外部环境的变化，换言之，企业在进行战略评价时，要看战略的环境适应性。

第二，竞争性。竞争性要求企业在进行战略评价时，关注战略的实施是否对企业市场竞争力的提高产生了积极的影响。

第三，经济效益。经济效益主要体现为战略的实施是否提高了企业的经济效益。一般情况下，可以从两方面出发进行评价：其一是战略实施对企业市场占有率的影响，其二是战略实施对企业盈利能力的影响。

3. 战略控制

（1）战略控制的作用。战略控制对企业的发展具有重要的作用，主要体现在以下几个方面：第一，为企业战略的实施提供坚实的保障；第二，能够在一定程度上提高战略实施的有效性；第三，通过信息反馈，将企业发展中的问题呈现出来，为企业相应措施的制定提供依据。

（2）战略控制的特点。战略控制的特点主要有三个，即渐进性、指导性以及系统性。其中，渐进性主要体现为企业会根据不同的发展阶段所面临的不同问题，对战略控制进行调整；指导性主要体现为企业会根据战略控制所反馈的信息，对企业的发展方向进行适度的调整；系统性要求企业在进行战略控制时，遵循系统性、整体性原则，以推动企业整体发展。

（3）战略控制的类型。根据不同的标准，可以将战略控制分为不同的类型，我们这里主要从控制时间、控制内容、控制主体状态、控制对象四个角度对战略控制进行分类，具体内容如表 9-5 所示。

表 9-5　　　　　　　　　　战略控制的类型

划分标准	具体类型
控制时间	事前控制
	事中控制
	事后控制
控制内容	财务控制
	成本控制
	质量控制
	生产控制
	销售规模控制
控制主体状态	互动型控制
	开关型控制
	避免型控制
	诊断型控制
控制对象	行为控制
	产出控制

(4) 战略控制的过程。企业战略控制的过程主要包括四方面内容，即确定评价指标、评估环境变化、评价实际效果、合理战略调整。战略控制运转过程如图9-19所示。

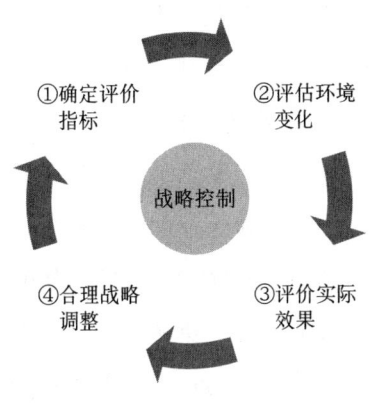

图9-19 战略控制运转过程

确定评价指标是战略控制的第一步，要求企业对自身的能力做出正确的判断与评价；评估环境变化是战略控制的第二步，要求企业对发展的内外部环境进行全方位评价，并能够根据环境的变化做出针对性的调整；评价实际效果是战略控制的第三步，要求企业将实际业绩与预期业绩进行对比，并根据对比结果（主要指实际业绩与预期业绩的差距）采取相应措施，从而最大限度地降低不利影响；合理战略调整是战略控制的第四步，要求企业在战略控制的过程中，根据各方面环境、因素等变化，及时调整战略，以确保企业战略能够为企业的发展提供正确的方向性指导，推动企业的长足发展。

二、企业文化管理

（一）企业文化概述

1. 企业文化的特征

企业文化是企业在长期的实践活动中形成的为全体员工所认同的价

值观念与行为准则的综合。其特征主要表现在四个方面，即独特性、融合可塑性、指导激励性以及相对稳定性。

（1）独特性。受企业领导者个人因素（个性特征、能力等）、社会环境因素等的影响，不同企业间的文化往往具有较大的差异，换言之，每个企业在实践过程中形成的文化都具有一定的独特性。

（2）融合可塑性。融合可塑性主要体现为企业在具体的实践活动中，会通过交流、学习等方式借鉴其他企业的优秀文化，在融合的过程中重塑自身的企业文化，从而为企业的发展助力。

（3）指导激励性。指导激励性主要体现为正确的、科学的、积极的企业文化能够为企业的全体员工所认可，员工会从内心深处接受企业文化，并用企业文化来指导、激励自己。所以说，企业文化具有指导激励性。

（4）相对稳定性。相对稳定性主要指企业的文化不是一成不变的，它会随着企业的发展、社会环境等的变化而发生相应的变化。需要注意的是，这种变化是适应企业发展的变化，是具有一定稳定性特征的变化。

2. 企业文化的结构

企业文化是一个系统的结构，主要由三部分构成，即企业的表层文化、中层文化和深层文化。这三层文化又可细分为不同的表现形态和诸多的构成因素，具体内容如图9-20所示。

（二）企业文化的功能

1. 企业文化的正功能

（1）导向功能。企业文化的导向功能主要体现在两个方面，其一是对员工的价值取向产生导向作用，其二是对员工的行为取向产生导向作用。企业文化是企业在长期实践中形成的，为员工所普遍接受的文化，员工在接受这一文化潜移默化影响的同时，往往会不自觉地用企业

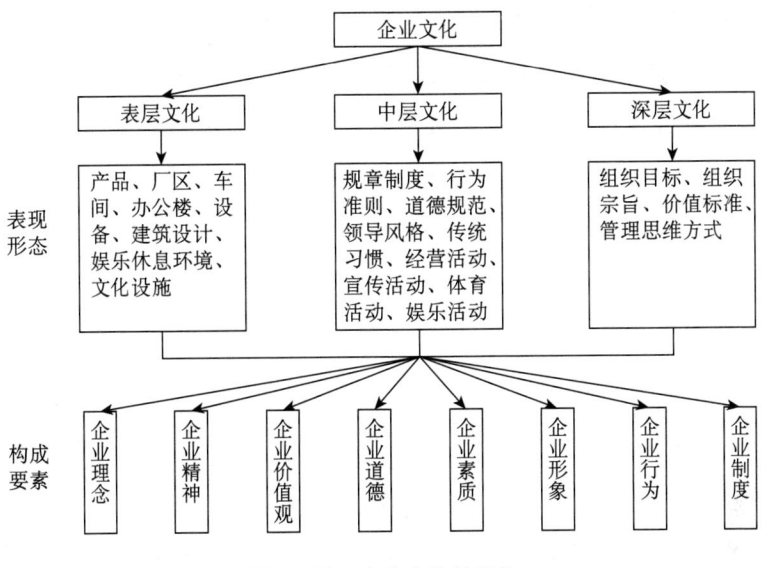

图 9-20 企业文化的结构

的文化指引自己为企业共同目标的实现而奋斗。

（2）激励功能。企业文化的激励功能主要由企业文化的激励性决定，主要体现为企业文化中的共同价值观念、和谐的人际关系、合理的奖励方法等，能够在很大程度上使员工产生一种积极的心理效应，激励员工为实现个人目标和企业目标而积极进取、努力奋斗。

（3）协调功能。企业文化的协调功能主要体现在三个方面：其一，对员工之间人际关系的调节；其二，对员工与企业关系的调节；其三，对企业与社会关系的调节。

（4）约束功能。企业文化的约束功能主要指企业文化对全体员工所产生的约束和规范作用，包括对员工思想、行为等方面的约束和规范。相较于制度方面的约束，企业文化对员工的约束是一种"软约束"，它产生作用的重要前提是员工对企业文化产生认同感。

（5）凝聚功能。企业文化的凝聚功能主要体现在以下几个方面：①员工之间互帮互助；②员工对企业产生认同感和归属感；③企业与员工能够齐心协力地向着共同的目标和理想迈进。

（6）辐射功能。企业文化的辐射功能主要体现在两个方面：一方面，企业以价值理念、道德规范等形式对企业内部的员工产生影响；另一方面，企业通过产品、媒体宣传等途径使企业文化在社会上产生一定的影响。

2. 企业文化的负功能

企业文化的负功能是指企业文化对企业发展产生（或潜在）的负面作用，主要表现在以下几个方面。

（1）多样化的障碍。多样化的障碍主要体现为员工个性的多样性与企业文化的统一性之间的矛盾。不同的员工所具有的个性特征是不同的，这些多样化的个性特征在一定程度上能够对企业的发展产生积极的作用。但企业文化具有较强的统一性，要求员工在思维方式、价值取向等方面与企业保持一致，这会在很大程度上导致员工个性被企业同化，进而对企业的多元化发展产生一定的消极影响。

（2）变革的障碍。变革的障碍主要体现为当企业原有价值观念、经营理念等受到环境变化等的冲击需要变革时，已深入人心的企业文化很难在短时间发生变化。换言之，现有的企业文化不能很好地与新环境相融合、相协调，进而会对企业的变革产生一定的不利影响。

（3）兼并和收购障碍。兼并和收购障碍主要体现为如果企业之间在文化方面存在较大的差异，或者企业文化有冲突，那么企业之间的兼并和收购就不能有效达成，即使强行兼并和收购，企业之后的发展也会矛盾不断、困难重重。

（三）企业文化建设

1. 企业文化的塑造

企业文化的塑造主要包括三方面内容，即确立核心价值观、完善制度建设以及优化实体文化，具体分析如下。

（1）确立核心价值观。企业的核心价值观是企业在长期发展实践中形成的，为员工所普遍接受的信念与行为准则，它是企业文化的核心内容，对企业的发展具有重要的意义。一般来说，企业在确立核心价值观时要按照以下四点要求进行：①结合企业自身情况进行确立，比如企业的性质、组织结构等；②充分考虑外部环境，包括政治、经济、文化等环境；③核心价值观明确且能够彰显企业的特点；④初步确立之后，要充分调查员工的认可度，并根据反馈的建议及时修改不合理的地方。

（2）完善制度建设。制度建设主要包括三方面内容，即企业结构、管理制度、领导风格。其中，企业结构主要指企业所规定的领导与协作关系，它主要受企业组织机制、员工素质、外部环境等因素的影响；管理制度是指企业所制定的规章、条例等，常见的管理制度有人力资源管理制度、财务管理制度、安全管理制度、生产管理制度等；领导风格是指企业领导个人个性特征、价值观等的体现，从总体上来说，其与企业文化具有一致性。

完善制度建设，是指基于正确的领导风格，形成科学合理的企业结构，制定明确的管理制度，确保制度文化建设与企业整体的文化建设相适应，从而为企业的发展提供动力支持。

（3）优化实体文化。实体文化是企业文化最为直观的表现，通常来说，主要包括企业外观、企业设备条件、工作环境等。优化实体文化主要包括以下几方面内容：①确定整体风格，在大方向上与企业文化保持一致；②完善企业的设备、设施，为员工的工作、娱乐和休闲提供便利；③改善员工的工作环境（如空间布局、照明设置等），确保员工处于一个良好的工作环境。

2. 企业文化的传播

企业文化的传播是企业文化建设的重要内容，对企业发展具有重要意义，其不仅能够在一定程度上提高企业的知名度和影响力，而且能够加深客户（包括潜在客户）对企业文化的了解，增强他们对企业产品的忠诚度，从而为企业的发展提供有力的支持。

一般来说，企业文化传播的类型主要有三种：①产品与服务传播，即企业通过产品销售、服务提供的方式传播企业文化；②人员传播，即以企业领导阶层和全体员工为主要渠道的文化传播形式；③媒体传播，即企业借助大众媒体的方式传播企业文化。

（四）跨文化管理

跨文化管理主要发生在跨国经营企业的实践活动中，对跨国企业的发展具有重要意义。我们这里主要基于文化差异与竞争优势、文化风险的关系，简要阐述跨文化管理的主要模式。

1. 文化差异与竞争优势

文化差异所给予企业的竞争优势主要体现在市场、成本以及创新三个方面，具体分析如下。

（1）市场方面。不同文化之间的差异，使得跨国企业为赢得主动权，主动提高自身的能力（如文化理解能力、适应能力等），并通过合理的员工（不同文化背景员工）配置，更好地满足不同顾客的需求，从而提高企业在市场方面的适应能力，为企业的长远发展提供有力的保障。

（2）成本方面。成本方面的优势主要体现为跨国企业通过聘用当地的员工，一方面可节省人力资本，另一方面能有效避免文化误解造成的沟通障碍，从而降低市场开拓的盲目性和信息成本。

（3）创新方面。不同文化背景的人们，在逻辑思维、问题分析等方面都存在较为明显的差异，在一定程度上可为企业的创新发展提供新思路和新方法，提高企业的创新能力，推动企业的长足发展。

2. 文化差异与文化风险

文化风险在这里主要指跨国企业在经营管理中，由文化差异所导致的风险。通常来说,文化差异所导致的文化风险主要包括四方面内容,即管理风险、种族优越风险、沟通风险以及商务礼仪与禁忌风险。

3. 跨文化管理的主要模式

(1) 文化平行模式。文化平行模式也被称为跨文化管理的本土化模式,主要指跨国企业基于母公司文化,以全球市场为目标,通过深入调研目标市场的消费理念、消费习惯、消费需求等,设计、生产、销售相应产品,提供相应服务的文化管理模式。需要注意的是,文化平行模式下跨国企业并不是将母公司的管理模式强加于子公司,而是基于子公司的具体情况,使母公司与子公司的文化平行共存。

(2) 文化覆盖模式。文化覆盖模式是指一种强势文化覆盖另一种弱势文化的模式。在这一管理模式下,跨国企业的母公司采取指派高级主管管理子公司的方式,将母公司的企业文化移植到子公司中。文化覆盖模式的优点在于能够使企业保持高度的统一性,减少企业的运营成本;其缺点主要体现为当母公司的企业文化与子公司的企业文化发生冲突时,会在很大程度上阻碍子公司的发展,进而影响跨国企业的发展壮大。

(3) 文化交叉模式。文化交叉模式是指不同文化交融发展的模式,也称文化融合模式。一般情况下,合资企业多采用这一管理模式。文化交叉模式的优点主要体现在两个方面,其一是有效减少不必要的文化冲突,其二是提高企业的文化适应能力;其缺点主要体现为不同文化融合的过程比较漫长,一般要经历探索、碰撞、整合、创新四个阶段,需要企业较大的资本投入,而且在这四个阶段中会出现无法预知的各种不利局面,进而给跨国企业的发展造成不利的影响。

第十章　国际贸易实践

国际贸易作为推动当前世界经济发展的主要方式之一，是各个国家实现经济腾飞的主要动力。本章以国际贸易实践为重点内容，首先对国际贸易的概念与种类进行了详细论述；其次对国际贸易理论中的古典贸易理论、新古典贸易理论、新贸易理论、新新贸易理论和国际对外贸易政策、保护贸易政策、自由贸易政策展开重点讲解；最后选取国际贸易合同的签订与国际货物运输情况进行了针对性分析，从而为关注国际贸易实践的学习者提供新的认识路径。

第一节　国际贸易的概念与种类

一、国际贸易的概念

国际贸易指的是在世界各个国家或地区（仅包括单独关税地区）之间进行的以货币为主要媒介的商品交换活动，其既包括对有形商品的交换，也包括对无形商品的交换。

为了更好地认识国际贸易的概念，我们需要对以下几种国际贸易中常见的概念进行了解。

（一）对外贸易

对外贸易指的是在国际贸易活动中，一个国家或一个地区与其他国家或地区开展的涉及商品、劳务、技术的交换活动。从广义的层面来看，对外贸易包括货物贸易、技术贸易、服务贸易。

（二）对外贸易额

对外贸易额也称为对外贸易值，这是用货币金额表示的一个国家或一个地区在某一段时间内的进出口的数量指标。对外贸易额可以用来衡量一个国家或一个地区的对外贸易状况，其主要构成内容包括一个国家或一个地区在某一时期内从境外进口的商品总额及一个国家或一个地区在同一时期内向境外出口的商品总额。

（三）对外贸易量

对外贸易量指的是一个国家或一个地区对外贸易的实际数量，这是为了去掉价格变动的影响而制定的一个数量指标。

（四）对外贸易依存度

对外贸易依存度指的是一个国家或一个地区在某一时期内进出口贸易值与该国家或该地区同一时期内的国民经济生产总值之间的对比关系。它是用来衡量一个国家或一个地区的国民经济对进出口贸易的依赖程度以及衡量一个国家或一个地区对外开放程度的重要指标。

（五）对外贸易条件

在国际贸易理论体系中，贸易条件被认为是一个国家或一个地区在一定时期内出口商品价格与进口商品价格之间的对比关系，是对该国家或该地区在一定时期内对外贸易状况和商品的国际竞争力状况的直接反映，通常会用贸易条件系数进行表示。在经济学中，贸易条件指的是一个国家或一个地区随着出口商品相对于进口商品价格的变化，出口每单位商品所能换回的进口商品的数量。

（六）国际贸易商品结构

国际贸易商品结构指的是各个类别的商品在整个国际贸易交易额中

所占的比重，一般会用各类商品在世界出口总额或进口总额中的比重表示。

（七）对外贸易地理方向

对外贸易地理方向也称为对外贸易的地理，指的是一定时期内世界各个国家或地区的商品在某一个国家或某一地区对外贸易中所占的地位，表示的方式是这些国家或地区的商品在该国家或该地区的进出口贸易总额中所占的比重。

（八）国际贸易地理方向

国际贸易地理方向也称为国际贸易地理分布，指的是在一定时期内，各个国家（地区）或各个国家经济集团的对外贸易在整个国际贸易中所占的比重。

二、国际贸易的种类

根据不同的分类标准，国际贸易可以分为不同的种类，具体包括以下几种。

（一）按照商品的移动方向划分

按照商品的移动方向，国际贸易可分为六类，分别是出口贸易、进口贸易、转口贸易、过境贸易、复出口贸易、复进口贸易。

出口贸易指的是一个国家（地区）的企业将本国（本地区）生产或加工的商品销往其他国家（地区）市场的交换活动。进口贸易指的是一个国家（地区）的企业购买境外其他国家（地区）生产或加工的商品，并在本国（本地区）市场内进行销售的商品交换活动。转口贸易指的是商品生产国与商品消费国之间不直接进行买卖商品，需要由第三个国家作为中转而进行的商品买卖活动。过境贸易指的是商品生产国与商品消费国之间进行的商品买卖活动，但是买卖的商品在运输过程中需要过境第三国。复出口贸易指的是一个国家（地区）的企业将境外企业生产或加工的商品购买过来后，不经过任何加工又销往国外的商品贸易活动。复进口贸易指的是一个国家（地区）的企业将本国（本地区）生产的商品销往境外后，境外企业并未进行加工又重新销回本国（本地区）市场的贸易活动。

（二）按照贸易政策划分

按照贸易政策的不同，国际贸易可分为三类，分别为自由贸易、保护贸易、统制贸易。

自由贸易指的是某些国家（地区）的贸易政策中不会过多干预国与国之间的贸易往来，既不会对进出口贸易活动设置标准，也不会对本国出口商品给予优惠，倡导的是市场交易活动的自由竞争。保护贸易指的是一个国家在贸易政策中制定了各类限制标准，目的是保护国内市场，避免外国企业和商品对本国市场造成冲击，主要表现为限制外国商品的进口。统制贸易指的是一些国家专门设立有关部门，对进出口贸易活动进行统计、组织和管理。

（三）按照交易对象的性质划分

按照交易对象的性质，国际贸易可以分为两类，分别是有形商品贸易和无形商品贸易。

有形商品贸易也称为货物贸易，指的是传统的商品进出口贸易；无形商品贸易则指的是在国际贸易活动中进行的不存在具体的物质形态的商品贸易交易，如劳务交易、技术交易、运输交易、保险交易等。

（四）按照国境与关境划分

按照国境与关境的不同，国际贸易可分为总贸易和专门贸易两类。

总贸易指的是以国境为标准划分的进出口贸易，只要是进入国境的商品都算作进口，只要是离开国境的商品都算作出口。

专门贸易指的是以关境作为划分出口与进口标准的统计方法。当国外商品进入一个国家的国境后，暂时存放在保税仓库，没有进入关境，则不列入进口。只有那些从外国进入关境的商品和从保税仓库提出并进入关境的商品,才算作进口,这称为专门进口。需要注意的是,过境贸易并不属于专门贸易。而对于那些从国内运出关境的本国产品和进口后没有经过任何加工又重新运出关境的商品,则算作出口,称为专门出口。

(五)按照参与贸易活动的国家数量划分

按照参与贸易活动的国家数量,国际贸易可分为三种类型,分别是双边贸易、三角贸易、多边贸易。

双边贸易指的是发生在两个国家且这两个国家之间彼此能够保持进出口收支平衡的贸易。

三角贸易是在双边贸易基础上产生的,指的是三国之间通过有关协议,互相搭配商品保持贸易收支平衡的贸易类型。图10-1为我们展示了三角贸易的基本流程,即中间商C与乙国的进口商B签订销售货物的买卖合同,同时中间商C也与丙国的出口商A签订采购货物的买卖合同,货物是从丙国运到乙国。在这次贸易中,货款的清算方式是进口商B支付货款给中间商C,再由中间商C支付给出口商A。

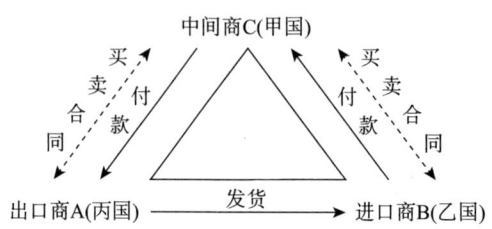

图10-1 三角贸易示意图

多边贸易指的是三个以上国家(或地区)作为一个整体,相互之间进行贸易并保持彼此之间贸易收支平衡的贸易形式。

(六)按照清偿方式的不同划分

按照清偿方式的不同,国际贸易可分为现汇贸易、协定贸易、易货贸易。

现汇贸易指的是贸易双方在贸易过程中以货币作为清偿工具的贸易，主要特点是贸易方通过银行向对方逐笔支付货款，以完成债权债务的结清。当前，国际贸易中能够作为支付工具的货币主要有美元、欧元、英镑等。

协定贸易指的是两个国家（或地区）签订有关的贸易协定，并通过计账的方式完成交易，交易过程中并没有直接动用外汇的贸易形式。

易货贸易指的是贸易双方通过计价的方式，将货物作为清偿工具的贸易形式。以货物换货物可以使贸易双方确保在外汇不足的情况下仍然能够完成最终交易。

第二节　国际贸易的理论与政策

一、国际贸易的理论

国际贸易理论是国际经济学的主要组成部分，其重点研究的内容是各国之间进行的商品和服务交换，以及国际商品交换的原因与结果。下面我们重点对国际贸易中的古典贸易理论、新古典贸易理论、新贸易理论、新新贸易理论等内容进行重点分析。

（一）古典贸易理论

古典贸易理论中比较有代表性的理论是亚当·斯密的绝对利益学说和大卫·李嘉图的比较利益学说，详细分析如下。

1. 亚当·斯密的绝对利益学说

亚当·斯密的绝对利益学说主要包括以下两点内容。

（1）国际分工以一个国家所占有的自然优势和能够获得这种优势

为基础。在此所指的优势即绝对优势或绝对利益。亚当·斯密指出，各个国家因所处地域和自然条件不同，生产商品的成本也会存在较大差别，这是国际贸易产生的主要原因。一个国家出口那些在本国具有较高生产率的商品，进口在国外具有较高生产率的商品，该国就能够获得贸易利益。

（2）主张自由贸易。亚当·斯密表示，若贸易双方都有自己的绝对优势，那么双方利用自由贸易就能够获得一定的贸易利益，这是因为自由贸易能够使贸易双方的资本和劳动力从生产能力较低的行业转移到生产能力较高的行业，通过资源的有效配置，提升劳动效率。当一个国家生产商品的数量增加，在进行贸易时，贸易双方的消费量也会增加，这对双方来说都能获利。

2. 大卫·李嘉图的比较利益学说

大卫·李嘉图的比较利益学说是对亚当·斯密的绝对利益学说的发展。李嘉图表示，即使一个国家在每个行业的生产都不具备高效率，不能生产出低成本的商品，但是该国仍可利用国际贸易获得利益。同时，若一个国家在所有行业的生产中都具备高效率，成本也低于其他国家该行业的成本，则该国能够利用国际贸易获得更大的利益。

（二）新古典贸易理论

新古典贸易理论中具有代表性的理论是赫-俄理论，具体分析如下。

1. 赫-俄理论的主要内容

赫-俄理论是瑞典著名经济学家伊·菲·赫克歇尔与戈特哈德·贝蒂·俄林共同提出的国际贸易理论，该理论是对比较利益学说的重大发展。

对赫-俄理论的理论可从狭义和广义两个方面进行理解。从狭义方面来看，赫-俄理论也称为生产要素供给比例理论，主要是用生产要素禀赋来解释国际贸易出现的原因和进出口商品的特点。从广义方面来看，赫-俄理论的主要内容是说明国际贸易既会使贸易各国的商品价格趋于一致，也会使各个参与贸易的国家的生产要素价格趋于一致。

总的来说，赫-俄理论的要点可总结为以下三点。

第一，国际贸易出现的根本原因是各个国家在生产要素上存在的禀赋差异。

第二，各个国家应该重点出口那些密集使用本国丰富资源制成的商品，同时积极进口那些密集使用本国稀缺资源制成的商品。

第三，自由贸易既会使本国的商品价格趋于均等，同时也会使生产该商品的要素价格趋于均等。

2. 对赫-俄理论的评价

（1）赫-俄理论的积极作用。赫-俄理论使比较利益学说得到了重大发展，它是第一个从生产要素角度对国际分工和国际贸易产生原因进行分析的理论。同时，赫-俄理论还直接分析了生产要素在各个国家进出口中所产生的作用，提出土地、劳动力、资本、技术等要素会对一个国家的对外贸易产生重大的影响。

（2）赫-俄理论的主要缺陷。赫-俄理论是以一系列假设条件为基础提出的，而且这些假设条件都是静态的，赫-俄理论并未对这些条件进行动态变化研究。同时，赫-俄理论将各个国家在要素禀赋上的差异与产品技术条件上的差异当作国际分工与国际贸易产生的真正原因，忽视了资本主义生产关系对国际分工与国际贸易的影响。此外，赫-俄理论还未真正认识到科学技术在国际分工与国际贸易中具有的重要作用。

（三）新贸易理论

20世纪60年代后，世界科学技术飞速发展，这在一定程度上促使世界经济状况、国际分工、国际贸易发生了较大变化。传统的国际分工与国际贸易理论难以解决现实中出现的国际贸易问题。此时,部分西方经济学家开始用新的学说对国际贸易中出现的问题进行解释,新贸易理论逐渐产生,主要包括以下几种学说。

1. 产品生命周期学说

产品生命周期学说是美国经济学家雷蒙德·弗农提出的,他认为每个产品都有不同的生命周期,同时,在产品生命周期的不同阶段,一个国家出口与进口的商品结构也是不同的。在雷蒙德·弗农看来,产品的生命周期包括三个阶段,分别是产品创新阶段、产品成熟阶段、产品标准化阶段。在这三个阶段中,产品要素密集型不同、技术先进程度不同、产品所属类型不同,这使得不同类型的国家在产品的不同阶段具有不同的比较利益。

2. 国家竞争优势理论

国家竞争优势理论是由美国学者迈克尔·波特提出的。他认为一个国家兴旺的关键在于具有强大的国际竞争力,而国际竞争力的获得需要国家具备相应的创新机制和创新能力。迈克尔·波特按照国家竞争优势依赖于产业竞争优势,产业竞争优势又取决于企业竞争优势的逻辑关系,将产业经济作为突破口,以产业层次为整体,从微观、中观、宏观层面对竞争优势理论进行了详细阐述。

3. 需求偏好相似学说

需求偏好相似学说是由瑞典学者林德在其著作《论贸易的转变》一书中提出的,他认为赫-俄理论仅适合工业制成品和初级产品之间的贸易,至于工业制成品之间的贸易,则需要用国家之间需求偏好相似学说来解释。

需求偏好相似学说的主要内容包括两点。

(1)人均收入水平对国家需求结构的影响。林德指出,人均收入水平影响一个国家的需求结构。人均收入水平相近的两个国家,消费偏好和需求结构也会相近,同时,商品的适应性也会更强,贸易关系就更密切。因为不同的收入水平会直接决定该国国民的直接消费水平,所以收入水平较低的国家,只能选择较低质量的消费品,而收入水平较高的国家,往往会选择质量更高的消费品。

(2)消费偏好、需求结构与贸易关系的影响。一个国家的工业制成品的最初生产目的是满足国内需求,而当国内市场逐渐扩大到一定程度时,工业制成品才会被推向国际市场。工业制成品是在考虑本国收入水平的前提下,为了满足国内市场需要而生产出来的,因此该产品也会被出口到偏好、收入与出口国相似的国家。一个国家与进口该商品的国家的消费偏好和需求结构相似度越高,则双方的贸易额也就越高。

4. 产业内贸易学说

产业内贸易学说是研究产业内同类产品贸易增长和特点的理论,是由美国学者格鲁贝尔提出的。他认为当代国际贸易结构可分为两类:一类是不同产业之间的贸易;另一类是产业内部同类产品之间的贸易。其中,产业内部同类产品之间的贸易指的是一个国家同时出口和进口同类产品,或者贸易双方交换的是同一产业所生产的产品。

产业内贸易学说指出,同类产品或同一产业生产的产品之间能够产生贸易关系的原因包括以下三点。

第一,产品之间的差异性。同类产品中所产生的差异性能够满足不同消费者的消费喜好,这会促进不同国家之间产业内贸易的产生与发展。

第二,生产产品的厂商为了追求规模效益。大规模的专业化生产有助于厂商降低成本,提升产品效益,获得更大的利润空间,这会促使其扩大产品出口。

第三,经济发展水平及需求的重合。经济发展水平的不断提升,会导致产业内差异性产品的生产规模越来越大,从而促使产业内部分工更完善，产生更多的差异性产品供应市场。此外，不同国家、不同消费水平的人对产品的需求是不同的，这种多样性需求也使得各个国家之间具有差异性的产品相互出口成为可能。

（四）新新贸易理论

新新贸易理论是从美国哈佛大学教授梅里兹提出的异质性企业贸易模型基础上发展起来的新兴理论，其主要包括异质性企业模型和内生边界企业模型两种。其中，异质性企业模型在继承新贸易理论垄断竞争市场和规模报酬递增的假定基础上，将贸易理论的研究对象扩展到了企业层面，总结出异质性企业贸易理论，下面将对其进行重点分析。

1. 异质性企业贸易理论的主要内容

异质性企业贸易理论的主要构成内容包括以伯纳德代表的异质性企业静态贸易模型和以梅里兹为代表的异质性企业动态贸易模型，具体分析如下。

（1）异质性企业静态贸易模型。2003年，伯纳德提出了以寡头价格垄断竞争模型为基础的异质性企业静态贸易模型。该模型以静态分析法为手段，对企业生产率与出口之间的关系进行了分析，并得出国际贸易对具有不同生产率的企业会产生不同影响的结论。

（2）异质性企业动态贸易模型。梅里兹提出的异质性企业动态贸易模型的核心思想是企业在进入两个具有突出特色的产业之前，对自己所能够产生的生产率水平是不够了解的，但当企业一旦进入两个新产业后，企业进行的投资也是不可逆的。因此，在同一个行业中，会存在具有不同生产率水平的各类企业。同时，当一个企业准备进军国际市场时，已经对自己的生产率有了大致了解，企业在出口产品时会产生一部分费用进入成本，而这部分费用（成本）是需要单独指出的出口固定成本。从整体上来看，梅里兹提出的模型能够为解释贸易影响产业结构提供一种新的路径。

2. 异质性企业贸易理论的价值

异质性企业贸易理论为研究者研究国际贸易打开了新的领域，同时也为丰富国际贸易理论做出了贡献。与传统贸易理论、新贸易理论相比，异质性企业贸易理论的价值主要体现在两点：第一，异质性企业贸易理论更符合现实中的企业异质性，对贸易实践具有更强的概括力；第二，异质性企业贸易理论能够在理论层面上为参与国际贸易的企业在全球化生产和贸易模式选择方面提供更科学的理论依据。

二、国际贸易的政策

国际贸易政策指的是全球各个国家和地区在对外进行商品、服务或技术交换活动时所采取的政策。下面先对对外贸易政策进行简要分析，然后对保护贸易政策和自由贸易政策展开探究。

（一）对外贸易政策

1. 对外贸易政策的制定目的

各个国家制定对外贸易政策的主要目的可总结为以下五点。

第一，保护本国的贸易市场。各个国家通过出台对外贸易政策，利用关税和非关税壁垒措施来限制国外商品、服务或技术的进口，从而保护本国的商品、服务或技术。

第二，扩大本国的出口市场。各个国家通过出台鼓励出口的政策来促进本国出口商增加出口和国外进口商增加进口，从而扩大本国的出口市场。

第三，积累资金或资本。各个国家制定有关的关税、国内税和其他税费措施，能够使本国获得一定的财政收入。

第四，维护与发展本国的对外经济政治关系。

2. 对外贸易政策的构成

对外贸易政策主要由三部分构成，分别是对外贸易总政策、进出口商品和服务等政策、国别或地区贸易政策，具体如图 10-2 所示。

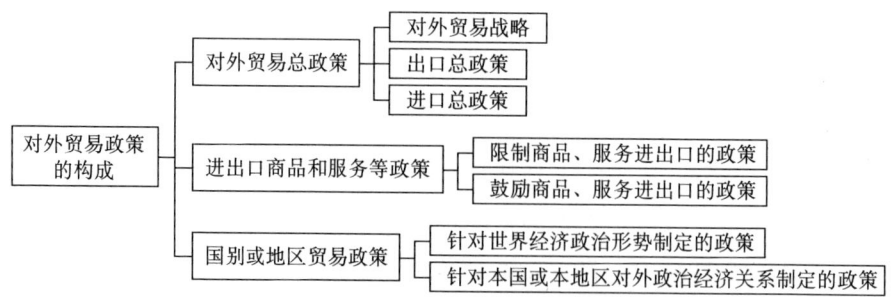

图 10-2 对外贸易政策的构成

3. 对外贸易政策的演变

历史上资本主义国家对外贸易政策的演变大致经历了四个阶段。

第一阶段，15 世纪至 17 世纪。15 世纪至 17 世纪是资本主义生产方式的准备时期，此时各个国家多推行重商主义中的保护贸易政策。此阶段西欧对亚洲、非洲、美洲展开的殖民掠夺，使得大量的财富流入西欧，促进了西欧商品货币经济的发展。

第二阶段，18 世纪至 19 世纪后期。在这个阶段，资本主义处于自由竞争时期，奉行的是亚当·斯密和大卫·李嘉图提倡的自由贸易政策。

第三阶段，两次世界大战期间。在两次世界大战期间，资本主义国家盛行的是保护贸易政策，主要目的是加强本国对国际市场的垄断，发展已经十分成熟的垄断工业。

第四阶段，第二次世界大战结束后。在第二次世界大战结束后，资本主义国家开始出现贸易自由化的趋势，这主要是因为美国在第二次世界大战后成为世界上经济和贸易方面最强大的国家，其要求扩大国外市场，推崇贸易自由化。

（二）保护贸易政策

1. 重商主义的对外贸易政策

重商主义的保护贸易政策是西欧国家在资本主义生产方式准备时期所推崇的一种保护贸易政策，出现于15世纪，16世纪时盛行，18世纪后逐渐走向没落。

重商主义可分为早期的重商主义与晚期的重商主义。其中，早期的重商主义也称为重金主义，国家禁止货币的出口，在对外贸易上推崇的是少买多卖原则，限制进口，重点全放在出口上。但是，因各国都秉承这种思想，反而阻碍了国际对外贸易的发展。晚期的重商主义从17世纪下半叶开始，是名副其实的重商主义，在理论上推崇的是贸易差额论。这个时期的重商主义代表的是新兴的商业资产阶级的利益，国家鼓励生产出口商品的工业的发展，通过发放奖金、补贴等形式鼓励商品出口，同时推行关税保护制度，限制外国消费品的进口。

重商主义的对外贸易政策为当时西欧各国货币资本的积累奠定了基础，也推动了资本主义工厂手工业生产的快速发展。但从理论的角度来看，重商主义的对外贸易并未涉及生产领域，在历史发展中因阻碍了资本主义经济的发展而逐渐被自由贸易政策所取代。

2. 资本主义自由竞争时期的保护贸易政策

19世纪70年代之后，美国和西欧的部分国家因为工业发展水平不高，经济实力和商品竞争力都难以与英国展开对抗，所以采取硬性措施来保护本国的新兴产业（幼稚工业），贸易政策也开始从自由贸易转向保护贸易。

保护贸易政策中具有代表性的理论是李斯特的保护幼稚工业理论。李斯特作为德国历史学派的领导者，在美国生活期间见证了美国保护贸易政策的成效，进而开始大力支持贸易保护主义，并在1841年出版的《政治经济学的国民体系》中对保护幼稚工业的学说进行了详细阐述。

3. 超保护贸易政策

资本主义在第一次世界大战和第二次世界大战期间始终处于垄断状态，这个时期西方各个国家基本都已经完成了产业革命，各国工业都得到快速发展，世界各国的市场争斗愈加激烈。1929 年开始爆发的世界经济危机使各国垄断资产阶级认识到国内市场和国际市场的重要性，相继开始实行超保护贸易政策。

超保护贸易政策与保护贸易政策相比，主要表现出以下四个特点。

第一，保护的对象既有幼稚工业，也有已经得到高度发展的或出现衰落的垄断工业。

第二，保护的目的是巩固和加强对国内外市场的垄断。

第三，保护的本质是在垄断国内市场的基础上对国外市场进行进攻性的扩张。

第四，保护的阶级利益变为大垄断资产阶级利益。

4. 新贸易保护主义

新贸易保护主义产生于 20 世纪 70 年代中期之后，其特点表现为以下三点。

（1）被保护商品范围不断扩大。新贸易保护主义中被保护商品的范围不断扩大，从过去保护贸易中保护传统产品、农产品开始向保护高级工业品扩展。

（2）限制出口措施的重点出现转移。新贸易保护主义中，限制进口措施的重点从关税壁垒转变为非关税壁垒，同时，技术性贸易壁垒成为限制进口的主要非关税壁垒。

（3）管理贸易逐渐合法化。管理贸易指的是以国家贸易法规、法令以及国际贸易条约来约束贸易的行为，可分为国家管理贸易与国际管理贸易两类。20 世纪 80 年代之后，国际管理贸易进一步加强，多数资本主义国家都开始修订和补充原本的贸易法规，这为对外贸易管理提供了法律依据，管理贸易趋于合法化。

(三) 自由贸易政策

1. 自由贸易政策的兴起

18世纪时，英国有"世界工厂"的美誉，此时西方资本主义国家奉行的重商主义的保护贸易政策成为阻碍英国经济发展和英国工业资产阶级扩张的主要因素。在这种形势下，英国的工业资产阶级开始要求在世界市场中开展无限制的自由竞争和自由贸易，于是自由贸易政策兴起。

2. 自由贸易政策的发展

19世纪20年代，英国的工业资产阶级发起了一场大规模的自由贸易运动，运动的中心目标是废除英国的谷物法。此后，自由贸易政策在发展的过程中取得了以下几项胜利。

第一，关税税率不断降低，纳税商品数目逐渐缩减。

第二，1849年到1854年，英国的沿海贸易与殖民地航运逐渐向其他国家开放，航海法逐步被废除。

第三，东印度公司对印度和中国的贸易垄断权被废止，英国对印度和中国的贸易权开放给全部英国人。

第四，改变了殖民地贸易政策。1849年航海法被废除后，殖民地可以向任何国家输出商品，也可以从任何国家输入商品。此外，英国允许殖民地与外国签订贸易协定，殖民地与其他国家可以直接建立贸易关系，英国不再进行干预。

3. 自由贸易政策的深化

第二次世界大战使世界经济陷入困境，国际分工与国际贸易十分混乱。第二次世界大战结束后，资本主义国家的经济得到恢复，1950—1970年，自由贸易政策在实践层面上开始逐渐表现为全球范围的贸易自由化。从整体上来看，贸易自由化的表现和特点都十分突出，具体如下所述。

（1）贸易自由化的表现。第二次世界大战结束后，全球盛行的贸易自由化主要表现出以下两个特点。

第一，关税大幅缩减。世界关贸总协定成员内部开始大幅度降低关税标准；欧共体对内取消成员关税，对外则利用谈判等形式签订关税减让协议，从制度上降低关税。

第二，非关税壁垒逐渐瓦解。第二次世界大战在刚结束时，发达国家对多数商品采取的是严格的进口限额、进口许可证、外汇管制等非关税壁垒措施。而随着第二次世界大战影响的逐渐消退，多数国家的经济得到恢复，发达国家开始在进口数量限制上放宽了标准，非关税壁垒逐渐瓦解。

（2）贸易自由化的特点。第二次世界大战后盛行的贸易自由化主要表现出以下三个特点。

第一，发达国家之间进行的贸易自由化程度远高于发达国家对发展中国家的贸易自由化程度。

第二，区域性经济集团内部的贸易自由化程度要高于区域性经济集团对外的贸易自由化程度。

第三，不同类型的商品之间的贸易自由化程度也具有较大不同，如农产品的贸易自由化程度就低于工业制成品的贸易自由化程度。

第三节　国际贸易的合同签订及货物运输

国际贸易的合同签订及货物运输，不仅是国际贸易实践的重要组成部分，而且对推动国际贸易实践的发展具有重要的作用。本节首先从合同的成立、书面合同的签订以及贸易合同的审核三个角度，对国际贸易合同的签订进行分析，然后从国际货物运输方式、装运条款以及运输单据三个层面，对国际货物运输进行阐释。

一、国际贸易的合同签订

国际贸易合同的签订是国际贸易活动的重要组成部分，能够为国际贸易活动的开展提供相应的保障。具体来说，国际贸易合同的签订主要包括三方面内容，即合同的成立、书面合同的签订以及贸易合同的审核。

（一）合同的成立

1. 合同成立的时间

国际贸易合同成立的时间以签订双方确认并在合同上正式写明的时间为准。一般来说，合同成立的时间也是合同关系确立、合同生效的时间。

2. 合同有效成立的条件

从法律的角度讲，国际贸易合同的有效成立需要具备以下几个方面的条件：其一，签订当事人具有法定的行为能力；其二，签订合同的当事人意思表达真实；其三，签订的合同必须包括对价；其四，签订的合同内容合法；其五，签订的合同合乎法定形式。

（二）书面合同的签订

1. 书面合同的作用

书面合同在国际贸易中具有重要的作用，主要体现在以下几个方面：第一，依法签订的书面合同是合同成立的证据；其二，书面合同是签订合同当事人履行相应合同内容的重要依据；其三，书面合同能够在发生贸易摩擦时，为当事人提供依据，保障当事人的合法权益。

2. 书面合同的形式

根据《联合国国际货物销售合同公约》的相关规定，一份正式的书面合同的形式可以是销售确认书、订单、委托书、合同，也可以是备忘录、协议书等，也就是说，书面合同没有统一的形式。就我国而言，我国在国际贸易中常使用的书面合同的形式有两种，其一是销售确认书，其二是合同。

3. 书面合同的内容

通常，一份书面合同主要包括约首、基本条款、约尾三方面内容，具体内容如图10-3所示。

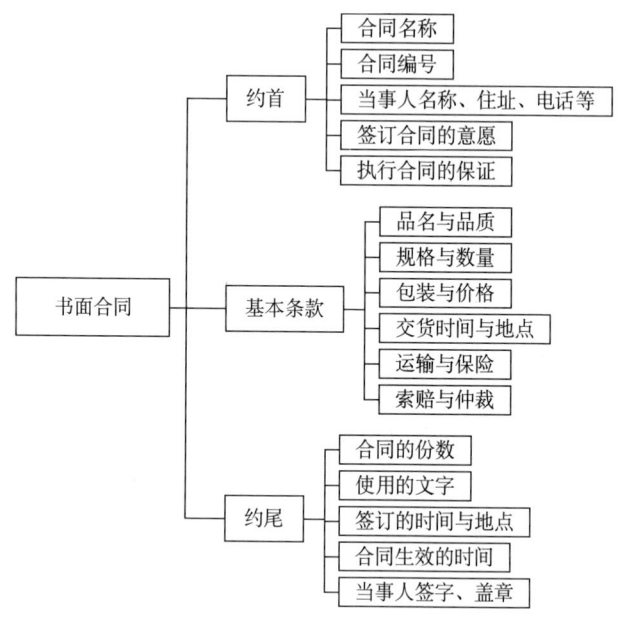

图10-3 书面合同的内容

（三）贸易合同的审核

贸易合同的审核也是国际贸易合同签订的重要内容之一。一般来说，贸易合同审核的要点主要包括以下几方面：其一，如果贸易合同由外商提供，需对合同的内容、形式和格式进行审核，具体包括政治性、合法性、真实性等；其二，审核合同经办人是否取得公司法人的"签约授权书"，如果没有，则合同无效；其三，书面贸易合同必须包括签约当事人的签字和盖章，否则无效；其四，合同审核的具体内容见上图

10-3 中的基本条款。

二、国际货物运输

（一）国际货物运输方式

国际货物运输在国际贸易中具有重要作用，能够为国际贸易活动的顺利开展提供重要的运输保障。常见的国际运输方式包括海洋运输、铁路运输、航空运输、集装箱运输、大陆桥运输等，具体分析如下。

1. 海洋运输

海洋运输是国际贸易中最常用、最主要的一种运输方式。海洋运输具有运输量大、运费低、安全性高等优势，其不足主要体现为受自然环境的影响较大。具体来说，海洋运输主要包括班轮运输和租船运输两种。

（1）班轮运输。所谓班轮运输，主要指船舶根据固定的船期表沿着固定的航线，并按照固定的收费标准收取费用的一种运输方式。

班轮运输的特点主要体现在以下几个方面：①有固定的船期表、航线、港口、运费费率（即"四固定"）；②运费相对稳定；③货物由承运方负责装卸，托运方不再另付费用（即"一负责"）；④承运方与托运方签发班轮提单，发生纠纷时以提单为依据。

班轮运输的运费主要由两部分构成，其一是基本运费，其二是附加费。其中，基本运费是班轮运输运费的主要构成部分，其计费标准主要包括图 10-4 所示的几点内容；附加费即基本运费之外另行加收的各种费用，主要包括超重附加费、超长附加费、转船附加费、绕航附加费、直航附加费、港口附加费、选港附加费、燃油附加费、货币贬值附加费等。

班轮运输的计算主要包括以下几个步骤：第一，选择相关的运价表；第二，查找相应的计收标准；第三，在基本费率部分查找基本运价；第四，根据附加费，确定附加费项目、数额以及货币种类等；第

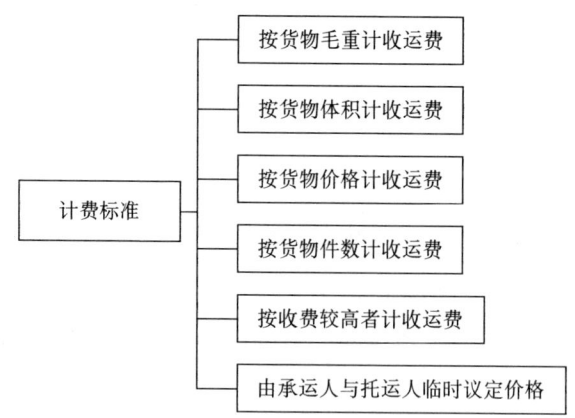

图 10-4 班轮运输的计费标准

五,计算实际运价(即"基本运价+附加费");第六,计算总运费(即实际运价×货物重量)。

(2)租船运输。相较于班轮运输,租船运输有很大的自由性,即其没有固定的船期表、航线、港口,日常的运输工作主要根据租船合同来定。一般情况下,租船运输多用于运输大宗货物。

租船运输的方式主要有三种,即航次租船、定期租船以及光船租船。租船运输运费的计算方法主要包括以下两种:其一,根据货物的单位重量计收运费;其二,整船包价。

2. 铁路运输

在国际贸易中,铁路运输所起的重要作用仅次于海洋运输,其具有运量大、速度快、连续性高、受环境影响小等优点。通常来说,铁路运输主要包括两种类型,即国内铁路运输和国际铁路运输。

3. 航空运输

航空运输也是国际贸易中常用的一种运输方式,其优点是货运质量高、速度快、不受地面条件限制等。通常来说,航空运输多用于运输精密仪器、鲜活商品、急需物资等。

航空运输的方式主要有四种,即班机运输,其特点是有固定的始发站与终点站、飞行时间、航线等；包机运输，主要包括整包机和部分包机两种；集中托运，其优势在于运价相对较低；航空急件传送，其优势主要体现为速度快，常用于运输急需药品、医疗器械等。航空运输的承运人主要包括航空公司和航空货运代理公司两种。

4．集装箱运输

（1）集装箱运输的特点。集装箱运输，是以集装箱为载体，将货位集合组装成集装单元进行运输的一种运输方式。其特点主要体现在以下几个方面：①高效益；②高效率；③高投资；④高协作；⑤多式联运。

（2）集装箱运输货物的交接方式。在国际贸易货物运输中，集装箱运输货物的交接方式主要有图10－5所示的几种。

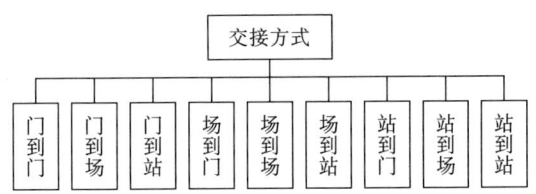

图10－5　集装箱运输货物的交接方式

5．大陆桥运输

大陆桥运输，即以横贯大陆的铁路（公路）系统为桥梁，将大陆两端海洋连接起来的运输方式。大陆桥运输的特点主要包括以下几点：①运费低；②时间短；③手续简便；④货运质量高。

（二）国际货物装运条款

国际货物装运条款在国际贸易中具有重要的作用，它在很大程度上影响国际贸易能否顺利展开。通常，国际货物装运条款主要包括以下几方面内容：装运期、装运通知、装运港及目的港、装卸费用及时间等，具体内容如下。

1. 装运期

装运期也称为装运时间，主要指托运方基于签订的运输合同，将货物交给承运方的期限。需要注意的是，托运方必须严格按照合同上规定的时间交付货物，否则会导致违约的不利后果。

（1）装运期的规定。装运期的规定主要包括以下几种：其一，规定一定的装运时间，比如五月装运；其二，规定最迟装运时间，比如六月中旬之前装运；其三，规定签订合同后若干天装运。

（2）规定装运期的注意事项。规定装运期的注意事项主要包括以下几点：①装运期明确、具体；②货源情况明确；③商品性质、特点、数量等明确；④装运港、目的港明确；⑤开证日期明确。

2. 装运通知

装运通知主要包括两点内容：其一，承运方在约定装运期到达之前的一个月或一个半月，向托运方发出通知，从而使托运方能够做好充足的提供货物的准备；其二，承运方将货物装好之后，应及时通知托运方，从而为托运方安排货物交接提供帮助。通常来说，装运通知的内容主要包括合同号、货物的相关信息（如名称、数量等）、装货港名称、货船公司名称、提单号等。

3. 装运港及目的港

装运港与目的港分别指货物起始装运、最终卸货的港口。一般情况下，前者由承运方提出、托运方确认（同意或否），后者由托运方提出、承运方确认（同意或否）。

（1）装运港及目的港规定。装运港及目的港的规定主要包括两方面内容：其一，装运港及目的港数量的规定。通常来说，装运港及目的港各有一个，但在具体的国际贸易活动中，承运方与托运方可根据业务的需要，确定具体的装运港及目的港数量；其二，备用港（选择港）的规定，即规定当合同约定的装运港及目的港出现突发情况时，可采用备用港。

(2) 确定装运港及目的港的注意事项。就国外而言，确定装运港及目的港时，要注意以下几个方面问题：①装运港及目的港明确、具体；②不接受内陆港为装运港或目的港；③装运港及目的港是否有重名的情况；④明确装运港及目的港的具体条件；⑤装运港及目的港的选择不宜过多，以 1~3 个为佳。

就国内而言，确定装运港及目的港时，需注意以下几点：其一，装运港、目的港的具体条件（如运输条件、费用等）；其二，以接近货源地的对外贸易港口为佳。

4. 装卸费用及时间

(1) 装卸费用。装卸费用在国际货物装运条款中主要体现为装卸费用由谁承担。一般来说，装卸费用的承担主要包括以下几种情况：第一，由托运方承担（即 FIO）；第二，由承运方承担（即 Berth Terms）；第三，由承运方承担卸货费、托运方承担装货费（即 FI）；第四，由承运方承担卸货费、托运方承担装货费（即 FO）。

(2) 装卸时间。装卸时间，即为允许完成装卸任务的时间。通常来说，装卸时间的规定方法主要包括以下几种：①连续日；②工作日；③累积 24 小时好天气工作日；④连续 24 小时好天气工作日。

(三) 国际货物运输单据

1. 海运单据

(1) 海运提单。所谓海运提单，主要指由承运方或其他代理人签发的，证明已收到货物，并允诺按照所签订合同的时间，如期交付给收货人的凭证。海运提单的作用主要体现为以下几点：①货物收据；②物权凭证；③运输契约的证明。

海运提单的签发主要包括三方面内容：其一，提单的签发人，一般来说，签发人主要包括承运方、船长、承运方代理人等；其二，提单签发的时间与地点；其三，提单的签发份数。

海运提单的内容主要由两部分构成，即提单正面的内容和提单背面的条款，具体如图10-6所示。

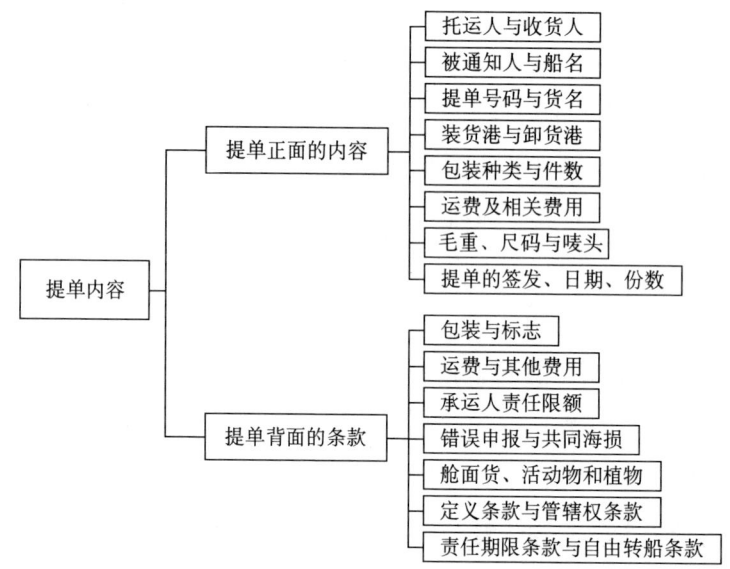

图 10-6　海运提单内容

就种类而言，根据不同的划分标准，可以将海运提单划分为不同的类型，具体内容如表10-1所示。

表 10-1　　　　　　　　　海运提单的种类

划分标准	类型
货物是否装船	已装船提单
	备用提单
对货物包装的批注	清洁提单
	不清洁提单
收货人栏的填写方式	记名提单
	不记名提单
	指示提单

续表

划分标准	类型
运输方式	直达提单
	转船提单
	联运提单
提单内容的繁简	全式提单
	略式提单
提单的效力	正本提单
	副本提单

（2）电子提单。所谓电子提单，主要指一种基于电子数据交换系统的，货物支配权交换程序。简单来说，电子提单即承运方与托运方通过计算机系统所签订的运输单据。电子提单的特点主要体现在以下几个方面：其一，运输过程中以承运方为核心；其二，运输过程中一般不出现书面文件；其三，收货人提供有效身份证明即可提货。

（3）海运单。海运单，指的是证明海上运输合同由承运人接收，且承运人允诺将货物交付给相应收货人的一种不可转让的单证。海运单的作用主要体现在以下几个方面：其一，运输契约的证明；其二，承运人接管货物的收据；其三，发生经济纠纷时的货物担保凭证。

2. 其他运输单据

除海运单据外，国际货物运输中常用的单据还包括航空运输单据、多式联用单据、铁路运输单据、公路运输单据、邮政收据等，这里我们主要介绍前两种运输单据。

（1）航空运输单据。航空运输单据，指的是由航空公司或其代理人在接管运输货物时所签订的货运单据。航空运输单据的作用主要体现在两个方面：①运输合同；②货物收据。航空运输单据主要包括航空主运单和航空分运单两种类型。航空运输单据的正面包括两部分内容，即说明货运单效力和特别注意事项的文字；背面条款主要包括承运人责任限额、通知及契约条件。

一般来说,一次正常的航空货物运输,其运输单据的正本有三份:一份由承运人留存,一份由托运人保管,另外一份随货物同行(到达目的后作为收货人核收货物的依据)。

(2)多式联运单据。多式联运单据是证明多式联运合同成立、多式联运经纪人接收货物,并按照相应条款在相应时间、相应地点交付货物的一种单据。

多式联用单据主要包括可转让联运单据和不可转让联运单据两种。多式联运单据的内容主要包括以下几点:①货物的性质、种类以及识别货物的标志;②发货人、收货人的相关信息;③多式联运经营者的相关信息及接管货物的时间与地点;④多式联运单据签发的时间与地点;⑤多式联用单据可/不可转让声明;⑥双方协议的交货时间与地点;⑦每种运输方式的运输费用;⑧其他注意事项。

参考文献

1. 刘文华. 经济法 [M]. 北京：中国人民大学出版社，2019.

2. 徐经长，孙蔓莉，周华. 会计学 [M]. 北京：中国人民大学出版社，2019.

3. 陈岩. 国际贸易理论与实务 [M]. 北京：清华大学出版社，2019.

4. 杨紫烜，徐杰. 经济法学 [M]. 北京：北京大学出版社，2016.

5. 李铁锋，卿向阳. 经济管理基础 [M]. 上海：华东理工大学出版社，2009.

6. 孙可娜. 经济管理基础与应用 [M]. 北京：机械工业出版社，2018.

7. 秦勇，李东进等. 企业管理学 [M]. 北京：中国发展出版社，2016.

8. 张雁白，苗泽华等. 市场营销学概论 [M]. 北京：经济科学出版社，2015.

9. 吴有庆，董立华. 统计学原理 [M]. 上海：上海财经大学出版社，2013.

10. 周三多，陈传明等. 管理学：原理与方法 [M]. 上海：复旦大学出版社，2018.

11. 范茂生，黄秋文. 管理学基础广州 [M]. 广州：广东高等教育出版社，2011.

12. 赵雪媛，刘桔. 会计学 [M]. 北京：经济科学出版社，2016.

13. 夏冬林，秦玉熙. 会计学——原理与方法 [M]. 北京：中国人民大学出版社，2019.

14. 唐国平. 会计学原理 [M]. 北京：中国财政经济出版社，2020.

15. 贾俊平. 统计学 [M]. 北京：中国人民大学出版社，2018.

16. 李洁明. 统计学原理 [M]. 上海：复旦大学出版社，2017.

17. 赵威. 经济法（第七版）[M]. 北京：中国人民大学出版社，2019.

18. 张守文. 经济法学（第七版）[M]. 北京：北京大学出版社，2018.

19. 李曙光. 经济法学案例研究指导 [M]. 北京：中国政法大学出版社，2020.

20. 贾国柱，张人千等. 经济管理概论 [M]. 北京：机械工业出版社，2016.

21. 陈畴镛. 现代经济管理基础 [M]. 北京：科学出版社有限责任公司，2020.

22. 郭国庆，陈凯. 市场营销学 [M]. 北京：中国人民大学出版社，2019.

23. 周文根. 市场营销策划 [M]. 杭州：浙江工商大学出版社，2011.

24. 任淮秀. 投资经济学 [M]. 北京：中国人民大学出版社，2017.

25. 杜江萍. 电子商务概论 [M]. 上海：上海财经大学出版

社，2019.

26. 余庆瑜. 国际贸易实务：原理与案例 [M]. 北京：中国人民大学出版社，2019.

27. 左连村. 国际贸易案例分析 [M]. 广州：中山大学出版社，2018.

28. 刘涛. 当代中国中央政府经济管理职能转变的困境研究 [D]. 上海师范大学，2014.

29. 杨晟. 论经济法学科体系的重构 [D]. 湘潭大学，2014.

30. 张淑平. 电子商务对国际贸易的影响及对策研究 [D]. 曲阜师范大学，2014.

31. 安洋. 电子商务条件下铁路货运市场营销关键问题研究 [D]. 中国铁道科学研究院，2014.

32. 张保银. 经济管理复杂适应系统理论与仿真研究 [D]. 天津大学，2003.

33. 刘佳义. 经济全球化背景下中国政府经济管理模式创新研究 [D]. 湖南大学，2007.

34. 李泽东. 电子商务发展对我国国际贸易影响的实证研究 [D]. 浙江理工大学，2016.

35. 徐志鹏. 我国循环经济管理体制及其立法完善研究 [D]. 广西师范大学，2015.

36. 方韧. 宏观经济管理信息系统项目管理研究 [D]. 南京邮电大学，2017.

37. 祝东强. 中国经济法学体系结构研究 [D]. 兰州大学，2012.

38. 袁淑静. 经济法行为的规范分析 [D]. 江西财经大学，2012.

39. 程南. 经济法理论的反思与完善 [D]. 中国政法大学，2011.

40. 刘望. 国际贸易与中国产业结构调整 [D]. 湘潭大学，2013.

41. 杨修. 我国电子商务企业财务管理模式形成机理研究 [D]. 吉林大学, 2014.

42. 凌峰. 企业管理流程设计研究 [D]. 江苏大学, 2012.

43. 于文菁. 跨境电子商务对我国国际贸易的影响及对策研究 [D]. 山东师范大学, 2016.

44. 马俊华. 我国国际贸易融资与国际贸易关系研究 [D]. 上海师范大学, 2013.

45. 陈林. 人本管理：现代企业管理的人学理念 [D]. 延安大学, 2013.

46. 张云云. 会计学与金融学的比较研究 [D]. 天津财经大学, 2009.

47. 叶悦青. 跨境电子商务信用评价体系构建研究 [D]. 浙江大学, 2015.

48. 陈琼. 我国跨境电子商务的发展和应用研究 [D]. 云南大学, 2015.

49. 王小云. 新世纪以来国内外市场营销研究的知识图谱分析 [D]. 华东师范大学, 2015.

50. 钱玲玲. 电子商务环境下的财务管理研究 [D]. 华中师范大学, 2014.

51. 杨璐. 电子商务对我国对外贸易的影响及对策研究 [D]. 安徽大学, 2014.

52. 王法涛. 电子商务平台纵向关系治理及竞争策略研究 [D]. 北京邮电大学, 2014.

53. 周柱龙. 中国跨境电子商务发展影响因素研究 [D]. 辽宁大学, 2015.

54. 贾法. 面向经济全球化的国际市场营销策略研究 [D]. 大连海

事大学，2015.

55. 汤澈. 基于知识图谱的国际管理学研究进展分析［D］. 南京大学，2014.

56. 翟薇. 科技进步与创新对现代企业管理的影响研究［D］. 渤海大学，2013.

57. 王信亮. 中国企业管理模式的内容分析研究［D］. 上海外国语大学，2012.

58. 李欣. 基于电力市场营销的客户关系管理体系综合研究［D］. 华南理工大学，2012.

59. 郑称德，王倩，刘涴潇，倪亮亮，吴宜真. 电子商务市场特征对产品创新影响的实证研究［J］. 管理科学，2014，27（06）：90 – 102.

60. 张滨，刘小军，陶章. 我国跨境电子商务物流现状及运作模式［J］. 中国流通经济，2015，29（01）：51 – 56.

61. 钱学锋，范冬梅. 国际贸易与企业成本加成：一个文献综述［J］. 经济研究，2015，50（02）：172 – 185.

62. 张亚斌，范子杰. 国际贸易格局分化与国际贸易秩序演变［J］. 世界经济与政治，2015（03）：30 – 46 + 156 – 157.

63. 左小德，张进财，陈振炜. 中国企业管理创新的驱动力——兼与西方企业的比较［J］. 管理世界，2015（01）：182 – 183.

64. 何勇，陈新光. 互联网影响国际贸易的理论与实证研究［J］. 经济经纬，2015，32（04）：54 – 60.

65. 张良卫. "一带一路"战略下的国际贸易与国际物流协同分析——以广东省为例［J］. 财经科学，2015（07）：81 – 88.

66. 李晨溪. 中小企业市场营销问题分析［J］. 财经问题研究，2015（S1）：56 – 58.

67. 金虹，林晓伟．我国跨境电子商务的发展模式与策略建议［J］．宏观经济研究，2015（09）：40－49．

68. 赵远胜，杨艳．市场营销渠道管理的途径分析［J］．商业经济，2017（01）：80－81＋172．

69. 杨艳．市场细分理论下营销策略的搭建分析［J］．商业经济，2017（02）：31－33．

70. 张继恒．经济法的部门法理学建构［J］．现代法学，2014，36（02）：80－90．

71. 林海芬，苏敬勤．中国企业管理创新理论研究视角与方法综述［J］．研究与发展管理，2014，26（02）：110－119．

72. 来有为，王开前．中国跨境电子商务发展形态、障碍性因素及其下一步［J］．改革，2014（05）：68－74．

73. 李骏阳．电子商务对贸易发展影响的机制研究［J］．商业经济与管理，2014（11）：5－11．

74. 于淇，王迪．大数据时代企业管理会计面临的挑战与解决对策［J］．中国高新技术企业，2016（12）：167－168．

75. 阎宏毅．市场营销演进及营销管理变革综述［J］．中小企业管理与科技（上旬刊），2016（02）：125－126．

76. 余义勇，段云龙．大数据时代下企业管理模式创新研究［J］．技术与创新管理，2016，37（03）：302－307．

77. 焦海涛．经济法主体制度重构：一个常识主义视角［J］．现代法学，2016，38（03）：71－82．

78. 王娟娟，杜佳麟．一带一路经济区跨境电子商务发展模式探索［J］．中国流通经济，2016，30（09）：100－107．

79. 施炳展．文化认同与国际贸易［J］．世界经济，2016，39（05）：78－97．

80. 李宇恒，唐緤，杨景海. 大数据时代企业管理会计应用探讨 [J]. 现代商贸工业, 2018, 39 (04): 99-100.

81. 彭徽. 国际贸易理论的演进逻辑：贸易动因、贸易结构和贸易结果 [J]. 国际贸易问题, 2012 (02): 169-176.

82. 陈飞. 管理会计学在实际应用中的问题与对策分析 [J]. 财会学习, 2020 (15): 120+122.

83. 张天一. 新媒体背景下企业市场营销模式创新策略 [J]. 中国市场, 2019 (27): 136+138.